국제토셀위원회

TOSEL
실전문제집

HIGH
JUNIOR

CONTENTS

정답과 해설   별책

About this book

1 Actual Test

토셀 최신 유형을 반영하여
실전 모의고사를 4회 실었습니다.
수험자들의 토셀 시험 대비 및
적응력 향상에 도움이 됩니다.

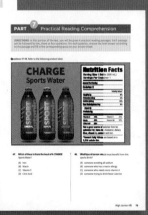

2 Appendix

필수 어휘를 포함해 모의고사
빈출 어휘 목록을 수록했습니다.
평소 어휘 정리뿐만 아니라
시험 직전 대비용으로 활용 가능합니다.

3 Answer

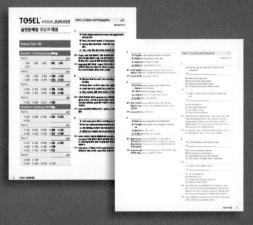

자세한 해설과 문제 풀이로
오답 확인 및 시험 대비를 위한 정리가 가능합니다.

1

영어를 시작하는 단계

2

영어의 밑바탕을
다지는 단계

3

영어의 도약단계

TOSEL

TOSEL

TOSEL

TOSEL

TOSEL
Cocoon

유치원생

TOSEL
Pre Starter

초등 1,2학년

TOSEL
Starter

초등 3,4학년

TOSEL
Basic

초등 5,6학년

TOSEL

TOSEL

TOSEL

TOSEL
Junior

중학생

TOSEL
High Junior

고등학생

TOSEL
Advanced

대학생, 직장인

About TOSEL

TOSEL은 각급 학교 교과과정과 연령별 인지단계를 고려하여 단계별 난이도와 문항으로
영어 숙달 정도를 측정하는 영어 사용자 중심의 맞춤식 영어능력인증 시험제도입니다.
평가유형에 따른 개인별 장점과 단점을 파악하고, 개인별 영어학습 방향을 제시하는 성적분석자료를 제공하여
영어능력 종합검진 서비스를 제공함으로써 영어 사용자인 소비자와
영어능력 평가를 토대로 영어교육을 담당하는 교사 및 기관 인사관리자인 공급자를
모두 만족시키는 영어능력인증 평가입니다.

TOSEL은 인지적-학문적 언어 사용의 유창성 (Cognitive-Academic Language Proficiency, CALP)과
기본적-개인적 의사소통능력 (Basic Interpersonal Communication Skill, BICS)을
엄밀히 구분하여 수험자의 언어능력을 가장 친밀하게 평가하는 시험입니다.

대상	목적	용도
유아, 초, 중, 고등학생, 대학생 및 직장인 등 성인	한국인의 영어구사능력 증진과 비영어권 국가의 영어 사용자의 영어구사능력 증진	실질적인 영어구사능력 평가 + 입학전형 및 인재선발 등에 활용 및 직무역량별 인재 배치

연혁

2002.02	국제토셀위원회 창설 (수능출제위원역임 전국대학 영어전공교수진 중심)
2004.09	TOSEL 고려대학교 국제어학원 공동인증시험 실시
2006.04	EBS 한국교육방송공사 주관기관 참여
2006.05	민족사관고등학교 입학전형에 반영
2008.12	고려대학교 편입학시험 TOSEL 유형으로 대체
2009.01	서울시 공무원 근무평정에 TOSEL 점수 가산점 부여
2009.01	전국 대부분 외고, 자사고 입학전형에 TOSEL 반영 (한영외국어고등학교, 한일고등학교, 고양외국어고등학교, 과천외국어고등학교, 김포외국어고등학교, 명지외국어고등학교, 부산국제외국어고등학교, 부일외국어 고등학교, 성남외국어고등학교, 인천외국어고등학교, 전북외국어고등학교, 대전외국어고등학교, 청주외국어고등학교, 강원외국어고등학교, 전남외국어고등학교)
2009.12	청심국제중·고등학교 입학전형 TOSEL 반영
2009.12	한국외국어교육학회, 팬코리아영어교육학회, 한국음성학회, 한국응용언어학회 TOSEL 인증
2010.03	고려대학교, TOSEL 출제기관 및 공동 인증기관으로 참여
2010.07	경찰청 공무원 임용 TOSEL 성적 가산점 부여
2014.04	전국 200개 초등학교 단체 응시 실시
2017.03	중앙일보 주관기관 참여
2018.11	관공서, 대기업 등 100여 개 기관에서 TOSEL 반영
2019.06	미얀마 TOSEL 도입 발족식 베트남 TOSEL 도입 협약식
2019.11	고려대학교 편입학전형 반영
2020.06	국토교통부 국가자격시험 TOSEL 반영
2021.07	소방청 간부후보생 선발시험 TOSEL 반영
2021.11	고려대학교 공과대학 기계학습·빅데이터 연구원 AI 연구 협약
2022.05	AI 영어학습 플랫폼 TOSEL Lab 공개
2023.11	고려대학교 경영대학 전국 고등학생 대상 정기캠퍼스 투어 프로그램 후원기관 참여
2024.01	제1회 TOSEL VOCA 올림피아드 실시
2024.03	고려대학교 미래교육원 TOSEL 전문가과정 개설 대한민국 인사혁신처 어학성적 사전등록 토셀 지정

About TOSEL® 토셀에 관하여

What's TOSEL?

"Test of Skills in the English Language"

TOSEL은 비영어권 국가의 영어 사용자를 대상으로 영어구사능력을 측정하여 그 결과를 공식 인증하는 영어능력인증 시험제도입니다.

영어 사용자 중심의 맞춤식 영어능력 인증 시험제도

맞춤식 평가

획일적인 평가에서 세분화된 평가로의 전환

TOSEL은 응시자의 연령별 인지 단계에 따라 별도의 문항과 난이도를 적용하여 평가함으로써 평가의 목적과 용도에 적합한 평가 시스템을 구축하였습니다.

공정성과 신뢰성 확보

국제토셀위원회의 역할

TOSEL은 고려대학교가 출제 및 인증기관으로 참여하였고 대학입학수학능력시험 출제위원 교수들이 중심이 된 국제토셀위원회가 주관하여 사회적 공정성과 신뢰성을 확보한 평가 제도입니다.

수입대체 효과

외화유출 차단 및 국위선양

TOSEL은 해외시험응시로 인한 외화의 유출을 막는 수입대체의 효과를 기대할 수 있습니다. TOSEL의 문항과 시험제도는 비영어권 국가에 수출하여 국위선양에 기여할 수 있습니다.

Why TOSEL® ——— 왜 TOSEL인가

01 학교 시험 폐지

일선 학교에서 중간, 기말고사 폐지로 인해 객관적인 영어 평가 제도의 부재가 우려됩니다. 그러나 전국단위로 연간 4번 시행되는 TOSEL 평가시험을 통해 학생들은 정확한 역량과 체계적인 학습방향을 꾸준히 진단받을 수 있습니다.

02 연령별/단계별 대비로 영어학습 점검

TOSEL은 응시자의 연령별 인지단계 및 영어 학습 단계에 따라 총 7단계로 구성되었습니다. 각 단계에 알맞은 문항유형과 난이도를 적용해 모든 연령 및 학습 과정에 맞추어 가장 효율적으로 영어실력을 평가할 수 있도록 개발된 영어시험입니다.

03 학교내신성적 향상

TOSEL은 학년별 교과과정과 연계하여 학교에서 배우는 내용을 학습하고 평가할 수 있도록 문항 및 주제를 구성하여 내신영어 향상을 위한 최적의 솔루션을 제공합니다.

04 수능대비 직결

유아, 초, 중등시절 어렵지 않고 즐겁게 학습해 온 영어이지만, 수능시험준비를 위해 접하는 영어의 문항 및 유형 난이도에 주춤하게 됩니다. 이를 대비하기 위해 TOSEL은 유아부터 성인까지 점진적인 학습을 통해 수능대비를 자연적으로 해나갈 수 있습니다.

05 진학과 취업에 대비한 필수 스펙관리

개인별 '학업성취기록부' 발급을 통해 영어학업성취이력을 꾸준히 기록한 영어학습 포트폴리오를 제공하여 영어학습 이력을 관리할 수 있습니다.

06 자기소개서에 토셀 기재

개별적인 진로 적성 Report를 제공하여 진로를 파악하고 자기소개서 작성시 적극적으로 활용할 수 있는 객관적인 자료를 제공합니다.

07 영어학습 동기부여

시험실시 후 응시자 모두에게 수여되는 인증서는 영어학습에 대한 자신감과 성취감을 고취시키고 동기를 부여합니다.

08 AI 분석 영어학습 솔루션

국내외 15,000여 개 학교·학원 단체 응시인원 중 엄선한 100만 명 이상의 실제 TOSEL 성적 데이터를 기반으로 영어인증시험 제도 중 세계 최초로 인공지능이 분석한 개인별 AI 정밀 진단 성적표를 제공합니다. 최첨단 AI 정밀진단 성적표는 최적의 영어 학습 솔루션을 제시하여 영어 학습에 소요되는 시간과 노력을 획기적으로 절감해줍니다.

09 명예의 전당, 우수협력기관 지정

우수교육기관은 'TOSEL 우수 협력 기관'에 지정되고, 각 시/도별, 최고득점자를 명예의 전당에 등재합니다.

Evaluation ——————— 평가

평가의 기본원칙

TOSEL은 PBT(PAPER BASED TEST)를 통하여 간접평가와 직접평가를 모두 시행합니다.

TOSEL은 언어의 네 가지 요소인 읽기, 듣기, 말하기, 쓰기 영역을 모두 평가합니다.

문자언어 / 음성언어

읽기능력 + 듣기능력
쓰기능력   말하기능력

대한민국 대표 영어능력 인증 시험제도

TOSEL®

Reading 읽기	모든 레벨의 읽기 영역은 직접 평가 방식으로 측정합니다.
Listening 듣기	모든 레벨의 듣기 영역은 직접 평가 방식으로 측정합니다.
Writing 쓰기	모든 레벨의 쓰기 영역은 간접 평가 방식으로 측정합니다.
Speaking 말하기	모든 레벨의 말하기 영역은 간접 평가 방식으로 측정합니다.

TOSEL은 연령별 인지단계를 고려하여 아래와 같이 7단계로 나누어 평가합니다.

1 단계	**TOSEL® COCOON**	5~7세의 미취학 아동
2 단계	**TOSEL® Pre-STARTER**	초등학교 1~2학년
3 단계	**TOSEL® STARTER**	초등학교 3~4학년
4 단계	**TOSEL® BASIC**	초등학교 5~6학년
5 단계	**TOSEL® JUNIOR**	중학생
6 단계	**TOSEL® HIGH JUNIOR**	고등학생
7 단계	**TOSEL® ADVANCED**	대학생 및 성인

Grade Report ——————— 성적표 및 인증서

고도화 성적표: 응시자 개인별 최적화 AI 정밀진단

20여년간 축적된 약 100만명 이상의 엄선된 응시자 빅데이터를 TOSEL AI로 분석 · 진단한 개인별 성적자료

전국 단위 연령, 레벨 통계자료를 활용하여 보다 정밀한 성취 수준 판별
파트별 강/약점, 영역별 역량, 8가지 지능, 단어 수준 등을 비교 및 분석하여 폭넓은 학습 진단
오답 문항 유형별 심층 분석 자료 및 솔루션으로 학습 방향 제시, TOSEL과 수능 및 교과학습 성취기준과의 연계
모바일 기기 지원 - UX/UI 개선, 반응형 웹페이지로 구현되어 태블릿, 휴대폰, PC 등 다양한 기기 환경에서 접근 가능

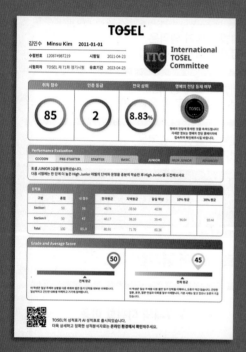

기본 제공 성적표

고도화 성적표 (일부 유료)

단체 성적 분석 자료

단체 및 기관 대상

- 레벨별 평균성적추이, 학생분포
  섹션 및 영역별 평균 점수, 표준편차

TOSEL Lab 지정교육기관 대상 추가 제공

- 원생 별 취약영역 분석 및 보강방안 제시
- TOSEL수험심리척도를 바탕으로 학생의 응답 특이성을
  파악하여 코칭 방안 제시
- 전국 및 지역 단위 종합적 비교분석
  (레벨/유형별 응시자 연령 및 규모, 최고득점 등)

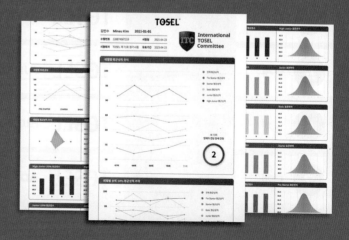

'토셀 명예의 전당' 등재

특별시, 광역시, 도 별 **1등 선발**
(7개시 9개도 **1등 선발**)

*홈페이지 로그인 - 시험결과 - 명예의 전당에서
해당자 등재 증명서 출력 가능

'학업성취기록부'에 토셀 인증등급 기재

개인별 **'학업성취기록부' 평생 발급**
진학과 취업을 대비한 **필수 스펙관리**

인증서

대한민국 초,중,고등학생의 영어숙달능력 평가 결과 공식인증

고려대학교 인증획득 (2010. 03)

한국외국어교육학회 인증획득 (2009. 12)

한국음성학회 인증획득 (2009. 12)

한국응용언어학회 인증획득 (2009. 11)

팬코리아영어교육학회 인증획득 (2009. 10)

New High Junior

새롭게 개편된 New High Junior, 어떤 시험인가요?

New High Junior 시험은 중고등학교의 학습자가 **일상에서 흔히 접할만한 소재**와
실생활에서 쓰이는 어휘, 표현을 녹여내 TOSEL High Junior 에 대비하는 것만으로도
진정한 **실용영어능력 향상**이 될 수 있도록 고안되었습니다.
New High Junior의 비전은 중고등학생들의 영어 교육의 질을 높이고
영어 학습 방향을 바로 잡아주는 데에 있습니다.

일상과 동떨어지고 지루한 주제	내신 영어, 수능 영어, TOEIC, TOEFL, ... 이것 따로 저것 따로 공부하는 시험 영어
⌄	⌄
실용적이고 흥미로운 주제 (학습동기 향상)	종합적인 영어 능력 평가 시스템 (올바른 학습 방향 설정)

영역별 구성 설명

유형	영역별 구성	문항수	문항 내용	시험시간	배점
Section I. Listening and Speaking	**Part 1.** **Listen and Recognize**	6	대화를 듣고 세 사진 중 내용과 가장 관련이 있는 것 선택하기	25분	50
	Part 2. **Listen and Respond**	10	발화나 대화를 듣고 다음에 이어서 말할 내용 선택하기		
	Part 3. **Short Conversations**	10	대화를 듣고 내용에 대한 질문에 답하기		
	Part 4. Talks	4	담화를 듣고 내용에 대한 질문에 답하기		
Section II. Reading and Writing	**Part 5.** **Picture Description**	6	사진을 보고 사진을 묘사하는 데 가장 알맞은 단어나 어구 선택하기	35분	50
	Part 6. **Sentence Completion**	10	불완전한 문장을 읽고, 문법 지식을 활용하여 상황에 맞게 문장을 완성하기		
	Part 7. Practical Reading Comprehension	13	실용문과 자료를 읽고 질문에 답하기		
	Part 8. General Reading Comprehension	6	다양한 글을 읽고 세부 내용에 대한 질문, 글의 주제 등 글의 종합적 이해에 관한 질문에 답하고 요약문 완성하기		
Total	**8 Parts**	**65**	**말하기, 듣기, 읽기, 쓰기 평가**	**60분**	**100**

New High Junior

What? 무엇이 바뀌었나요?

실용 영어 측면 강조

실용문(Part 7)의 비중을 기존 시험보다 훨씬 높여 문자 메시지, 이메일, 광고문, 공지문, 일정 등 여러 가지 실용문이 다채롭게 출제됩니다. 전체적인 어휘 수준도 **실용성에 초점을** 두어 **평이한 수준**이며, 실생활에서 자주 쓰이더라도 공부를 깊게 하지 않으면 모르는 어휘가 많기 때문에 그 부분에서 **변별력을 갖춘** 시험입니다.

생생한 실물 사진 활용

Part 1(짧은 대화)과 **Part 5(어휘)** 에서는 기존 시험에서는 볼 수 없었던 **실물 사진**이 등장합니다. 이는 해당 **영어 표현**과 **관련 사진**을 함께 접목하여 공부할 수 있는 환경을 제공하기 때문에 **실용적인 어휘 학습에 최적화된 평가** 시스템이라 할 수 있습니다.

수능유형 연습 문제

Part 8의 요약문 및 장문 독해 문항은 수능을 대비하는 학생을 위해 **수능유형과 동일한 문항 유형으로** 구성되었습니다. 또한 교육부가 제시하는 고등학교 영어교육과정 필수 영어단어 3,000개의 수준 내에서 출제하고 있어, 수능을 대비하는 학생들은 일년에 4회 전국적으로 실시되는 **TOSEL을 통해 실전 연습을** 할 수 있습니다.

Why? 왜 바뀌었나요?

01

점점 국제적인 노출이 많아지는 우리 아이들. 달달 외우기만 하는 내신 영어와 난이도와 점수 가르기에만 급급한 실용성 없는 영어 시험으로는 국제화 시대 영어 환경에 대비하기 어렵습니다. TOSEL New High Junior는 실제 영어 실력에 별 도움이 되지 않는 획일적인 영어 시험을 지양하고, 학습자가 **국제적 인재**로서 거듭나도록 **영어 실력 향상에 실질적인 도움이 되는 실용적인 시험**을 만들고자 하였습니다.

02

교과과정이 개편되고, **수능 영어 시험**이 **절대평가**로 전환되면서 영어 시험의 난이도가 다소 낮아지고 있습니다. 이런 실정에 발맞춰 어렵지 않으면서도 **보다 더 정확히 영어 능력을 측정해줄 수 있는 중고등 수준의 영어 시험**이 절실해졌습니다. TOSEL New High Junior는 1) **부담스럽지 않고**, 2) **실용적**이고, 3) **변별력**도 있으며, 4) 실제 영어 능력만큼 성과가 나오는 **정직한 시험**이 되고자 탄생했습니다.

03

대학생 및 성인을 대상으로 하는 TOSEL Advanced는 관공서, 대기업 등 100여 개 기관에서 반영하고 있습니다. TOSEL New High Junior는 이 성인시험과 동일한 유형으로 구성되었지만 문항 난이도, 문항수, 시험 시간 등을 조절하여 TOSEL Advanced보다 한 단계 쉬운 레벨로서, New High Junior 공부를 통해 취업 및 대학편입학, 대학원 진학 등에 필요한 시험인 TOSEL Advanced까지 자연스럽게 이어질 수 있도록 고안된 시험입니다.

Actual Test 1

Section I

Listening and Speaking

음원 QR 코드

In SECTION I, you will be asked to demonstrate how well you understand spoken English. You will have approximately 25 minutes to complete this section. There are 30 questions separated into four parts, and directions are given for each part. You must mark your answers on the answer sheet provided.

Part **1** *Listen and Recognize*

6 Questions

Part **2** *Listen and Respond*

10 Questions

Part **3** *Short Conversations*

10 Questions

Part **4** *Talks*

4 Questions

DIRECTIONS: In this portion of the test, you will hear 6 short conversations. Select the picture from the three choices provided that best matches each conversation. Fill in the corresponding space on your answer sheet. The conversations are not printed in your test booklet and will be played twice.

1.

 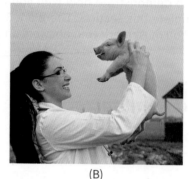 

(A)　　　　　　　　　　(B)　　　　　　　　　　(C)

2.

(A)　　　　　　　　　　(B)　　　　　　　　　　(C)

3.

(A)　　　　　　　　　　(B)　　　　　　　　　　(C)

4.

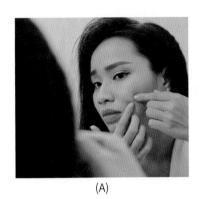
(A)

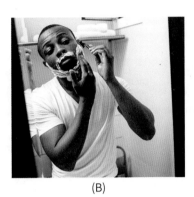
(B)

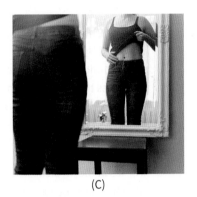
(C)

5.

(A)

(B)

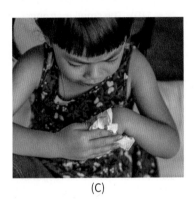
(C)

6.

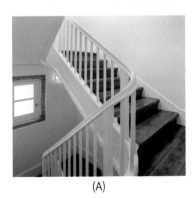
(A)

(B)

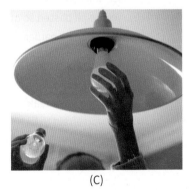
(C)

DIRECTIONS: In this portion of the test, you will hear 10 incomplete conversations. Listen carefully, and choose the best response to the last speaker from the choices provided. Fill in the corresponding space on your answer sheet. The conversations are not printed in your test booklet and will be played twice.

7. What is the best response?

   (A) Take out the tape first.
   (B) Exit out of the video player.
   (C) Press the record button again.
   (D) Click the play button down below.

8. What is the best response?

   (A) It's in the medicine cabinet.
   (B) Of course you can borrow it.
   (C) I absolutely love your new hairstyle.
   (D) The smell is stronger than I expected.

9. What is the best response?

   (A) What do they do?
   (B) How did they roll?
   (C) Who gave them toys?
   (D) Why were they sleepy?

10. What is the best response?

   (A) I'm afraid I misplaced it.
   (B) We still have a ways to go.
   (C) You've all passed so quickly.
   (D) We got there earlier than planned.

11. What is the best response?

   (A) Did the glass break?
   (B) Are you afraid to fly?
   (C) Why was the door open?
   (D) What's your favorite bird?

12. What is the best response?

   (A) It's melting already.
   (B) I ate some ice cream.
   (C) It had waited at the door.
   (D) I'm going to wear my boots.

13. What is the best response?

   (A) It will come soon.
   (B) You must be hungry.
   (C) They always wash it.
   (D) I'll complain to the waiter.

14. What is the best response?

   (A) The deadline is this week.
   (B) I need to read those already.
   (C) All of the students like her.
   (D) She gave them to us yesterday.

15. What is the best response?

   (A) You'd better get your mask on.
   (B) My mom washed my clothes.
   (C) Yeah, this hike is so refreshing.
   (D) Right. I can't believe the noise.

16. What is the best response?

   (A) Yes, it's truly fantastic.
   (B) Yes, you're not half bad.
   (C) Yes, I just heard awful news.
   (D) Yes, this is the best you've done.

DIRECTIONS: In this portion of the test, you will hear a series of 10 short conversations. Choose the correct answer for each question from the choices provided and fill in the corresponding space on your answer sheet. The conversations are not printed in your test booklet and will be played twice.

17. What does the man offer to do?

(A) hold bags
(B) cook dinner
(C) go shopping
(D) buy groceries

18. What is the man's problem?

(A) The man's eye hurts.
(B) The man fell to the floor.
(C) The man lost his contact.
(D) The man's chair is heavy.

19. Why does the man ask for money?

(A) for a field trip
(B) for a new purse
(C) for movie tickets
(D) for afternoon snacks

20. Why does the man refuse the woman?

(A) The man is too busy.
(B) The man wants to learn.
(C) The woman asked rudely.
(D) The man doesn't trust the woman.

21. Where are the speakers most likely?

(A) the kitchen
(B) the bedroom
(C) the bathroom
(D) the laundry room

22. What is the most likely relationship between the speakers?

(A) friend - friend
(B) test taker - examiner
(C) clothing seller - customer
(D) subway director - traveller

23. Which of the following is true?

(A) The man had a bad date last night.
(B) The woman will go on a date tonight.
(C) The woman does not go on dates often.
(D) The man feels the woman should study more.

24. What will the woman probably do next?

(A) order the leather cover
(B) buy the weekly planner
(C) leave the shopping mall
(D) go to the stationery store

25. What is the conversation about?

(A) a sports team
(B) a birthday gift
(C) a baseball player
(D) an autographed bat

26. What does the woman mean when she says, "compared to how you write"?

(A) The man has ugly handwriting.
(B) The man is a good calligraphy critic.
(C) The woman has confidence in her writing.
(D) The woman wants to teach the man to write.

DIRECTIONS: In this portion of the test, you will hear 2 talks. Listen carefully to each talk and answer the questions in your test booklet by choosing the best answer from the choices provided. Fill in the corresponding space on your answer sheet. The talks are not printed and will be played twice.

[27-28]

27. Which is mentioned as a problem the bears are causing?

    (A) hurting animals
    (B) entering houses
    (C) ruining gardens
    (D) sleeping in roads

28. According to the speaker, what should listeners do if they see a bear?

    (A) chase it away
    (B) call the police
    (C) avoid eye contact
    (D) walk away slowly

[29-30]

29. Why did it take the woman so long to get home?

    (A) She went back to find her phone.
    (B) There was construction downtown.
    (C) A demonstration blocked her route.
    (D) Her phone navigation was incorrect.

30. What is the main reason that the woman is calling?

    (A) to ask for a ride
    (B) to warn of traffic
    (C) to confirm she is safe
    (D) to check for a lost item

Section II

Reading and Writing

In SECTION II, you will be asked to demonstrate how well you understand written English. You will have approximately 35 minutes to complete this section. There are 35 questions separated into four parts, and directions are given for each part. You must mark your answers on the answer sheet provided.

Part **5** *Picture Description*
6 Questions

Part **6** *Sentence Completion*
10 Questions

Part **7** *Practical Reading Comprehension*
13 Questions

Part **8** *General Reading Comprehension*
6 Questions

DIRECTIONS: In this portion of the test, you will be shown 6 pictures and corresponding incomplete sentences. From the choices provided, choose the word or words that match each picture and complete the sentence. Then, fill in the corresponding space on your answer sheet.

31.

I will _____ a local market and buy some fruit for dessert.

(A) drop by
(B) come on
(C) swing to
(D) drive back

32.

I'm feeling a bit _____ because my best friend is moving to another school.

(A) red
(B) blue
(C) orange
(D) purple

33.

There's a terrible smell in my car. And it's only getting _____.

(A) faster
(B) worse
(C) better
(D) lighter

34.

My grandma _____ hats. She has a big collection of them.

(A) is into
(B) is likely to
(C) got crazed into
(D) got in fashion to

35.

Look at that adorable little pig! Who does that pig _____ to?

(A) own
(B) have
(C) belong
(D) possess

36.

They said "yes" immediately. I was chosen on the _____!

(A) spot
(B) place
(C) arena
(D) location

DIRECTIONS: In this portion of the test, you will be given 10 incomplete sentences. From the choices provided, choose the word or words that correctly complete the sentence. Then, fill in the corresponding space on your answer sheet.

37. Tom and _____ study at the same school.

    (A) I
    (B) his
    (C) our
    (D) mine

38. We hope that _____ of people sign up for the German club.

    (A) no
    (B) any
    (C) lots
    (D) much

39. My brother and I are baking cookies to take _____ our neighbor.

    (A) at
    (B) to
    (C) in
    (D) on

40. The cafeteria _____ fresh vegetables and fruits.

    (A) serve
    (B) serves
    (C) serving
    (D) are serving

41. Yesterday one of my favorite programs on TV _____ by a breaking report on earthquakes.

    (A) is interrupted
    (B) is interrupting
    (C) was interrupted
    (D) was interrupting

42. It's easier for me _____ a reservation online than offline.

    (A) make
    (B) to make
    (C) for make
    (D) for to make

43. _____ around on a hot and humid day is tiring.

    (A) Walk
    (B) Walked
    (C) Walking
    (D) Is walking

44. Kuala Lumpur is a bustling city in Malaysia _____ over 1.5 million people reside.

    (A) where
    (B) there
    (C) where are
    (D) there are

45. _____ people are hungry, they tend to spend more when shopping.

    (A) That
    (B) Those
    (C) When
    (D) Whom

46. Not until a few minutes ago _____ about the test.

    (A) hear I did
    (B) did I hear
    (C) I didn't hear
    (D) didn't I hear

DIRECTIONS: In this portion of the test, you will be given 4 practical reading passages. Each passage will be followed by two, three or four questions. For each question, choose the best answer according to the passage and fill in the corresponding space on your answer sheet.

Questions 47-48. Refer to the following advertisement.

Before and After School Crossing Guard Needed!

Hamilton Elementary School is looking for a high school student to help children cross the street in front of the school building.

Crossing Guards should be:
- ◆ Students of Hamilton High School
- ◆ Responsible, punctual, mature
- ◆ Able to perform duties every morning and afternoon

Hours: 8:00-9:00 AM, 3:30-4:00 PM every regular school day | Pay: 50 dollars/week

- Because of the shift time, the selected crossing guard may arrive at their classes at Hamilton High School 15 minutes late, and may leave 15 minutes early in the afternoon.

Those interested should apply via the form on the Hamilton High School website.

47. What will the crossing guard receive other than payment?

(A) a free breakfast
(B) a raise after one month
(C) a later school start time
(D) a featured website article

48. Which is not mentioned in the job seeking ad?

(A) job training
(B) job location
(C) job payment
(D) job requirements

Questions 49-51. Refer to the following email.

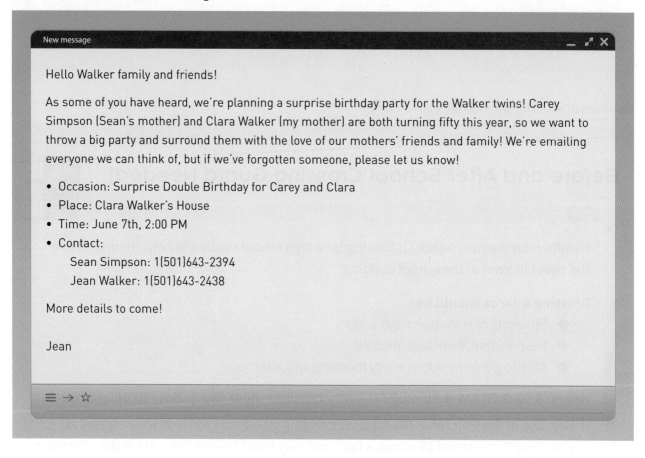

Hello Walker family and friends!

As some of you have heard, we're planning a surprise birthday party for the Walker twins! Carey Simpson (Sean's mother) and Clara Walker (my mother) are both turning fifty this year, so we want to throw a big party and surround them with the love of our mothers' friends and family! We're emailing everyone we can think of, but if we've forgotten someone, please let us know!

- Occasion: Surprise Double Birthday for Carey and Clara
- Place: Clara Walker's House
- Time: June 7th, 2:00 PM
- Contact:
   Sean Simpson: 1(501)643-2394
   Jean Walker: 1(501)643-2438

More details to come!

Jean

49. What is the most likely relationship between Carey Simpson and Clara Walker?

(A) aunt - niece
(B) sister - sister
(C) cousin - cousin
(D) mother - daughter

50. Why did Jean send this email?

(A) to invite guests
(B) to cancel a party
(C) to reject an invitation
(D) to ask guests' schedules

51. How old will Carey and Clara be on their birthday?

(A) 14
(B) 15
(C) 40
(D) 50

Questions 52-55. Refer to the following web page.

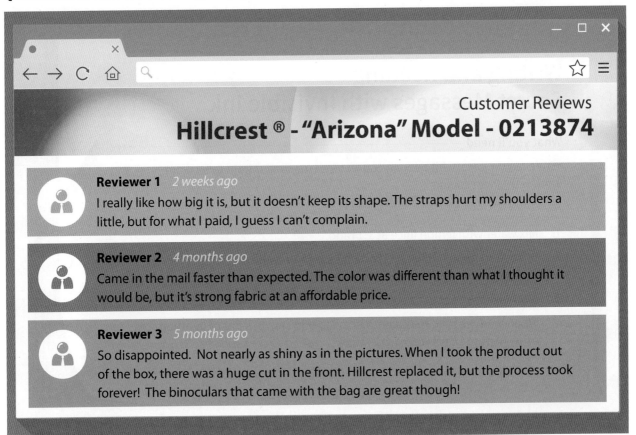

Customer Reviews

Hillcrest ® - "Arizona" Model - 0213874

Reviewer 1 *2 weeks ago*
I really like how big it is, but it doesn't keep its shape. The straps hurt my shoulders a little, but for what I paid, I guess I can't complain.

Reviewer 2 *4 months ago*
Came in the mail faster than expected. The color was different than what I thought it would be, but it's strong fabric at an affordable price.

Reviewer 3 *5 months ago*
So disappointed. Not nearly as shiny as in the pictures. When I took the product out of the box, there was a huge cut in the front. Hillcrest replaced it, but the process took forever! The binoculars that came with the bag are great though!

52. What product is most likely being reviewed?

(A) a helmet
(B) a backpack
(C) a leather belt
(D) a water bottle

53. What experiences were similar for reviewer 2 and reviewer 3?

(A) slow delivery
(B) damaged goods
(C) unordered products
(D) unexpected appearance

54. Which is most likely NOT a feature of this product purchase?

(A) an extra gift
(B) a compact size
(C) reasonable pricing
(D) high-quality fabric

55. What does reviewer 1 mean by "I can't complain"?

(A) They do not like to be negative.
(B) They think the quality matches the price.
(C) They received an apology from Hillcrest.
(D) They cannot find Hillcrest's contact information.

Questions 56-59. Refer to the following instructions.

Writing and Reading
Secret Messages with Invisible Ink

What you'll need

water, lemon juice, white paper, cotton swab (or similar item to soak up "ink" and write with), heat source

1. Mix water with lemon juice at 1:1 ratio.

2. Dip cotton swab into liquid. Write message/draw picture on the paper. (If the message is too easy to see, add more water to your mixture)

3. After ink dries, keep in cool, dark place.

4. When ready to read message, place paper in sun, in front of lightbulb, or other heat source to reveal message.

---

56. According to the instructions, what is needed to read the invisible ink?

(A) a cotton ball
(B) special paper
(C) a heat source
(D) night vision goggles

57. How much water should be added to one teaspoon of lemon juice?

(A) one cup
(B) ten cups
(C) one teaspoon
(D) ten teaspoons

58. According to the instructions, what is needed if the message is too visible?

(A) more acid
(B) added water
(C) time in shade
(D) extra sunlight

59. Which place is probably NOT recommended to keep this type of secret message?

(A) in a drawer
(B) inside a book
(C) behind a heater
(D) underneath a bed

DIRECTIONS: In this portion of the test, you will be provided with two longer reading passages. For the first passage complete the blanks in the passage summary using the words provided. Fill in your choices in the corresponding spaces on your answer sheet. The second passage will be followed by four questions. For each question, choose the best answer according to the passage.

Questions 60-61. Read the passage and answer the questions.

The act of dancing seems to be a basic human action that appears in every culture around the world. Indeed, even before writing was developed, people painted on cave walls pictures of individuals and groups dancing. Many experts believe that one of dance's first uses was as a way to remember and pass along stories. Dance can have deep cultural and religious functions, as well as lighter purposes as a hobby, exercise, or entertainment. There are many different types of dance that constantly appear, change, and sometimes die out. However, it is clear: humans were born with a love of dance.

Summary:

Dancing has been a part of human history since before writing. For thousands of years, the way humans dance has _____(60)_____, changing according to different purposes. Now there is a great _____(61)_____ of dances, both for deeper purposes and for lighter reasons.

60. Choose the most suitable word for the blank, connecting the summary to the passage.

(A) paused
(B) evolved
(C) removed
(D) motioned

61. Choose the most suitable word for the blank, connecting the summary to the passage.

(A) lack
(B) gleam
(C) option
(D) variety

Questions 62-65. Read the passage and answer the questions.

[1] The color patterns of many flowers hold exciting surprises. While it is impossible for humans to see them, certain species have marks and colors only visible under UV light. To whom or what could flowers be showing these secret messages? Scientists say that the answer is bees.

[2] Bees see different colors than humans. In particular they see UV light, which is beyond the color purple and impossible for humans to see. Many flowers have adapted so that bees will see their special markings and visit the flower. In fact, some of these markings are so specialized, certain types of bees are more attracted to them than to others. If the bees always go to the same type of flowers, the flowers can easily share their pollen and nectar. That is why scientists call these markings "nectar guides".

[3] Nectar guides evolved for the mutual benefit of flowers and bees. Our ecosystems rely on relationships such as the ones between bees and specially marked flowers to maintain balance and live in harmony.

62. What is the main idea of the passage?

(A) Animals depend on the activity of bees.
(B) UV light can change the color of plants.
(C) Nectar is shared by flowers to make seeds.
(D) Markings can help bees find certain flowers.

63. Which of the following is NOT true, according to the passage?

(A) Humans cannot see UV light.
(B) Bees and flowers help each other survive.
(C) Some flowers target specific types of bees.
(D) Flowers use nectar guides to scare insects.

64. In paragraph [3], line 1, the word "rely" is closest in meaning to:

(A) trust
(B) deliver
(C) depend
(D) transfer

65. What other animals would most likely use nectar guides?

(A) turtles
(B) humans
(C) rabbits
(D) butterflies

This is the end of
the TOSEL Actual Test.
Thank you.

Actual Test 2

Section I

Listening and Speaking

음원 QR 코드

In SECTION I, you will be asked to demonstrate how well you understand spoken English. You will have approximately 25 minutes to complete this section. There are 30 questions separated into four parts, and directions are given for each part. You must mark your answers on the answer sheet provided.

Part **1** *Listen and Recognize*
6 Questions

Part **2** *Listen and Respond*
10 Questions

Part **3** *Short Conversations*
10 Questions

Part **4** *Talks*
4 Questions

DIRECTIONS: In this portion of the test, you will hear 6 short conversations. Select the picture from the three choices provided that best matches each conversation. Fill in the corresponding space on your answer sheet. The conversations are not printed in your test booklet and will be played twice.

1.

(A)   (B)   (C)

2.

  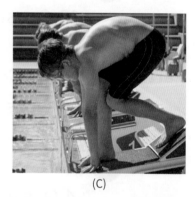

(A)   (B)   (C)

3.

(A)   (B)   (C)

4.

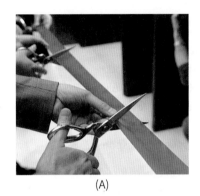 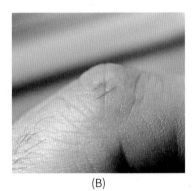 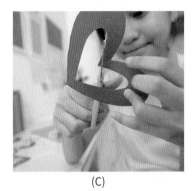

(A) (B) (C)

5.

(A) (B) (C)

6.

(A) (B) (C)

DIRECTIONS: In this portion of the test, you will hear 10 incomplete conversations. Listen carefully, and choose the best response to the last speaker from the choices provided. Fill in the corresponding space on your answer sheet. The conversations are not printed in your test booklet and will be played twice.

7. What is the best response?

   (A) Great idea!
   (B) Mark my words!
   (C) You're welcome!
   (D) Don't worry about it!

8. What is the best response?

   (A) It seems so.
   (B) You're sure to.
   (C) It's coming now.
   (D) You left yesterday.

9. What is the best response?

   (A) It's about to start.
   (B) Find where it's from.
   (C) Take some more soda.
   (D) There's often as many.

10. What is the best response?

   (A) You should wear a mask.
   (B) You should get some sleep.
   (C) You might turn on the heater.
   (D) You might clean the window.

11. What is the best response?

   (A) Sure. Feel free to.
   (B) No. I don't have to.
   (C) Please. It's almost over.
   (D) Thank you. We're excited.

12. What is the best response?

   (A) It's going to rain.
   (B) That's kind of you.
   (C) My weekend is full.
   (D) Tulips are lovely flowers.

13. What is the best response?

   (A) I wasn't there for you.
   (B) I knew you could do it.
   (C) You have to work hard.
   (D) You didn't need five people.

14. What is the best response?

   (A) Take a deeper breath.
   (B) Try to sing more clearly.
   (C) Look by the piano books.
   (D) Listen to the music again.

15. What is the best response?

   (A) Why was it there?
   (B) Have you cut it yet?
   (C) What color is it now?
   (D) Did you reschedule it?

16. What is the best response?

   (A) Where? I didn't see him.
   (B) Why? I haven't found it.
   (C) When? He didn't ask me.
   (D) Who? I haven't met them.

DIRECTIONS: In this portion of the test, you will hear a series of 10 short conversations. Choose the correct answer for each question from the choices provided and fill in the corresponding space on your answer sheet. The conversations are not printed in your test booklet and will be played twice.

17. What is the conversation mainly about?

(A) yoga poses
(B) exercise plans
(C) gym membership
(D) cycling instruction

18. Why does the woman call the man?

(A) to ask if anyone is home
(B) to find where the shipment is
(C) to say she will be running late
(D) to tell him a package has been left

19. Where are they?

(A) in a garden
(B) in a kitchen
(C) in a stairwell
(D) in an elevator

20. What is the man's likely occupation?

(A) airplane pilot
(B) flight attendant
(C) fashion designer
(D) music store clerk

21. What is the man's problem?

(A) He forgot to apply to the school.
(B) The school rejected his application.
(C) School fees are too expensive for him.
(D) Too many people applied to his school.

22. What does the man request?

(A) ice cream
(B) some soup
(C) an extra mug
(D) a cup of coffee

23. Why does the man say "You'll regret it"?

(A) He supports her decision.
(B) He feels bad giving her advice.
(C) He thinks she is making a mistake.
(D) He is not interested in her life choices.

24. What will the woman likely do next?

(A) clean the floor
(B) finish making signs
(C) get herself cleaned up
(D) go to the awards ceremony

25. Which of the following statements is NOT true?

(A) They are camping all weekend.
(B) They are packing food to eat later.
(C) They are driving to the mountains.
(D) They are taking their dogs with them.

26. Why did the woman leave the movie?

(A) She did not like the movie.
(B) She needed to use the restroom.
(C) She wanted a refund on their tickets.
(D) She sat next to someone who smelled bad.

DIRECTIONS: In this portion of the test, you will hear 2 talks. Listen carefully to each talk and answer the questions in your test booklet by choosing the best answer from the choices provided. Fill in the corresponding space on your answer sheet. The talks are not printed and will be played twice.

[27-28]

27. When does the sale start?

(A) on the 13th
(B) immediately
(C) before the 15th
(D) 30 minutes from now

28. What type of socks are NOT mentioned as being on sale?

(A) toe socks
(B) ski socks
(C) crew socks
(D) house socks

[29-30]

29. What happens when a small mistake is made on the guitar neck?

(A) They fill it with rubber.
(B) They dispose of the wood.
(C) They sell the guitar cheaper.
(D) They make smaller parts from it.

30. What is NOT mentioned as needed in this factory?

(A) stable hands
(B) concentration
(C) slow movements
(D) robotics knowledge

Reading and Writing

In SECTION II, you will be asked to demonstrate how well you understand written English. You will have approximately 35 minutes to complete this section. There are 35 questions separated into four parts, and directions are given for each part. You must mark your answers on the answer sheet provided.

Part **5** *Picture Description*

6 Questions

Part **6** *Sentence Completion*

10 Questions

Part **7** *Practical Reading Comprehension*

13 Questions

Part **8** *General Reading Comprehension*

6 Questions

DIRECTIONS: In this portion of the test, you will be shown 6 pictures and corresponding incomplete sentences. From the choices provided, choose the word or words that match each picture and complete the sentence. Then, fill in the corresponding space on your answer sheet.

31.

David and James used to be great friends, but are not _____ along these days.

(A) going

(B) taking

(C) making

(D) getting

32.

Carmen, why did you _____ the TV again! You've watched enough for today.

(A) put off

(B) turn on

(C) push in

(D) open up

33.

My grandfather started going to the gym to _____ out every day.

(A) run

(B) trek

(C) work

(D) shape

34.

Osvaldo's honesty and novelty made a(n) _____ on the interviewers.

(A) illusion
(B) reduction
(C) reflection
(D) impression

35.

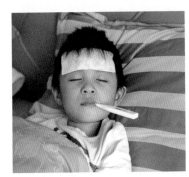

My mom took me to the hospital last night because I was _____.

(A) soaring a fever
(B) running a fever
(C) boiling a temperature
(D) heating a temperature

36.

I'm too busy every morning drying my hair. Long hair _____ to dry.

(A) eats time
(B) takes ages
(C) loses a day
(D) pulls a year

DIRECTIONS: In this portion of the test, you will be given 10 incomplete sentences. From the choices provided, choose the word or words that correctly complete the sentence. Then, fill in the corresponding space on your answer sheet.

37. Everyone in our club _____ already signed the forms for the school trip.

    (A) is
    (B) are
    (C) has
    (D) have

38. Fresh produce is delivered to your door every day _____ the morning.

    (A) at
    (B) in
    (C) on
    (D) to

39. Samuel looked at the spot more _____ and found out it was an ant.

    (A) close
    (B) closer
    (C) closest
    (D) closely

40. I never thought that I _____ see a double rainbow, but then I saw two in a month.

    (A) be
    (B) was
    (C) will
    (D) would

41. A family of baby chipmunks _____ in the old abandoned wood cabin.

    (A) find
    (B) found
    (C) was find
    (D) was found

42. Alicia left a message that she had something urgent _____ me.

    (A) tell
    (B) telling
    (C) to tell
    (D) to be told

43. We are considering _____ to Hawaii for our next summer vacation.

    (A) go
    (B) to go
    (C) going
    (D) will go

44. _____ the downtown store nor the one in the mall has the sofa I want.

    (A) Either
    (B) Neither
    (C) Either of
    (D) Neither of

45. Lifting that heavy stone was the most miraculous thing _____ ever happened to me.

    (A) that
    (B) what
    (C) of it
    (D) on which

46. If I had finished all of my homework, I _____ to the movies with my friends.

    (A) can go
    (B) could gone
    (C) can have gone
    (D) could have gone

DIRECTIONS: In this portion of the test, you will be given 4 practical reading passages. Each passage will be followed by two, three or four questions. For each question, choose the best answer according to the passage and fill in the corresponding space on your answer sheet.

Questions 47-48. Refer to the following survey.

End of Year Student Survey

Alright Carson City Panthers! It's your chance to tell us about the students in this year's senior class. Who was the best dressed? Who was the funniest? Let us know below!

(Awards given at graduation ceremony)

✓ Most Likely to Become a Star: *Layla Jackson*

✓ Class Clown: *Tim Yardley*

✓ Most Likely to Sleep during Graduation: *Kareem Nyong'o*

✓ Most Likely to Win a Nobel Prize: *Tarry Winters*

✓ Most Likely to be in the Olympics: *Lupita Stewart*

✓ Most Likely to Become a Millionaire: *Jodie Smalls*

Also, let us know your favorite memory from this year:
When Tim ran onto the football field in a chicken suit. The school talked about it for weeks!

47. What is the purpose of this survey?

(A) to choose the president of a senior class

(B) to give awards to students' favorite teachers

(C) to help celebrate students' last year in school

(D) to tell school officials changes they should make

48. Based on the passage, which is most likely the best description of Tim Yardley?

(A) a loyal friend

(B) a good athlete

(C) a quiet student

(D) a funny comedian

Questions 49-51. Refer to the following email.

To	All Gregson Middle School Teachers
From	President Winston Thatcher
Date	May 19
Subject	Science Board Removal

I would first like to say thank you to all teachers for a successful Science Fair this year. The exhibits were absolutely spectacular.

Please have your students pick up their display boards in the gymnasium by Friday at 4 PM. The back door will be open, so large displays can be loaded directly into vehicles. Any boards not taken will be sent to the recycling center.

Ms. Mays will <u>supervise</u> this process. Please contact her if you have any questions.

Thank you again!

49. What is the main topic of this memo?

(A) thanking teachers
(B) removing displays
(C) complimenting students
(D) announcing a science fair

50. What will happen to boards not collected by Friday at 4 PM?

(A) They will be recycled.
(B) They will be put at the back door.
(C) They will be left in the gymnasium.
(D) They will be placed in each student's classroom.

51. The underlined word, "supervise" is closest in meaning to:

(A) judge
(B) forgive
(C) oversee
(D) research

Questions 52-55. Refer to the following text messages.

52. What is the most likely relationship between Jon and Matt?

(A) parent - child
(B) teacher - student
(C) student - student
(D) principal - teacher

53. What can be inferred from this conversation?

(A) Matt's favorite food is doughnuts.
(B) This is the first time this group is meeting.
(C) The other students all finished their reports.
(D) Karen forgot to make the meeting checklist.

54. Why is the student council meeting this Saturday?

(A) to clean up litter
(B) to eat doughnuts
(C) to practice music
(D) to finish up reports

55. The underlined word, "mandatory" is closest in meaning to:

(A) nocturnal
(B) exquisite
(C) obligatory
(D) respiratory

Questions 56-59. Refer to the following announcement.

Announcing Tontitown's New Organic Farmers' Market

TONTITOWN'S NEW ORGANIC FARMER'S MARKET

In an effort to bring the freshest produce to the people of Tontitown and support local farmers and craftspeople, Tontitown City Hall presents an organic farmers' market!

TIME	Saturday Mornings starting at 8
LOCATION	Tontitown City Hall Front Lawn (Depending on weather conditions the venue may be changed to Mass Hall in the Tontitown City Hall)
PARKING	Limited parking available in the Convention Center Parking Garage (public transportation recommended)
WHAT TO EXPECT	• Fresh, organic fruits and vegetables • Handmade crafts and clothing • Live busker performances • Exhibits by local artists • Hot, homestyle breakfasts by The Whistlestop Cafe

Those interested in selling their fresh produce and handmade crafts should contact Larry Smith three days prior to market day.

Contact number: 1(501)834-1238

56. What is meant by "public transportation recommended"?

(A) Coming by car may be inconvenient.
(B) Buses are cheaper than driving yourself.
(C) Automobiles are not allowed at the market.
(D) Residents should be environmentally-friendly.

57. Which of the following is NOT mentioned as being at the market?

(A) fresh fruit
(B) organic meat
(C) cooked meals
(D) music performances

58. How can people sell their goods on the market day?

(A) setting up their booth the night before
(B) contacting Larry Smith by Wednesday
(C) showing up before 8 AM on market day
(D) emailing the market organizer 3 days before

59. What can be inferred about the market?

(A) City Hall will be holding the event.
(B) The event will be cancelled if it rains.
(C) Free coffee will be provided to all customers.
(D) Profits will be donated to support local artists.

DIRECTIONS: In this portion of the test, you will be provided with two longer reading passages. For the first passage complete the blanks in the passage summary using the words provided. Fill in your choices in the corresponding spaces on your answer sheet. The second passage will be followed by four questions. For each question, choose the best answer according to the passage.

Questions 60-61. Read the passage and answer the questions.

An uncooked egg broken in a glass above ground will quite simply spread all over the place, creating a sticky, yellow mess. However, an uncooked egg that is cracked open deep underwater will remain intact, the yellow yolk floating along in the jelly-like egg white. This is a result of the water pressure exerted on the outer membrane of the egg. Whereas at sea level, atmospheric pressure is 14 pounds per square inch (psi), every 10.06 meters deeper than sea level adds 14.5 psi of additional pressure. This added force on the egg keeps the insides from coming apart.

Summary:

While an uncooked egg broken in a glass above ground creates a mess, one that is broken underwater will stay ___(60)___. The phenomenon is due to increased water pressure on the outside of the egg. Above the ocean, atmospheric pressure is 14 psi, but every 10.06 meters of added ___(61)___ under the sea level adds 14.5 psi of additional pressure.

60. Choose the most suitable word for the blank, connecting the summary to the passage.

    (A) leaky
    (B) messy
    (C) cupped
    (D) together

61. Choose the most suitable word for the blank, connecting the summary to the passage.

    (A) color
    (B) light
    (C) depth
    (D) sound

Questions 62-65. Read the passage and answer the questions.

[1] You are tired and think you should rest at home so you do not get sick. Then, your friends message you to see if you want to see a movie. Do you tell them you cannot go because you are sick? Or do you immediately get ready and go to meet them?

[2] In a situation like this, many people may choose the option that is not good for their well-being, because they do not want to miss something fun. Psychologists call this the "fear of missing out," or FOMO. Humans do not like to pass up any opportunities they may have, so they will often ignore important responsibilities.

[3] Experts say that FOMO's biggest damage is to our relationships and our <u>sense of calm</u>. One outcome of FOMO is constantly checking mobile devices for new messages. Interestingly, update checking may create more stress. Moreover, FOMO can harm real-life relationships. FOMO victims stop enjoying time with their friends and family. Instead, they think of other places they could be.

[4] If you are experiencing FOMO, three things can help. First, do not stay logged in on social media all day. Also, turn off all messenger notifications. Finally, remember you cannot be everywhere.

62. What is the main idea of the passage?

   (A) FOMO has many negative effects.
   (B) Technology can help solve FOMO.
   (C) Smartphones are the cause of FOMO.
   (D) Psychologists have newly discovered FOMO.

63. Which of the following is mentioned in the passage?

   (A) It is difficult to escape FOMO.
   (B) FOMO is a new social phenomenon.
   (C) FOMO can possibly hurt friendships.
   (D) Not all professionals believe in FOMO.

64. In paragraph [3], line 1, the phrase "sense of calm" is closest in meaning to:

   (A) anxiety
   (B) evenness
   (C) competition
   (D) peacefulness

65. Which would the author of this passage most likely suggest to people with FOMO?

   (A) Set your phone notifications to loud.
   (B) Follow only friends and family online.
   (C) Schedule when you will check social media.
   (D) Always update your phone's operating system.

This is the end of the TOSEL Actual Test. Thank you.

Actual Test 3

Listening and Speaking

음원 QR 코드

In SECTION I, you will be asked to demonstrate how well you understand spoken English. You will have approximately 25 minutes to complete this section. There are 30 questions separated into four parts, and directions are given for each part. You must mark your answers on the answer sheet provided.

Part **1** *Listen and Recognize*

6 Questions

Part **2** *Listen and Respond*

10 Questions

Part **3** *Short Conversations*

10 Questions

Part **4** *Talks*

4 Questions

DIRECTIONS: In this portion of the test, you will hear 6 short conversations. Select the picture from the three choices provided that best matches each conversation. Fill in the corresponding space on your answer sheet. The conversations are not printed in your test booklet and will be played twice.

1.

(A)   (B)   (C)

2.

(A)   (B)   (C)

3.

  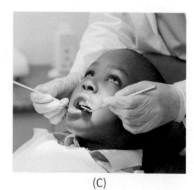

(A)   (B)   (C)

4.

(A)

(B)

(C)

5.

(A)

(B)

(C)

6.

(A)

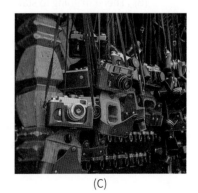

(B)

(C)

DIRECTIONS: In this portion of the test, you will hear 10 incomplete conversations. Listen carefully, and choose the best response to the last speaker from the choices provided. Fill in the corresponding space on your answer sheet. The conversations are not printed in your test booklet and will be played twice.

7. What is the best response?

(A) You're next.
(B) That will do.
(C) Here you are.
(D) Take care now.

8. What is the best response?

(A) Have you lost all your money?
(B) You're getting it repaired again?
(C) Have you gotten a computer yet?
(D) You're finally replacing your old one?

9. What is the best response?

(A) It's already at max.
(B) It won't go any lower.
(C) That's been down today.
(D) This volume is out of stock.

10. What is the best response?

(A) We already asked what to do.
(B) Then I'm going to start dusting.
(C) I'm too busy tidying up right now.
(D) I wonder what our new house is like.

11. What is the best response?

(A) I got them last Saturday.
(B) You can buy them online.
(C) They cost twelve bucks each.
(D) There are still lots of tickets left.

12. What is the best response?

(A) How did it happen to break?
(B) Why don't we get back to work?
(C) Are you going to sign up to help?
(D) How about a snack in the breakroom?

13. What is the best response?

(A) Add them all up.
(B) Give it back to him.
(C) Take it to the police.
(D) Go back and pick it up.

14. What is the best response?

(A) The waiter is my friend.
(B) The lasagna is good here.
(C) The place is totally booked.
(D) The last thing I want is salmon.

15. What is the best response?

(A) Please give me time to think.
(B) Please tell me your name again.
(C) I didn't make the right decision.
(D) I would like to meet your partner.

16. What is the best response?

(A) No, I told her in the morning.
(B) Yes, she said to get well soon.
(C) Yes, she was out all day today.
(D) No, I got a text message about her.

DIRECTIONS: In this portion of the test, you will hear a series of 10 short conversations. Choose the correct answer for each question from the choices provided and fill in the corresponding space on your answer sheet. The conversations are not printed in your test booklet and will be played twice.

17. What are they speaking about?

(A) a festival
(B) the weather
(C) a TV program
(D) the work week

18. What is the note likely for?

(A) a score report
(B) a school interview
(C) a graduation invitation
(D) a parent-teacher meeting

19. Where does this conversation likely take place?

(A) in a personal home
(B) in a mechanic's garage
(C) at a sporting goods store
(D) at a children's playground

20. What will the man do next?

(A) fold flyers
(B) print papers
(C) get speakers
(D) hang posters

21. What is the man's problem?

(A) His candles smell bad.
(B) He cannot light the candles.
(C) He cannot smell the candles.
(D) His candles burned the wall.

22. What does the woman offer the man?

(A) to lend a camera
(B) to call back on Monday
(C) to make new clothes
(D) to shoot some photos

23. What does the woman mean by "It's about time!"?

(A) The package arrived on time.
(B) A package will be coming soon.
(C) The woman's been waiting a while.
(D) The man was late to meet the woman.

24. What is the likely relationship between the speakers?

(A) friend - friend
(B) husband - wife
(C) boss - employee
(D) customer - store clerk

25. Which of the following is true about the man?

(A) He wore a costume.
(B) He is a professional cosplayer.
(C) He spent no money on the event.
(D) He is at this event for the first time.

26. Why does the man like Jim?

(A) Jim acts politely around the man.
(B) The man likes Jim's sense of humor.
(C) The woman is good friends with Jim.
(D) Jim introduced the man to the woman.

DIRECTIONS: In this portion of the test, you will hear 2 talks. Listen carefully to each talk and answer the questions in your test booklet by choosing the best answer from the choices provided. Fill in the corresponding space on your answer sheet. The talks are not printed and will be played twice.

[27-28]

27. What was William Henry Perkin doing when he invented a new dye?

   (A) He was sick at home.
   (B) He was painting a wall.
   (C) He was making fabrics.
   (D) He was researching medicine.

28. According to the lecture, which does NOT describe Perkin's new dye?

   (A) purple
   (B) artificial
   (C) priceless
   (D) accidental

[29-30]

29. Why was this announcement made?

   (A) a system error
   (B) an auto accident
   (C) a mechanical failure
   (D) an unknown problem

30. What is NOT mentioned as an alternative for passengers?

   (A) a shuttle bus
   (B) a refund on fare
   (C) transferring train lines
   (D) receiving a free ride token

Reading and Writing

In SECTION II, you will be asked to demonstrate how well you understand written English. You will have approximately 35 minutes to complete this section. There are 35 questions separated into four parts, and directions are given for each part. You must mark your answers on the answer sheet provided.

Part **5** *Picture Description*
6 Questions

Part **6** *Sentence Completion*
10 Questions

Part **7** *Practical Reading Comprehension*
13 Questions

Part **8** *General Reading Comprehension*
6 Questions

DIRECTIONS: In this portion of the test, you will be shown 6 pictures and corresponding incomplete sentences. From the choices provided, choose the word or words that match each picture and complete the sentence. Then, fill in the corresponding space on your answer sheet.

31.

If you're feeling tired, you can stop the work and take a _____ for a moment.

(A) play

(B) break

(C) crack

(D) flavor

32.

When you reserve your seat in _____, you can ensure you'll be sitting with your family.

(A) choice

(B) charge

(C) advice

(D) advance

33.

Eugene has been reading every day. He has become quite a _____ this year.

(A) button

(B) booklet

(C) bookworm

(D) backpacker

34.

Ms. Kridner won't be happy if we don't turn in the book report _____.

(A) on time
(B) in basic
(C) on watch
(D) in schedule

35.

Amos was a(n) _____, and put on a lot of weight from just lying around.

(A) sofa noodle
(B) pumpkin pie
(C) couch potato
(D) sweet avocado

36.

It was raining _____ when I walked to school this morning, and I got all wet.

(A) animal tails
(B) cats and rats
(C) angry waves
(D) cats and dogs

DIRECTIONS: In this portion of the test, you will be given 10 incomplete sentences. From the choices provided, choose the word or words that correctly complete the sentence. Then, fill in the corresponding space on your answer sheet.

37. My father got _____ a new bracelet for my birthday.

    (A) I
    (B) my
    (C) me
    (D) mine

38. Giraffes have evolved to have _____ to reach tall trees.

    (A) neck longs
    (B) necks long
    (C) long necks
    (D) longs neck

39. Punjabi food has a very _____ flavor and texture.

    (A) interest
    (B) interested
    (C) interesting
    (D) interestingly

40. I _____ sunscreen and sunglasses when I go outside.

    (A) put on
    (B) putted on
    (C) putting on
    (D) have putted on

41. Most of our furniture _____ bought second-hand at a garage sale.

    (A) is
    (B) are
    (C) has
    (D) have

42. Even though he _____ in England for more than forty years, he still calls England home.

    (A) been
    (B) not been
    (C) has been
    (D) hasn't been

43. When we eat out, my youngest brother always orders _____ plate on the menu.

    (A) expensive
    (B) the expensivest
    (C) most expensive
    (D) the most expensive

44. Paola said she had a great time _____ old songs with her friends in the car.

    (A) sing
    (B) to sing
    (C) singing
    (D) to singing

45. The professor was almost an hour late _____ of the heavy snow.

    (A) as a result
    (B) in contrast
    (C) in addition
    (D) in other words

46. I still remember the man _____ me to play chess when I was a boy.

    (A) who
    (B) taught that
    (C) who taught
    (D) who he taught

DIRECTIONS: In this portion of the test, you will be given 4 practical reading passages. Each passage will be followed by two, three or four questions. For each question, choose the best answer according to the passage and fill in the corresponding space on your answer sheet.

Questions 47-48. Refer to the following advertisement.

Tina's Trumpets and More!

Tina's Trumpets is the internet's largest buyer and seller of quality used instruments.

Tina's Trumpets carries a large selection of new and used brass instruments! We carry a full-range of brass instruments: from piccolo trumpets to contrabass tubas!

At Tina's Trumpets we buy, sell, and trade all brass instruments, no matter the condition they are in! To sell or trade your instruments, visit any of our thirteen locations nationwide. Purchases are as easy as accessing our website!

Visit us online at
www.tinastrumpets.com/main

47. What is NOT mentioned as a service Tina's Trumpets provides?

(A) trading tubas
(B) buying trombones
(C) repairing trumpets
(D) selling French horns

48. What is a listed condition to sell your instrument to Tina's Trumpets?

(A) You must visit a store location.
(B) You must send in multiple pictures.
(C) The instrument must have all its parts.
(D) The instrument must be in good condition.

Questions 49-51. Refer to the following memo.

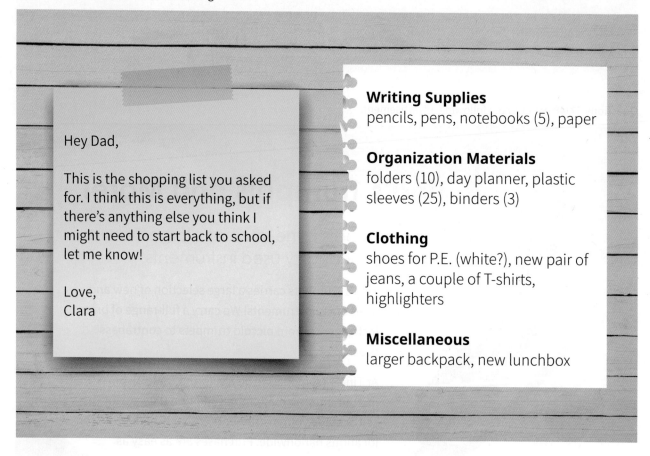

Hey Dad,

This is the shopping list you asked for. I think this is everything, but if there's anything else you think I might need to start back to school, let me know!

Love,
Clara

Writing Supplies
pencils, pens, notebooks (5), paper

Organization Materials
folders (10), day planner, plastic sleeves (25), binders (3)

Clothing
shoes for P.E. (white?), new pair of jeans, a couple of T-shirts, highlighters

Miscellaneous
larger backpack, new lunchbox

49. Which list item is in the wrong place?

(A) notebooks
(B) day planner
(C) highlighters
(D) plastic sleeves

50. What is the purpose of Clara's list to her dad?

(A) to ask him what he bought for Clara
(B) to tell him what she needs for school
(C) to ask him if she needs new school supplies
(D) to tell him about the school supplies she bought

51. Which is NOT a type of clothing Clara thinks she needs?

(A) pants
(B) shoes
(C) shirts
(D) jackets

Questions 52-55. Refer to the following letter.

Dear Piney Stream Residents,

The homeowners association has been informed by our local trash services that some residents are not correctly separating their trash. We ask everyone to review the trash separation guidelines included on the back of this letter. If problems continue, we will deal with them more directly.

We would further like to remind residents to take trash out only in the evenings before trash pick-up on Tuesday mornings. This insures community cleanliness and reduces the number of animals getting into trash cans.

If you have questions regarding trash services, please feel free to contact the trash pick-up company or the homeowners association at 1(479)632-3737.

Thank you,

Linda Blare

Piney Stream Homeowners Association President

52. What is the intention of this letter?

    (A) to warn residents
    (B) to change guidelines
    (C) to announce elections
    (D) to interview homeowners

53. Where would this letter most likely be sent?

    (A) local businesses
    (B) individual houses
    (C) apartment security
    (D) community schools

54. When should trash be placed outside?

    (A) Monday afternoon
    (B) Monday evening
    (C) Tuesday morning
    (D) Tuesday evening

55. What is MOST likely on the back of this letter?

    (A) a list of prices for metal trash cans
    (B) the day of the week trash is picked up
    (C) an explanation of how to separate trash and recycling
    (D) guidelines on how to report animals to trash collectors

Questions 56-59. Refer to the following article.

01.09.2019 / WEDNESDAY   VOLUME 51 / EST.1987 5

▌DAILY NEWS

❝Jenna Park may just be fourteen years old, but that didn't stop the young businesswoman from creating the hottest new phone application for teens. ❞

The Carson Junior High student found many of her classmates wanted part-time jobs, but didn't have time for them every week. "I study a lot, even on weekends. But every once in a while, I have some extra time and wanted to make extra money." That's when she got the idea for a phone application where students could find one-time jobs. Now the service has expanded to 20 schools. "Each school's administration directly manages the jobs that can be posted on the application, so that students can only see and apply to jobs that are safe".

ABOUT ECONOMICS

---

56. Which best describes Jenna Park?

(A) a college graduate
(B) an education expert
(C) a junior high student
(D) a school administrator

57. Who manages the posting of jobs?

(A) Jenna Park
(B) the application's coder
(C) Jenna's business partner
(D) each school's administration

58. What is the main topic of this article?

(A) a young business owner
(B) business education in schools
(C) schools paying students to work
(D) students who work part-time jobs

59. Who is the target audience of Jenna Park's application?

(A) high schoolers looking for temporary jobs
(B) school teachers looking for permanent positions
(C) students looking for inexpensive phone payment plans
(D) school administrators looking for safe banking systems

Questions 60-61. Read the passage and answer the questions.

Hard diplomacy between governments often involves summits between leaders or negotiations between ambassadors. Such important events can help achieve important goals between countries. However, so-called soft diplomacy is also important for international relations. In soft diplomacy, countries do not necessarily expect a particular outcome. Instead, countries use performances by artists, visits by royalty, charity events, and friendly matches between sports teams to build good relations. In these exchanges, the artists, athletes, or foreign officials represent the whole country by doing an action that is pleasing to people in the host country. The goal is not an immediate one, but rather a long-term way to keep the country in the public's mind. In soft diplomacy, decisions made by a country today could affect societies decades into the future.

Summary:

Soft diplomacy differs from hard diplomacy. Instead of summits between leaders or ambassadors, it may involve sports matches, charity events, or ____(60)____ visits from a king or queen. The expected goals are not immediate but instead a long-term method to make one country more ____(61)____ with another.

60. Choose the most suitable word for the blank, connecting the summary to the passage.

(A) hard
(B) royal
(C) virtual
(D) athletic

61. Choose the most suitable word for the blank, connecting the summary to the passage.

(A) popular
(B) modern
(C) different
(D) tasteless

Questions 62-65. Read the passage and answer the questions.

[1] One extremely influential design style of the 20th century is Bauhaus. This style involves very clean lines. It can be seen today in the design of furniture, kitchen goods, and even smartphones. But Bauhaus is more than just a style or movement. Bauhaus was an actual school in Germany in the early 20th century.

[2] The Staatliches Bauhaus school, also known just as Bauhaus, was created by architect Walter Gropius. For him, Bauhaus was a way of looking at the world of arts, crafts, and industry together as one whole. He did not like a divide between elite artists and <u>practical</u> craftspeople. Instead, he promoted the wise idea of well-roundedness in design. He thought that in the modern world of machines and fast cars, the things people used could be beautiful, affordable, and functional at the same time.

[3] Design education today is still influenced by Gropius' Bauhaus school. For example, the school's idea was that design should consider art, functionality, and technology. Design schools today have incorporated modern technologies into what and how they teach. Also, in the Bauhaus school students learned color and materials theory in their first courses, before designing anything. This approach is still popular in design education today.

62. What is the main idea of the passage?

(A) the best way to teach design
(B) the life of a German designer
(C) the practicality of architecture
(D) the philosophy of a famous school

63. Which of the following is NOT mentioned in the passage?

(A) Walter Gropius founded a design school.
(B) Bauhaus is most known for architecture design.
(C) One can still see influences from Bauhaus today.
(D) Art and function were combined in Bauhaus philosophy.

64. In paragraph [2], line 3, "practical" is closest in meaning to:

(A) simple
(B) realistic
(C) repetitive
(D) hardworking

65. Which of the following statements would the author most likely agree with?

(A) Modern design focuses too much on artistic value.
(B) A varied education can lead to better design ideas.
(C) The most important aspect of design is affordability.
(D) Students should begin specialized education as soon as possible.

This is the end of
the TOSEL Actual Test.
Thank you.

Actual Test **4**

Listening and Speaking

음원 QR 코드

In SECTION I, you will be asked to demonstrate how well you understand spoken English. You will have approximately 25 minutes to complete this section. There are 30 questions separated into four parts, and directions are given for each part. You must mark your answers on the answer sheet provided.

Part **1** *Listen and Recognize*
6 Questions

Part **2** *Listen and Respond*
10 Questions

Part **3** *Short Conversations*
10 Questions

Part **4** *Talks*
4 Questions

DIRECTIONS: In this portion of the test, you will hear 6 short conversations. Select the picture from the three choices provided that best matches each conversation. Fill in the corresponding space on your answer sheet. The conversations are not printed in your test booklet and will be played twice.

1.

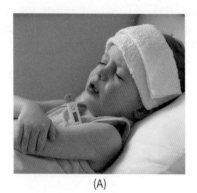
(A)

(B)

(C)

2.

(A)

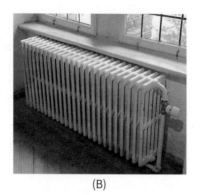
(B)

(C)

3.

(A)

(B)

(C)

4.

(A)

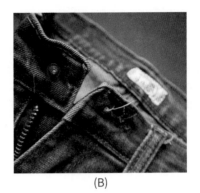
(B)

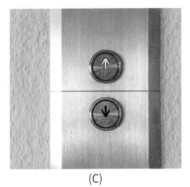
(C)

5.

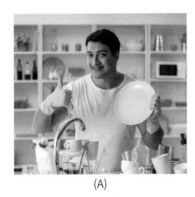
(A)

(B)

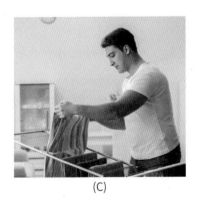
(C)

6.

(A)

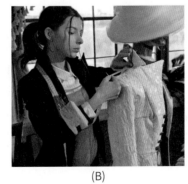
(B)

(C)

DIRECTIONS: In this portion of the test, you will hear 10 incomplete conversations. Listen carefully, and choose the best response to the last speaker from the choices provided. Fill in the corresponding space on your answer sheet. The conversations are not printed in your test booklet and will be played twice.

7. What is the best response?

   (A) It's a shame you can't go.
   (B) These three weeks will be great!
   (C) You were amazing this summer!
   (D) I'm sad that winter's already here.

8. What is the best response?

   (A) Yes, it prints so clearly.
   (B) Yes, it'll be here tomorrow.
   (C) No, it's already gone to print.
   (D) No, it was too easy to ask for help.

9. What is the best response?

   (A) I prefer the mountain resort.
   (B) We couldn't locate anything.
   (C) You can never go back there.
   (D) This isn't the vacation I wanted.

10. What is the best response?

   (A) North of the Sahara Desert.
   (B) After you get your upgrade.
   (C) To the right of the metal ones.
   (D) Out in the middle of the ocean.

11. What is the best response?

   (A) Want to get on top?
   (B) Want to wait for the next one?
   (C) Should we make a reservation?
   (D) Should we be more considerate?

12. What is the best response?

   (A) Carry your own bag.
   (B) Buy your own things.
   (C) Have your mom take you.
   (D) Get with the latest fashions.

13. What is the best response?

   (A) Yes, the car felt stuffy.
   (B) It really has been awful.
   (C) Yes, it was such a short ride.
   (D) The first time is always exciting.

14. What is the best response?

   (A) I think I saw a ghost.
   (B) This is bright enough.
   (C) Today is going so well.
   (D) These shoes are too tight.

15. What is the best response?

   (A) I'm not prepared to see you.
   (B) You're going to pay for this!
   (C) You shouldn't have asked me.
   (D) I thought they stopped selling them!

16. What is the best response?

   (A) Isn't it on call?
   (B) Isn't it healthy?
   (C) It's not on sale?
   (D) It's not too small?

DIRECTIONS: In this portion of the test, you will hear a series of 10 short conversations. Choose the correct answer for each question from the choices provided and fill in the corresponding space on your answer sheet. The conversations are not printed in your test booklet and will be played twice.

17. What is the main topic of this conversation?

    (A) a penpal
    (B) a love letter
    (C) a graduation speech
    (D) a writing assignment

18. What is the jar for?

    (A) growing grass
    (B) observing roots
    (C) collecting insects
    (D) making lemonade

19. Where most likely are the man and woman?

    (A) a library
    (B) a hospital
    (C) a museum
    (D) a bookstore

20. What is the man's likely occupation?

    (A) stage actor
    (B) set designer
    (C) theater director
    (D) lighting manager

21. What is wrong with the man's ice skates?

    (A) They are too big.
    (B) They are too tight.
    (C) They are too loose.
    (D) They are too heavy.

22. What does the woman offer to do?

    (A) look up new bands
    (B) send music to the man
    (C) make more indie music
    (D) listen to the man's favorite band

23. What does the man mean by "I can't believe her!"?

    (A) The woman told a lie to the man.
    (B) The woman is confusing the man.
    (C) The man is surprised by Veronica's actions.
    (D) The man thinks that Veronica is not a good president.

24. What will the man do next?

    (A) go to work
    (B) go to buy milk
    (C) wait for a delivery
    (D) wait for her to get home

25. Which of the following is NOT true?

    (A) The man enjoys amusement parks.
    (B) The woman wants to delay any final plans.
    (C) The man does not want to go to museums.
    (D) The woman will do the majority of travel planning.

26. How does the man tell the woman to be careful?

    (A) by unplugging the toaster after use
    (B) by keeping toasters away from sinks
    (C) by watching the toaster while toasting
    (D) by researching toasters before purchasing

DIRECTIONS: In this portion of the test, you will hear 2 talks. Listen carefully to each talk and answer the questions in your test booklet by choosing the best answer from the choices provided. Fill in the corresponding space on your answer sheet. The talks are not printed and will be played twice.

[27-28]

27. How can someone purchase the Ionic Beam hair dryer?

(A) by phone
(B) by computer
(C) at a hair salon
(D) at a beauty supply store

28. What is NOT an advertised feature of the hair dryer?

(A) less time to dry
(B) no added damage
(C) long lasting curling
(D) smooth and shiny hair

[29-30]

29. What will the weather be like today?

(A) sunny
(B) rainy
(C) windy
(D) cloudy

30. Which of the following best describes Saturday's forecast?

(A) light rain from late morning to early evening
(B) morning rain followed by a clear afternoon
(C) chilly morning followed by a cloudy afternoon
(D) humid morning with high afternoon temperatures

Reading and Writing

In SECTION II, you will be asked to demonstrate how well you understand written English. You will have approximately 35 minutes to complete this section. There are 35 questions separated into four parts, and directions are given for each part. You must mark your answers on the answer sheet provided.

Part **5** *Picture Description*

6 Questions

Part **6** *Sentence Completion*

10 Questions

Part **7** *Practical Reading Comprehension*

13 Questions

Part **8** *General Reading Comprehension*

6 Questions

DIRECTIONS: In this portion of the test, you will be shown 6 pictures and corresponding incomplete sentences. From the choices provided, choose the word or words that match each picture and complete the sentence. Then, fill in the corresponding space on your answer sheet.

31.

Preschool kids _____ attention in class when they play games with new words.

(A) see
(B) pay
(C) cost
(D) study

32.

I tried to do most of my Christmas shopping online because this _____ time.

(A) saves
(B) stores
(C) gathers
(D) collects

33.

Why does everybody only _____ the house all the time and never clean up?

(A) tidy up
(B) mess up
(C) hang out
(D) throw out

34.

The firefighters had to _____ down the door to rescue the baby inside.

(A) lend
(B) turn
(C) walk
(D) break

35.

I didn't go to school today, as I was feeling a bit _____.

(A) in rain
(B) in blue
(C) under control
(D) under the weather

36.

Elias was going to dive off the high board, but he got _____ and decided not to.

(A) cold feet
(B) eye catching
(C) a sweet tooth
(D) a warm heart

DIRECTIONS: In this portion of the test, you will be given 10 incomplete sentences. From the choices provided, choose the word or words that correctly complete the sentence. Then, fill in the corresponding space on your answer sheet.

37. A meteorological organization _____ hurricanes in alphabetical order.

    (A) name
    (B) names
    (C) a name
    (D) is a name

38. The room was filled with _____ from all over the world.

    (A) child
    (B) childs
    (C) children
    (D) a children

39. Terry loves to play video games. _____ plays on his phone on his way to work.

    (A) He
    (B) His
    (C) That
    (D) What

40. The team worked on the report together, but it will be _____ the team leader.

    (A) presented on
    (B) presenting on
    (C) presented by
    (D) presenting by

41. Rita _____ waiting for his call since this morning.

    (A) be
    (B) has
    (C) has be
    (D) has been

42. While _____ the new bookstore at the mall, I met Mr. Po in the life section.

    (A) visit
    (B) visiting
    (C) I visit
    (D) I visiting

43. The farmers installed high fences _____ away the monkeys that steal the pumpkins.

    (A) scare
    (B) scared
    (C) to scare
    (D) to scaring

44. Yusef said he was coming to the event. I suppose _____ he wanted to give a hand.

    (A) so
    (B) that
    (C) what
    (D) which

45. My husband and I repaired the house _____ we had spare time.

    (A) however
    (B) wherever
    (C) whatever
    (D) whenever

46. Actually, this macaron is not too bad. It is less _____ than I thought it would be.

    (A) sweet
    (B) sweeter
    (C) sweetest
    (D) more sweet

DIRECTIONS: In this portion of the test, you will be given 4 practical reading passages. Each passage will be followed by two, three or four questions. For each question, choose the best answer according to the passage and fill in the corresponding space on your answer sheet.

Questions 47-48. Refer to the following product label.

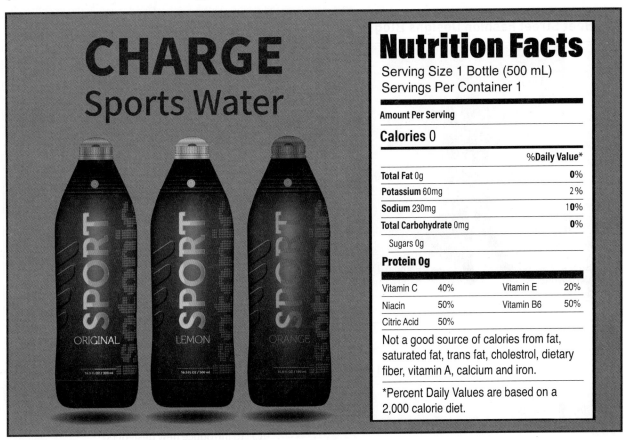

47. Which of these is there the least of in CHARGE Sports Water?

(A) Iron
(B) Niacin
(C) Vitamin E
(D) Citric Acid

48. What type of person would most benefit from this sports drink?

(A) someone avoiding all sodium
(B) someone who has a niacin allergy
(C) someone who needs more vitamin A
(D) someone trying to drink fewer calories

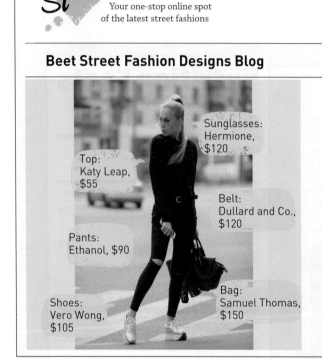

Beet Street

Your one-stop online spot of the latest street fashions

SIGN IN | REGISTER

■ Menu ■ About ■ Online Store ■ FAQ ■ Blog

Beet Street Fashion Designs Blog

Thursday, September 24

Sunglasses: Hermione, $120

Top: Katy Leap, $55

Belt: Dullard and Co., $120

Pants: Ethanol, $90

Shoes: Vero Wong, $105

Bag: Samuel Thomas, $150

Model: Kerrie Pritchard
Stylist: Linda Greene
Make-up: Georgie Smalls
Photographer: Jerry Valentine

Here we see how chic an all-black street look can be. Kerrie says she is IN LOVE with these Ethanol jeans. They are semi-stretchy, making them great for all body types! Linda does an excellent job matching with a black Katy Leap top and cute Dullard and Co. belt. This look is a must-have!

Find all the items for this and other fabulous looks in our **online store**!

---

49. Which item is least likely to be sold in Beet Street's online store?

    (A) the pants
    (B) the shoes
    (C) the jacket
    (D) the sunglasses

50. Who was responsible for putting this look together?

    (A) Kerrie Pritchard
    (B) Linda Greene
    (C) Georgie Smalls
    (D) Jerry Valentine

51. What is the main intention of this blog post?

    (A) to educate about fashion
    (B) to describe fashion trends
    (C) to introduce new designers
    (D) to advertise an online store

Questions 52-55. Refer to the following application.

8ᵗʰ Annual Diamond City
Art Contest Application

Name: _____   Address: _____   Age: _____

<u>Medium:</u>
☐ Paint   ☐ Pencil/Charcoal   ☐ Pastel   ☐ Photograph   ☐ Sculpture*   ☐ Other**
Description of Artwork (Please attach picture if possible):
_____

Rules:
* Sculptures may be made of wood, metal, stone, plastic, and/or paper.
** Entries using more than one <u>medium</u> (other than sculptures), must enter the Other category.

• Artists may enter only one category
• Applicants will be divided into three age groups: Under 11, Under 18, 18 and Over
• Only residents of Diamond City may enter

Date: _____   Signature: _____

52. The underlined word, "Medium" is closest in meaning to:

(A) not large or small
(B) level of a professional
(C) intermediate difficulty
(D) material or method used

53. Which of the following is true?

(A) Adults are not allowed to apply.
(B) Only metal sculptures will be accepted.
(C) Artists can compete in more than one category.
(D) Only Diamond City residents may enter the contest.

54. A photograph that was painted on would go into which category?

(A) Paint
(B) Other
(C) Sculpture
(D) Photograph

55. Which of the following is probably eligible for the Other category?

(A) a watercolor painting
(B) a stone sculpture with plastic knobs
(C) a pencil drawing with pastel coloring
(D) a paper doll with handmade paper dresses

Questions 56-59. Refer to the following schedule.

Friday, July 13th

07:30 AM : Arrive at Kansai International Airport
08:30 AM : Board Train from airport to Kyoto
09:45 AM : Arrive at Kyoto Station
10:15 AM : Check-in at Hotel/ Relax
12:00 PM : Lunch
01:00 PM : Tour Golden Pavilion
03:30 PM : Tea Ceremony Instruction
05:00 PM : Shamisen Performance
06:30 PM : Sushi Dinner
08:00 PM : Night Festival Activities / Fireworks
11:00 PM : Return to Hotel

Saturday, July 14th

07:00 AM : Breakfast at Hotel
09:00 AM : Tour of Fushimi-inari Shrine
11:00 AM : Early Lunch
12:00 PM : Free Time in Gion Tourist District
03:00 PM : Traditional Kabuki Theater Performance
06:00 PM : Kyoto Vegetarian Dinner
08:00 PM : Free Time by Kamo River
11:00 PM : Return to Hotel

Sunday, July 15th

09:00 AM : Late Breakfast at Hotel
10:30 AM : Board Train to Kansai International Airport
01:30 PM : Board Plane Home

56. How long does it take from Kansai International Airport to Kyoto Station by train?

(A) 45 minutes
(B) 1 hour
(C) 1 hour and 15 minutes
(D) 2 hours

57. What will the travelers do right after visiting the Golden Pavilion?

(A) eat lunch
(B) drink tea
(C) make sushi
(D) watch fireworks

58. When is most likely the best time to buy souvenirs at a street market?

(A) Friday at 9 AM
(B) Friday at 5 PM
(C) Saturday at 1 PM
(D) Sunday at 11 AM

59. What is included on the tour schedule?

(A) a boat ride on the river
(B) stargazing at the observatory
(C) seeing traditional performances
(D) a tour to local arts and crafts galleries

DIRECTIONS: In this portion of the test, you will be provided with two longer reading passages. For the first passage complete the blanks in the passage summary using the words provided. Fill in your choices in the corresponding spaces on your answer sheet. The second passage will be followed by four questions. For each question, choose the best answer according to the passage.

Questions 60-61. Read the passage and answer the questions.

Humans have some body parts that we once needed in our history, but no longer do. These parts are known as "vestigial traits". They can seem like more of a burden than a help to modern humans. One well-known example of this is the appendix. Early humans probably needed an appendix to digest plants. Now, though, the appendix often becomes infected, and is removed. Another frequently removed vestigial body part is wisdom teeth. These unnecessary teeth can crowd the mouth. One of the more interesting vestigial traits in humans is the tailbone. While our ancestors had tails, most humans do not have tails now (some do). Fascinatingly, human embryos have a kind of tail in the womb.

Summary:

"Vestigial traits" are body parts that humans needed once, but not now. A common example is the appendix, which was probably needed to digest plants. Wisdom teeth, too, usually do not _____(60)_____ well in the mouth, and are removed. The tailbone is a part where a tail used to go. Human embryos still have _____(61)_____ parts in the womb.

60. Choose the most suitable word for the blank, connecting the summary to the passage.

   (A) fit
   (B) help
   (C) taste
   (D) isolate

61. Choose the most suitable word for the blank, connecting the summary to the passage.

   (A) tail-like
   (B) web-like
   (C) wing-like
   (D) scale-like

Questions 62-65. Read the passage and answer the questions.

[1] There are some people who argue that there are no new ideas, only new ways of phrasing them. While such a viewpoint is <u>debatable</u>, writers do often reference other works to explain their own ideas. Called "allusions," these phrases are a quick and effective way to explain concepts to readers.

[2] If you have ever called someone the "Sherlock Holmes of car problems," you already have experience with allusions. The character of Sherlock Holmes was known for his good memory, wide-reaching knowledge, and ability to solve mysteries. By using an allusion such as this, people who are also familiar with Sherlock Holmes very quickly understand that the referenced person is really good with cars.

[3] Allusions can also help writers. Including an allusion can sometimes help win a reader over to the writer's way of thinking. This is because readers are more likely to believe authors who compare their writing to works the reader and writer have both read.

[4] You don't have to be Shakespeare to use an allusion. Something from popular culture often works just fine. So in your next writing assignment, try adding a reference to something your audience may already know.

62. What is the main idea of the passage?

   (A) copying other authors
   (B) referencing other sources
   (C) developing new characters
   (D) avoiding excessive plagiarism

63. Which of the following is NOT mentioned in the passage?

   (A) Writers regularly use allusions.
   (B) Allusions often prevent good writing.
   (C) A good allusion can convince readers.
   (D) References to other works help understanding.

64. In paragraph 1, line 2, the word "debatable" is closest in meaning to:

   (A) fiery
   (B) exciting
   (C) unsettled
   (D) combative

65. What would the author of this passage MOST likely suggest?

   (A) updating old literature
   (B) using allusions seldomly
   (C) coming up with new ideas
   (D) learning common allusions

This is the end of the TOSEL Actual Test. Thank you.

Appendix

A

a (great) sense of fashion	(멋진) 패션 감각
a collection of	~의 수집품[소장품]
a fan of	~을 좋아하다, ~의 팬이다
a full-range of	모든 종류의, 전체 범위의, 폭넓은
a good call	좋은 결정, 잘한 일
a long shot	거의 승산이 없는
a selection of	선택 가능한 것들을 모아 놓은 ~; 엄선된 ~
a variety of	다양한, 여러 가지의
abandoned	adj. 버려진
absence	n. 부재; 결석, 결근; 결핍
absent	adj. 결석한, 결근한
absolutely	adv. 전적으로, 틀림없이; 극도로, 굉장히
abuse	n. 남용, 오용; 학대; 욕설
accept	v. 받아들이다
accidentally	adv. 의도치 않게, 우연히; 잘못하여
accomplish	v. 완수하다, 성취하다, 해내다
according to	~에 따라
account	n. 설명, 기술, 해석; 계좌
accurate	adj. 정확한; 정밀한
acid	n. 산; adj. 산성의; (맛이) 신
action-packed	흥미진진한, 액션이 많은
adapt (to)	v. (새로운 용도·상황에) 맞추다[조정하다]; (상황에) 적응하다
add up to	(결과가) ~가 되다; ~임을 보여주다; 합계 ~가 되다
additional	adj. 추가의
administration	n. 행정기관; 관리[행정] (업무)
admire	v. 감탄하며 바라보다, 칭찬하다
admission	n. 입장
admit	v. (무엇이 사실임을 마지못해) 인정[시인]하다
adopt	v. 취하다, 채택하다
adorable	adj. 사랑스러운
advance	n. 선금, 선불; 진전, 발전; adj. 앞서의, 사전의; v. 증진되다
advantage	n. 이점, 장점
advertise	v. 광고하다, 알리다
advertisement	n. 광고
advisor	n. 조언자, 지도자, 고문
advisory	adj. 자문[고문]의

affect	v. 영향을 미치다
afford	v. (~을 살·할 금전적·시간적) 여유[형편]가 되다
affordable	adj. (가격 등이) 알맞은, 감당할 수 있는
after all	(예상과는 달리) 결국에는; 어쨌든
after-school activity	방과 후 활동
ages	n. 오랫동안, 한참
agree	v. 동의하다
aisle	n. 통로
all of a sudden	갑자기
all the time	언제나 (=always)
alliance	n. 동맹, 연합
allow	v. ~를 허락하다[허용하다]
allow A to B	A가 B 하도록 허락하다
allusion	n. [수사학] 인유(引喩)(인물이나 사건 혹은 다른 문학 작품이나 그 구절을 직간접적으로 가리키는 것); 암시, (간접적인) 언급, 넌지시 하는 말
alphabetical order	알파벳 순서
amazing	adj. 멋진, 놀라운
ambassador	n. 대사
amusement park	놀이공원
ancestor	n. 조상
anniversary	n. 기념일
announce	v. 알리다, 발표[공표]하다, 공고하다
annoyed	adj. 짜증이 난, 약이 오른
annual	adj. 매년의, 연례의; 연간의, 한 해의
answer the door	(손님을 맞이하러) 현관으로 나가다, 문을 열다
antique	adj. (귀중한) 골동품인
anxiety	n. 불안(감), 염려
appear	v. ~인 것 같다
appearance	n. 외형, 외모
appendix	n. 맹장
appliance	n. (가정용) 기기, 가전제품
applicant	n. 지원자
application	n. 지원[신청](서); 적용, 응용; (약어: app) 응용 프로그램
apply	v. 신청하다, 지원하다; 적용하다, 응용하다
appointment	n. (특히 업무 관련) 약속, 예약; 임명, 지명
appointment book	(약속과 일정 등을 메모하는) 다이어리

appreciate	v. 고마워하다; 환영하다	balance	n. 균형, 평형
approach	n. 접근법; 접근; v. 접근하다	band-aid	반창고
approximately	adv. 대략, 거의	barn	n. 헛간
arcade	n. 오락실, 아케이드	bath	n. 목욕
Areca palm	아레카 야자	battery	n. 건전지, 배터리
arena	n. (원형) 경기장, 아레나	be about to	막 ~을 하려고 하다
argue	v. 주장하다; 언쟁을 하다	be filled with	~로 가득 차다
arrange	v. 마련하다, (일을) 처리[주선]하다	be good with	~에 능숙하다
arrangement	n. 준비, 마련, 주선	be in stock	재고가 있다
artificial	adj. 인공의	be in trouble	곤경에 처하다
artificially	adv. 인위적으로; 부자연스럽게	be into	~에[을] 관심이 많다[좋아하다], 빠져있다
artwork	n. 미술 작품	be known for	~로 알려지다
as a result (of)	(~의) 결과로(서)	be over	끝나다
as much as	~정도까지 많이; ~못지않게	be prepared	준비가 되다, 대비하다
assess	v. (특성·자질 등을) 재다[가늠하다]; (가치·양을) 평가[사정]하다	be responsible for	~을 책임지다, 담당하다
assign	v. (일·책임 등을) 맡기다[배정하다/부과하다]; (사람을) 배치하다	be supposed to	~하기로 되어 있다; ~할 의무가 있다
assignment	n. 과제, 임무; 배정, 배치	beat	v. 더 낫다, 능가하다; 이기다
association	n. 협회; 연계, 제휴	bedding	n. 침구, 잠자리
athletic	adj. (운동) 경기의; 운동 선수(용)의; 운동 선수다운, 근골이 단단한	behavior	n. 행동, 행실, 태도
atmosphere	n. 분위기, 기운; 대기	belong to	~에 속하다, ~의 소유이다
atmospheric pressure	기압	benefit	n. 혜택, 이득
attack	v. 공격하다	best regards	안부
attend	v. 참석하다	beverage	n. (물 외의) 음료
attracted (to)	adj. (~에) 끌리는, 매료된	big mouth	입이 가벼운 사람, 떠들기 좋아하는 사람
autograph	n. (유명인의) 사인; v. (유명인이) 사인을 해주다	binder	n. (종이 등을 함께 묶는) 바인더
autographed	adj. 사인된, 서명이 있는	binoculars	n. 쌍안경
auto (automobile)	n. 자동차	biological	adj. 생물학의, 생물체의
available	adj. 이용할 수 있는, 구할 수 있는	blast	n. 폭발, 강한 바람
average	adj. 보통의, 평범한; 평균의	block	v. 막다
avoid	v. 피하다	blood flow	혈류
award(s) ceremony	시상식	blow	v. 불다
awful	adj. 지독한, 끔찍한	blush	v. 얼굴을 붉히다; ~에 부끄러워하다
awkward	adj. 어색한, 불편한	board	v. 탑승하다

B

back and forth	전후로, 앞뒤로, 왔다 갔다	boardwalk	n. (특히 해변이나 물가에) 판자를 깔아 만든 길
backpack	n. 백팩, 배낭	body odor	체취; 암내
backpacker	n. 배낭여행자	boil	v. 끓이다
		book	v. 예약하다
		book report	감상문, 독후감
		booked	adj. 예약된, 지정된
		booklet	n. 소책자

bookworm	n. 책벌레
booth	n. 부스
borderless	adj. 경계 없는, 국경 없는
borrow	v. 빌리다
boundary	n. 경계(선)
brace	n. 치아교정기; 버팀대
bracelet	n. 팔찌
brand	n. 상표, 브랜드
brand new	완전 새것의, 최신의
brass	n. 금관악기; 놋쇠, 황동 (제품)
break	n. 휴식 (시간); v. 깨어지다, 부서지다; 깨다, 부수다; 고장 나다[내다]
break down	(열기 위해서) 부수다
break the ice	어색한[서먹서먹한] 분위기를 깨다
break up	헤어지다, 끝이 나다
breaking report	속보
breakroom	n. 휴게실
breathtaking	adj. (너무 아름답거나 놀라워서) 숨이 막히는
breeze	n. 식은 죽 먹기; 산들바람, 미풍
bright	adj. 밝은
brim	n. (모자의) 챙
broad	adj. 폭넓은, 광대한
bruised	adj. 멍든, 타박상을 입은
brush one's teeth	양치를 하다
buck	n. 달러, 돈
buckle up	안전띠를 매다
burden	n. (정신적인) 짐, 부담; 짐, 화물
burn	v. 불에 타다; 태우다
burn down	태워버리다
burned out	못 쓰게 된, 타버린
burner	n. (취사용) 버너, 가열 기구
burst	v. 터지다; n. 폭발, 파열
business	n. 비즈니스, 사업
business center	비즈니스 센터 (호텔의 비즈니스 고객을 위해 비서업무, 팩스, 텔렉스, 회의준비, 타이핑 등을 서비스하는 곳)
busker	n. 길거리 연주자, 거리의 악사
bustling	adj. 부산한, 북적거리는
button	n. 단추, 버튼

C

cabin	n. 오두막집; 객실, 선실
cabinet	n. 캐비닛, 보관장
call	n. 전화(통화); 들름, 방문; 요청, 요구
call it a day	(일과를) 끝내다, 마치다
calligraphy	n. 캘리그래피(글씨를 아름답게 쓰는 기술); 서예; 서체
Can I get a rain check (on ~)?	(~을) 다음으로 미루면 안 될까?, 다음에 (~을) 할 수 있을까요?
cancel	v. 취소하다
candidate	n. 후보자
canned	adj. (식품이) 통조림으로 된
capacity	n. 수용력, 용량
carbohydrate	n. 탄수화물
carry	v. (가게에서 품목을) 취급하다; (물건을) 나르다, 운반하다
cash cow	(사업체의) 꾸준한 수익 상품
cash register	계산대, 금전 등록기
catch	v. (병에) 걸리다; 잡다[받다]
cause	v. ~을 일으키다[초래하다]; n. 원인
celebrate	v. 기념하다, 축하하다
certified	adj. 보증[증명]된
challenging	adj. 어려운, 도전적인
chance	n. 기회
chaotic	adj. 혼란스러운
character	n. (만화의) 캐릭터; (연극·영화·소설 속의) 등장 인물, 배역; (물건의) 특성, 특질, 특색; (개인·국민의) 성격, 성질, 기질
charcoal	n. 숯
charge	v. 충전하다; 청구하다; n. 충전; 요금; 책임, 담당
charity	n. 자선
charm	n. 매력
chase	v. 뒤쫓다, 추적하다
chase ~ away	~을 쫓아내다
chat	v. 담소[이야기]를 나누다, 수다를 떨다
check it out	잘 들어봐
check out	(도서관 등에서) 대출하다
check-in	(호텔에서) 체크인하다; (공항에서) 탑승 수속을 하다
chemical	adj. 화학 물질; 화학의
chewy	adj. 질긴, 쫄깃쫄깃한, 꼭꼭 씹어야 하는
chic	adj. 멋진, 세련된

chili cheese fries	칠리 치즈 프라이 (감자 튀김 위에 칠리와 녹인 치즈를 얹은 음식)
chipmunk	n. 얼룩 다람쥐
chuckle	v. 킬킬 웃다, 싱글싱글 웃다
citric acid	구연산
civilization	n. 문명
class clown	학급 광대(농담이나 개그로 학급을 웃기는 역할을 하는 학생)
class president	반장
clean-up	정화 (작업)
cleanliness	n. 청결
cleanser	n. 세안제, 클렌저
clear	v. (어떤 장소에서 사람들을) 내보내다[쫓아내다], 말끔히 치우다; adj. 알아듣기[보기] 쉬운, 분명한
clear for	허가하다
clearly	adv. 선명하게
clerk	n. (회사의) 사무원[직원], (가게의) 점원[직원]
clip-on	클립[핀]으로 고정되는
close-minded	편협한, 속이 좁은; 보수적인, 완고한
cloth	n. 옷감, 직물
clothes	n. 옷, 의복
clown	n. 광대, 광대 같은 사람
coat	n. (표면을 덮고 있는) 철[도금]
coder	n. 컴퓨터 코딩을 하는 사람
cold	n. 감기
cold feet	겁, 공포; 달아나려는 자세
collection	n. 수집품, 소장품; 수집
combination	n. 조합, 결합
combine	v. 결합하다
come apart	부서지다[흩어지다]
come in	밀려[들어]오다
come in the mail	(우편이나 택배가) 도착하다
come on	(텔레비전 프로그램 등이) 시작하다; 작동을 시작하다
come out	나오다
come up with	~을 생각해내다
comfortable	adj. 편(안)한, 쾌적한
comic	n. 만화책[잡지]; 재미있는, 코미디의
community	n. 주민, 지역 사회, 공동체
compact	adj. 소형의, 간편한; 조밀한, 촘촘한

compare apples and oranges	전혀 다른 것들을 비교하다
comparison	n. 비교, 비교함
compete	v. 경쟁하다
complain	v. 불평[항의]하다
complicated	adj. 어려워진, 복잡해진, (병이) 악화된
compliment	v. 칭찬하다; 칭찬(의 말), 찬사
concentrate	v. 집중하다[집중시키다], 전념하다
concern	n. 걱정, 근심
condition	n. 상태
conference	n. (보통 여러 날에 걸쳐 대규모로 열리는) 회의[학회]
confidence	n. 자신, 확신, 신뢰
confirm	v. 확인하다
confuse	v. 혼란스럽게 하다
Congratulations (on ~)!	(~에 관해) 축하합니다!
consider	v. 사려[고려/숙고]하다; (~을 ~로) 여기다[생각하다]
considerate	adj. 신중한, 사려 깊은
constant	adj. 끊임없는; 거듭되는
constantly	adv. 끊임없이, 지속적으로; 거듭
construction	n. 공사
consume	v. 소모하다
contact	n. 콘택트렌즈; 연락, 접촉; v. 연락하다
continue	v. (쉬지 않고) 계속되다
convenient	adj. 편리한, 간편한
convince	v. 설득하다; 납득시키다
cooler	n. 냉장박스
copy	v. 따라하다, 모방하다; 베끼다; n. 복사[복제]본
correct	adj. 맞는, 정확한
cosplayer	n. 코스프레하는 사람
cost	v. (비용이) ~이다, ~만큼 들다
costume	n. 코스튬, 분장 의상, 복장
cotton	n. 솜; 목화; 면직물
cotton swab	면봉
couch potato	소파에 가만히 앉아 텔레비전만 보며 많은 시간을 보내는 빈둥거리는 사람
cough	v. 기침하다
count	v. 인정되다, 중요하다; (숫자를) 세다

cover	v. [문제·범위 따위]를 포함하다, 다루다; (감추거나 보호하기 위해) 씌우다[가리다]; 뒤덮다
coverage	n. (적용, 보장) 범위
coworker	n. 동료, 협력자, 함께 일하는 사람
crack	n. (무엇이 갈라져 생긴) 금; (좁은) 틈
crack open	열다[벌리다]; (소리내며) 열리다[벌어지다]
craft	n. (수)공예; (특수한) 기술, 재주
craftsperson (craftspeople)	n. (수)공예가(들); (숙련된) 장인, 기능공(들)
crash	v. 충돌하다[들이받다/부딪치다/박살내다]; 폭락하다; n. (충돌·추돌) 사고; (가격·가치의) 폭락[붕괴]
crash into	~에 부딪히다[충돌하다]
crazed	adj. (격렬한 감정에 사로잡혀) 날뛰는[발광하는], 열광하는
cream puff	크림 퍼프 (작고 혹 같은 슈 페이스트리에 휘핑크림이나 커스터드를 채운 빵)
crew	n. 분대, 팀
crew socks	길고 두꺼운 양말
critic	n. 비평가
cross	v. 건너다, 가로지르다, 횡단하다
crowd	v. 가득 메우다; n. 군중, 무리
crowded	adj. 붐비는, 복잡한
crucial	adj. 중대한, 결정적인
crunchy	adj. 바삭바삭한, 아삭아삭한
cup	v. ~을 감싸다; 두 손을 동그랗게 모아 쥐다
curl	n. (헤어) 컬; v. 곱슬곱슬하다[하게 만들다]
custom	adj. 맞춤[주문] 제작한
customer	n. 고객
customer service	고객 서비스
cyclist	n. 자전거 타는 사람, 사이클리스트
D	
daisy	n. 데이지 꽃
damage	v. 손상을 주다; n. 손상, 피해
damaged	adj. 손상된
dangerously	adv. 위험하게
date	n. 날짜
deadline	n. 기한, 마감 시간
deal with	(문제·과제 등을) 처리하다; (주제·소재로) ~을 다루다

debatable	adj. 논란의 여지가 있는
decide	v. 결정하다
decrease	n. 감소, 하락; v. 줄이다
dedicate	v. (시간·노력을) 바치다, 전념[헌신]하다
dedicated (to)	adj. (~에) 전념하는, 헌신적인
defensively	adv. 방어적으로; 수동적으로
definitely	adv. (강조의 의미로) 분명히[틀림없이]; 절대(로)
degree	n. (온도에서의) 도
delay	v. 미루다, 연기하다; 지체하게 하다, 지연시키다; n. 지연, 지체
deliver	v. 배달하다
delivery	n. 배달, 배송
demand	v. 요구하다; 필요로 하다, 요구되다; n. 요구 (사항)
demonstration	n. 시위, 데모; 설명
depend (on)	v. (~에) 의존하다
depressed	adj. 우울한, 침체된
depth	n. 깊이
describe	v. 설명하다, 묘사하다
description	n. 묘사, 설명
design	n. 디자인; 설계; v. 창조하다
destination	n. (여행 등의) 목적지, 행선지, (물품 등의) 도착지
detail	n. 세부 사항
determine	v. 알아내다, 밝히다
develop	v. 성장[발달]하다[시키다]; 개발하다
device	n. 장치, 기구
die out	멸종되다, 자취를 감추다
diet	n. 식습관; 다이어트
dietary fiber	식이 섬유; 섬유질 식품
difficulty	n. 어려움
digest	v. 소화하다
diligent	adj. 근면한, 성실한
dining room	식당(방)
dip	v. 살짝 담그다, 적시다
diploma	n. 졸업장, 수료증; (대학의 학습) 과정
diplomacy	n. 외교
directly	adv. 곧장, 똑바로
disappoint	v. 실망하게 하다, 실망을 안겨 주다
disappointed	adj. 실망한, 낙담한
discipline	n. 규율, 훈육

discount	n. 할인
discover	v. (무엇의 존재 등을) 발견하다; (정보 등을) 찾다[알아내다]
discuss	v. 논의하다
disease	n. 질병
display	v. 전시[진열]하다; (컴퓨터 등이) (정보를) 보여주다[디스플레이하다]; n. 전시, 진열; 디스플레이(컴퓨터 화면에 나타나는 정보)
display board	전시판
dispose of	~을 없애다[처리하다/버리다]
distance	n. 거리
distract	v. 집중이 안되게 하다, (주의를) 딴 데로 돌리다
distraction	n. 집중을 방해하는 것
district	n. 지구, 지역, 구역
do tricks	개인기를 하다, 재주[묘기]를 부리다
donate	v. 기부[기증]하다
double rainbow	쌍무지개
down	adj. 작동이 안 되는, 다운된; 우울한
download	v. 다운로드하다[내려받다]
downtown	adv. 시내에[로]
drag on	(너무 오랫동안) 질질끌다[계속되다]
dramatically	adv. 극적으로
drawback	n. 결점, 문제점
dresser	n. 서랍장, 드레서 (옷을보관하는 데 사용되는 서랍이 달린 침실용 가구); [형용사와 함께 쓰여] ~하게 옷을 입는 사람
drive back	~를 물리치다; 차를 타고 돌아오다
driver's license	운전 면허증
driving factor	원동력
drone	n. 드론 (무선전파로 조종할 수 있는 무인 비행기); 수벌
drop	v. (잘못해서) 떨어뜨리다[떨어지다]
drop by	~에 (잠깐) 들르다
dry	v. 마르다; 말리다[닦다]; adj. 마른, 건조한
due to	~에 기인하는, ~때문에
dump	n. (쓰레기) 폐기장, 쓰레기장 같은 곳
during	prep. ~동안
dust	v. 먼지를 털다[닦다]
duty	n. 직무, 임무; (도덕적·법률적) 의무

dye	v. 염색하다; n. 염료, 염색제

E

early bird	아침형 인간, 일찍 일어나는 사람
earthquake	n. 지진
easy going	느긋한, 태평스러운
eat out	외식하다
ecosystem	n. 생태계
educate	v. 교육시키다
effect	n. 효과, 영향, 결과
effective	adj. 효과적인
efficiently	adv. 효율적으로, 능률적으로
effortless	adj. 힘이 들지 않는, 수월해 보이는
elite	n. 엘리트(계층)
embarrassed	adj. 쑥스러운, 어색한, 당황스러운
embryo	n. 배아
emerge	v. 드러나다; 생겨나다, 부상하다
emergency	n. 비상 (사태)
emotional	adj. 감정적인
employee	n. 직원, 종업원, 고용인
encourage	v. 권장[장려]하다
enhance	v. 높이다, 향상하다
enjoyable	adj. 즐거운
enough	adv. 충분히; adj. 충분한
enroll in	~에 등록하다
ensure	v. 반드시 ~하게[이게] 하다, 보장하다
entertainment	n. 오락, 여흥
entice	v. 유도[유인]하다
entire	adj. 전체의, 온
entry	n. 입장, 출입; 출품[응모/참가]작
equation	n. 방정식, 등식
error	n. 오류
escape	v. 달아나다, 탈출하다; (나쁜 상황에서) 벗어나다[빠져 나오다]
essential	adj. 필수적인, 본질적인
estimate	n. 추정(치), 추산; v. 추정하다
even though	비록 ~일지라도
event	n. 행사
eventually	adv. 결국
evenness	n. 균등성; 공평(성)
evolve	v. (동식물 등이) 진화하다[시키다]; (점진적으로) 발달[진전]하다[시키다]

examiner	n. (논문 등의) 심사 위원, 시험관, 채점관
except	prep. ~을 제외하고는
excessive	adj. 과도한
exert	v. (힘·능력·지력 등을) 쓰다, 가하다[행사하다]
exhibit	v. 전시하다; n. 전시(품), 진열(품); 전람[전시]회
exhibition	n. 전시(품), 진열(품); 전람[전시]회
exit out of	~를 종료하다, ~에서 나가다
expand	v. (사업을) 확장하다
expect	v. 예상[기대]하다; (어떤 일을 하기를) 요구하다[기대하다/바라다]
expensive	adj. 비싼
experience	n. 경험
expert	n. 전문가
expiration date	유효 기간[날짜]; 계약 만료일
explain	v. 설명하다
explode	v. 터지다[터뜨리다]
exquisite	adj. 정교한
extend	v. 연장하다
extra	adj. 추가의, 여분의
extremely	adv. 엄청, 극도로
eye-catching	시선을 끄는

F

fabric	n. 직물, 천
fabulous	adj. 기막히게 좋은[멋진]
factor	n. 요인, 인자
factory worker	공장노동자, 직공
fail	v. 낙제[불합격]시키다; (시험에) 떨어지다, 불합격하다; 실패하다
fair	n. 박람회, 전시회
fall asleep	잠들다
fantasy	n. (기분 좋은) 공상[상상]
fare	n. (교통) 요금
farmers' market	n. (농산물) 생산자 직거래 장터
fascinatingly	adv. 흥미롭게도
fashion	n. 유행(하는 스타일), 인기; 방법, 방식
favor	n. 호의, 친절; 부탁
feature	v. 특징으로 삼다, 특별히 포함하다; n. 특색, 특징, 특성
featured	adj. 특색으로 한; 주요한; 주연의
fee	n. 요금

feel blue	기분이 울적하다
feel under the weather	몸이 좋지 않다
fence	n. 담장
festivity	n. 축제 행사; 축제 기분
fiction	n. 소설; 허구
field trip	견학 여행, 현장 학습
figure	n. 수치, 숫자; 인물, 사람
figure out	~을 이해하다[알아내다]
fill out	(양식/서식 등을) 작성하다
final	adj. 마지막의, 최종의
find out	알아내다
finish	v. 끝내다
firework	n. 폭죽; 불꽃놀이
fit	v. (모양·크기가 어떤 사람·사물에) 맞다; 적절하다[들어맞다]; 적절하게[들어맞게] 하다
flavor	n. 풍미, 향미, 맛
flavorful	adj. 풍미 있는, 맛 좋은
flight	n. 항공편, 항공기; 여행, 비행
flight attendant	(비행기) 승무원
flood	n. 홍수
flyer	n. 전단지
fold	v. 접다
footwear	n. 신발(류)
for a moment	잠깐
forecast	n. 예보
forget	v. 잊어버리다
forgetful	adj. 잘 잊어버리는, 건망증이 있는
forgotten	forget의 과거분사형
form	n. 양식
fortune	n. 운, 행운; 재산, 부
found	v. 설립하다, 세우다
frame	n. 틀, 액자, 뼈대
free	adj. 무료의; 자유로운
free of charge	무료로
freezer	n. 냉동고
frequently	adv. 종종, 자주, 흔히
freshen (up)	v. 더 상쾌하게[산뜻하게/새롭게] 하다
fridge	n. 냉장고
frightened	adj. 겁먹은, 무서워하는
front desk	안내 데스크

frozen	adj. 냉동된, 얼어붙은
full	adj. 가득한, 빈 공간이 없는
full-time	풀타임의, 상근의; 풀타임으로
function	v. 기능하다[작용하다]; n. 기능
fund	n. 기금, 자금, 돈
furniture	n. 가구
further	adj. 더 이상의, 추가의; adv. 더 멀리에[로]; 더; 더욱이; 더 나아가

G

gap	n. 틈, 구멍, 간격
garage sale	(자기 집 차고에서 하는) 중고 물품 세일
gather	v. 모으다
gear	n. 장비
get along (well)	(마음이) 잘 맞다, 잘 지내다
get back	다시 돌아가다
get / have cold feet	(계획했던 일에 대해) 갑자기 초조해지다[겁이 나다]
get it right	올바르게[제대로] 하다
get out of the way	방해가 안 되게 하다, 비키다
get over	회복[극복]하다
get rid of	~을 없애다[처리하다]
get well	병이 나아지다
get worse (and worse)	(점점) 나빠지다
give (something) away	~을 선물로 주다[기부하다]
give a hand	도움을 주다
give a presentation	발표하다, 보고하다
give an account of	설명을 하다, ~의 이야기를 하다
gleam	n. 어슴푸레한 빛, 반짝거림
glitter	n. 반짝이
global warming	지구 온난화
Go ahead.	그렇게 해.
go for a ride	드라이브[승마]하러 가다
go over	~을 점검[검토]하다
Good call.	좋은 생각이야.
goods	n. 상품, 제품
gotta go	가야겠어, 떠나야 겠어
grade	n. 성적, 학점; 등급, 품질; v. 성적[학점]을 매기다
graduate	n. 대학 졸업자
graduation	n. 졸업

graduation ceremony	졸업식
grip	n. 잡는[쥐는] 방식, 움켜쥠
grocery	n. 식료품 및 잡화; 식료품 잡화점
grocery delivery	식료품 배송
ground-breaking	획기적인
group text	단체 문자
grow up	성장[장성]하다
guest	n. 손님, 하객, 내빈
guide	n. 지침, 지표, 안내; v. 안내하다
guideline	n. 지침
gym (gymnasium)	n. 체육관

H

hair salon	미용실
hall	n. (건물 입구 안쪽의) 현관; (건물 안의) 복도
hammer	n. 망치
handmade	adj. 수제의
hang	v. 걸다, 매달다
hang out	시간을 보내다
hardworking	adj. 근면한
harm	n. 해, 피해, 손해; v. 해치다
harmful	adj. 해로운[유해한]
have ~ in common	~한 공통점이 있다
have a blast	아주 즐거운 한때를 보내다
have a ways to go	갈 길이 멀다
head to head	정면으로 승부를 겨루어, 얼굴을 마주 대하고
heads up	알림, 경계, 경고, 주의
health	n. 건강
heat	v. 뜨겁게 만들다; n. 열
heat wave	열파, 열기; 장기간의 무더위
heater	n. 난방기, 히터
heavy snow	폭설
high-powered	고성능의; 중책의; 영향력이 큰
highlighter	n. 형광펜, 하이라이터
hike	n. 하이킹, 도보 여행
historical	adj. 역사적, 역사상의
hold	v. 쥐다[잡다]; 열다[개최하다]; (사람·사물을) 수용하다[담다]; (무게를) 견디다[지탱하다]
holiday season	크리스마스 (연말) 휴가철

homeowner	n. 주택 소유자
honesty	n. 정직함
honor	n. 명예; v. 공경하다
hormone	n. 호르몬
horse-drawn	말(들)이 끄는
host	v. (행사를) 주최하다
How come ~?	왜[어째서] ~하니?
huge	adj. (크기·양·정도가) 막대한[엄청난], 거대한
humid	adj. 습한, 습기찬, 축축한
hurt	v. 아프다; 아프게[다치게] 하다

I

I can't believe ~	~를 믿을 수 없다, ~이 말도 안 된다
if necessary	필요하면
ignore	v. 무시하다, 모르는 체하다
illusion	n. 오해[착각]; 환상, 환각
imitate	v. 흉내내다, 모방하다
immediate	adj. 즉시[즉각]의; 당면한, 지금[현재]의; 직접적인 (영향을 미치는)
immediately	adv. 곧, 즉시, 당장에; 직접(적으로)
impossible	adj. 불가능한
impractical	adj. 실용적이지 않은, 터무니없는, 비현실적인
impression	n. (사람·사물로부터 받는) 인상[느낌]; (경험이나 사람이 주는) 감명[감동]
impressive	adj. 인상적인
impulse	n. 충동, 자극
in a hurry	서둘러[급히]
in addition (to)	~에 더하여, ~일 뿐 아니라
in advance	(~보다) 미리[앞서]; 사전에
in contrast (to)	~와 대조되어, ~와는 다르게
in detail	상세하게
in other words	다시 말해
in particular	특히
inch	n. 인치 (2.54cm)
inconvenience	n. 불편; 불편한[귀찮은] 사람[것]
inconvenient	adj. 불편한[곤란한]
incorporate	v. 포함하다
increase	v. 증가하다, 늘다; 증가[인상]시키다, 늘리다; n. 증가[인상]
incredible	adj. 믿을 수 없는, 믿기 힘든
incredibly	adv. 믿을 수 없을 정도로, 엄청나게

indie	adj. 인디의, 독립된
indoor	adj. 실내의, 실내용의
inexpensive	adj. (별로) 비싸지 않은; (가격에 비해) 품질이 좋은
infected	adj. 감염된
inflammation	n. 염증
influence	v. 영향을 주다; n. 영향
influential	adj. 영향력 있는
inform	v. 알리다, 통지하다
infrastructure	n. 사회 기반 시설
insect	n. 곤충
install	v. 설치하다
instead	adv. 대신에
instinctive	adj. 본능에 따른, 본능적인
instruction	n. (무엇을 하거나 사용하는 데 필요한 자세한) 설명; 지시; 가르침, 지도
instrument	n. 악기; (정밀) 기계, 기구, 도구
insure	v. 보장하다; 보험에 들다
intact	adj. (하나도 손상되지 않고) 온전한, 전혀 다치지 않은; 손대지 않은
intense	adj. 극심한, 강렬한
intensive	adj. 집중적인, 집약적인
interaction	n. 상호 작용
interested	adj. 관심[흥미/재미] 있어 하는
interesting	adj. 주의[관심]를 끄는, 흥미로운, 재미있는
intermediate	adj. 중급의
interrupt	v. (말·행동을) 방해하다[중단시키다/가로막다]; (계속 이어지는 선·표면·전망 등을) 차단하다[끊다]
invisible	adj. 투명한
invitation	n. 초대
invite	v. 초대하다
involve	v. 포함하다, 수반하다
ion	n. 이온
iron	n. (영양소의) 철분; 철, 쇠; 다리미; v. 다리미질을 하다
isolate	v. 고립시키다
issue	n. (논의·논쟁의 중요한) 주제[안건], 쟁점, 사안
It's a shame (that) ~.	~라서 유감이다.
It's about time!	이제야 됐(했)네!; ~할 때가 됐네!
itchy	adj. 가려운, 가렵게 하는

J	
junior high	(미국에서 12~14세 된 학생들이 다니는) 중학교
junk	n. 폐물, 쓰레기, 쓸모없는 물건
K	
keep up	(특정한 날씨가) 계속되다; (~의 진도·증가 속도 등을) 따라가다
keychain	n. 열쇠고리
kingdom	n. 왕국
knob	n. 손잡이
knock down	철거하다, 때려 부수다
knock on the door	문을 두드리다
L	
label	v. 라벨[상표]을 붙이다
laboratory	n. 연구실
lack	n. 부족, 결핍
landscape	n. 풍경화, 풍경
lasagna	n. 라자냐 (파스타·치즈·토마토 소스 등으로 만드는 이탈리아 요리)
last	v. (특정 기간 동안 사용할 수 있도록) 충분하다[가다]; (특정한 시간 동안) 계속되다; (어려움에도 불구하고) 견디다[버티다]
lately	adv. 최근에, 얼마 전에
latest	adj. 최근의, 최신의
laundry room	세탁실
lay	v. (바닥 등에) 놓다, 두다, 깔다
lead	n. 주연, 주인공; 선두; 본보기; v. 안내하다, 이끌다
leaky	adj. 새는, 구멍이 난
leave	v. ~을 두고 오다[가다]; (어떤 상태·장소 등에 계속) 있게 만들다[그대로 두다]; (어떤 결과를) 남기다[(남겨) 주다]; 떠나다[출발하다]
leave a message	메시지를 남기다
leftover	n. (식사 후에) 남은 음식
lend	v. 빌려주다
let A off A's leash	A의 목줄을 풀어주다
lie around	빈둥거리다, 되는대로 놓여 있다
life section	생활 코너 면
light	adj. 옅은; 가벼운; 약간의
lightbulb	n. 전구
lightweight	adj. 가벼운
limited	adj. 한정된, 제한된
line	n. 대사; (글의) 행; (기차) 선로[노선]
literature	n. 문헌; 문학(작품)
litter	n. 쓰레기; 어질러져 있는 것들
load	v. 싣다[태우다/적재하다]
lobby	n. 로비
local	adj. 지역의, 현지의
local resident	거주민, 지역민
locate	v. (~의 정확한 위치를) 찾아내다
location	n. 장소
log	v. (일지에) 기록하다
logical	adj. 논리적인, 타당한
LOL (Laughing Out Loud)	하하하
long lasting	오래 지속되는
long-term	장기적인
look for	~을 찾다
low-priced	값싼, 저가의
low-quality	저급
lunchbox	n. 도시락통
lurch	v. 요동치다, 휘청하다
M	
macaron	n. 마카롱 (아몬드나 코코넛, 밀가루, 달걀 흰자위, 설탕 따위를 넣어 만든 프랑스 고급 과자)
mailing list	우편물 수신자 명단
maintain	v. 유지하다
majority	n. 대부분, 대다수; adj. 다수의
make a decision	결정하다
make a mess	어지르다, 망치다
make a reservation	예약하다
make an impression	감명[감동]을 주다; 깊은 인상을 주다
make it	도착하다; 해내다
make the bed	잠자리를 정돈하다, 이불을 개다
make up	~을 만들어 내다
make-up	구성(요소·방식); 기질
malaria	n. 말라리아
man-made	사람이 만든, 인공의
mandatory	adj. 의무적인
mark	n. (피부의) 점[반점]; (특질·감정의) 표시, 특징; v. (기호 등으로) 표시하다; (위치를) 표시하다[나타내다]

Mark my words!	내 말 잘 들어!, 내 말 기억해둬!
marking	n. (동물·새·목재 등의) 무늬[반점]; 표시
match	v. 일치하다; 어울리다, (색깔·무늬·스타일이 서로) 맞다; n. 경기, 시합
match with	~와 짝을 맞추다, ~와 조화시키다
mature	adj. 성숙한; 분별 있는
max (maximum)	n. 최대[치]; adj. 최대의
mean	adj. 못된, 심술궂은; 보통의, 평균의
measure	v. 측정하다[재다]; n. 척도[기준]; 조치[정책]
mechanic's garage	(차량) 정비소
medicine	n. 약; 의학, 의술, 의료
medicine box	약상자
medium	n. (미술) 제작 재료; 예술 표현의 수단[기법]; (특정한 목적을 위한) 도구[수단]
melt	v. 녹다[녹이다]
membership	n. 회원권, 회원 (자격·신분)
memorize	v. 암기하다
mention	v. 언급하다
meow	v. (고양이가 야옹하고) 울다
mess	n. 엉망(진창)인 상태
mess up	어지럽히다
metallic	adj. 금속으로 된
meteorological organization	기상 기구
microscope	n. 현미경
microwave	n. 전자레인지
millionaire	n. 백만장자
mind	v. 언짢아하다, 상관하다, 신경쓰다
minor	adj. 작은, 가벼운
miraculous	adj. 기적적인
miscellaneous	adj. 기타의, 여러 가지 다양한
misplace	v. 잘못 놓다
miss	v. 놓치다, 지나치다
miss a step	발을 헛디디다
miss out	놓치다
mixture	n. 혼합물
mock	v. 놀리다, 조롱하다; n. 조롱
modern	adj. 현대의; 최신의
monthly	adj. 매월의, 한 달에 한 번의

mother-in-law's tongue	산세베리아
motion	v. 몸짓(동작)을 하다; n. 몸짓(동작)
motivated	adj. 동기 부여된, 자극받은
mountain resort	산악 휴양지
movement	n. 동향, 움직임; 진전; 이동
multiple	adj. 많은, 다수[복수]의
must	n. 필수품, 꼭 해야하는 것
must-have	필수품, 꼭 가져야 할 물건; 꼭 필요한, 반드시 가져야 하는
mutual	adj. 상호의, 상호적인
N	
natural disaster	자연 재해
necessary	adj. 필요한
nectar	n. (꽃의) 꿀
negative effect	부정적인 영향
negotiation	n. 협상
neighboring	adj. 인접한, 근처의, 이웃의
nerdy	adj. 바보 같은, 멍청이같은; (세상 물정은 모르고) 한 분야만 계속 파는, (공부·취미 따위만 파고드는) 따분한[비사교적인]
New Year's resolution	새해결심
niacin	n. 니아신
night owl	야행성 인간, 올빼미 같은 사람
no wonder	(당연히) ~할 만도 하다, 그도 그럴 것이 ~ 할 만도 하다
nocturnal	adj. 야행성의
noise	n. (시끄러운) 소리, 소음
non-stop	도중에 쉬지 않는, 직행의; 직행으로
not half bad	(꽤) 괜찮은, 나쁘지 않은
nothing short of	~와 다름없는, ~와 마찬가지인
notice	v. 주목하다; 알아채다, n. 주의, 주목; 인지; 통지, 통보
notification	n. 알림, 통지, 신고
novel	n. (장편) 소설
novelty	n. 새로움, 참신함, 신기함; 새로운[참신한/신기한] 사람[것]
nutrient	n. 영양소, 영양분
nutty	adj. 견과 맛이 나는, 견과가 든; 정상이 아닌
O	
obligatory	adj. 의무적인

observatory	n. 관측소, 천문대
occasion	n. (특별한) 행사[의식/축하]; (특정한) 때[기회/경우]
office hours	(사무실의 일반적인) 근무[영업] 시간
official	adj. 공식적인
OMG (Oh My God)	세상에, 맙소사
on call	대기 중인
on crutches	목발을 짚은
on full blast	최대한도로
on one's way to	~에 가는 길에
on sale	판매되는[구입할 수 있는]; 할인[세일] 중인
on schedule	예정대로, 시간표대로
on the contrary	그와는 반대로
on the spot	즉각[즉석에서]; (일이 벌어지는) 현장에서; (이리저리 옮기지 않고) 제자리[한 자리]에서
on time	제시간에
on watch	당직 중인
once in a blue moon	극히 드물게
one-day	하루 동안의
one-of-a-kind	특별한, 독특한
one-time	한 번만의
one's cup of tea	취향, 기호에 맞는 것, 좋아하는 것
open up	마음을 터놓다; 발사[발포]되다; (문·뚜껑 등을) 열다
operating system	운영 체제
order	v. 주문하다; n. 주문; 순서
organic	adj. 유기농의
organized	adj. 정리된, 체계적인, 조직적인
orientation	n. 오리엔테이션, 예비 교육; 방향, 지향
origin	n. 기원, 근원
originally	adv. 원래, 본래
otherwise	adv. (만약) 그렇지 않으면; 그 외에는; 달리
out of stock	품절[매진]된
out of the way	(더 이상 방해가 안 되도록) 비키어
outcome	n. 결과
outer membrane	외막
outing	n. 견학
over to	~로
overnight	adv. 밤 사이에, 하룻밤 동안

oversee	v. 감독하다
oversized	adj. 특대의, 너무 큰
oversleep	v. 늦잠 자다
P	
P. E. (physical education)	체육
package	n. 소포; 포장물; (일괄적으로 묶거나 포장한) 상품, (포장용) 상자[봉지 등]
packed	adj. ~가 꽉 들어찬
paper	n. 과제물[리포트]; 논문; 서류
paper cut	종이에 베인 상처
paradox	n. 역설
Parisian	adj. 파리(사람)의, 파리식의
parking garage	주차장
pass A over B	A를 B에 넘기다
pass along	~을 다음으로 전달하다
passenger	n. 승객
passion	n. 열정
patch up	[임시로] 치료하다, ~을 대충 수선하다, 수습하다
patented	adj. 특허받은
pause	v. 잠시 멈추다; (정지 버튼을 눌러 테이프·시디 등을) 정지시키다; n. (말·행동 등의) 멈춤[휴지]; (녹음기·시디플레이어 등의) 정지 버튼
pavilion	n. 파빌리온(공원 안의 쉼터처럼 쓰이도록 건축미를 강조하여 지은 건물); 부속 건물[별관]
paw	n. (동물의 발톱이 달린) 발
pay attention	주의를 기울이다
payment	n. 지급, 지불; 지불[납입] 금액
peak	n. 꼭대기, 절정, 정점
pedestrian	n. 보행자
penny	n. (약어: p) 페니 (영국의 작은 동전이자 화폐 단위. 100펜스가 1파운드.)
perform	v. (일·과제·의무 등을) 행하다[수행하다/실시하다]; 공연[연주/연기]하다
performance	n. (과제 등의) 수행[실행]; 실적, 성과; 연기[연주]; 연주회
permanent	adj. 영구적인
phenomenon	n. 현상
philosophy	n. 철학, 이념
photocopier	n. 복사기

photographic memory	(머릿속에 사진을 찍듯 상세히 기억하는) 정확한 기억력
photography	n. 사진 찍기[촬영]
phrase	n. 관용구, 구절; v. 표현하다
pick-up	수거
piggy bank	돼지 저금통
pimple	n. 여드름
place	v. ~에 놓다[두다], 배치하다; n. 장소[곳]
placement	n. 배치, 설치
plagiarism	n. 표절
planner	n. 플래너, 일정 계획표
play	v. 재생하다
pleasure	n. 기쁨
pocket	n. 주머니
poison	n. 독
pollen	n. 꽃가루, 화분
popular	adj. 대중적인; 인기 있는
popular culture	대중문화
possess	v. 소유[소지/보유]하다; (자질·특징을) 지니다[갖추고 있다]
post	v. 게시하다
postal service	우편 업무[제도]; 우체국, 체신부
potassium	n. 칼륨
pour	v. (특히 그릇을 비스듬히 기울이고) 붓다[따르다], 쏟다
power	n. 전기, 동력, 에너지
practical	adj. 현실[실질/실제]적인; (물건이) 실용적인, 유용한; (사람이) 현실[실리]적인
practicality	n. 현실적임; 실용[실제]적임, 실용성[주의]
predator	n. 포식자; 약탈자
prefer	v. ~을 (더) 좋아하다
preference	n. 선호
premiere	n. (영화의) 첫 개봉, 시사회
preparation	n. 준비
prepare	v. 준비하다[시키다]
preschool	n. 유치원
president	n. 대통령; (대학의) 학장, 총장; (클럽이나 학급 등의) 회장; (사업체 등의) 회장[-장]
pressure	n. 압박, 압력; (기체·액체의) 압력; (대기의) 기압
presumptuously	adv. 건방지게

prevent	v. 예방하다, 방지하다
previous	adj. 이전의
priceless	adj. 귀중한, 소중한
pricing	n. 가격 책정
principal	n. 교장 선생님
prior	adj. 사전의
pro	n. 프로 (선수)
process	n. 과정, 절차
produce	v. 제조[생산]하다; n. 생산물[품]; 농작물[농산물]
professional	n. 전문가; adj. 전문의, 전문적인
profit	n. 수익(금)
promise	v. 약속하다; n. 약속
promote	v. 장려하다; 증진[촉진]하다; 승진[진급]시키다; 홍보하다
properly	adv. 제대로, 적절히
pros and cons	장단점
protect	v. 보호하다, 지키다
protection	n. 보호
protein	n. 단백질
provide	v. 제공[공급]하다
psychologist	n. 심리학자
public	n. 일반 사람들, 대중
public transportation	대중 교통
pull	v. 끌다, 당기다, 끌어[잡아]당기다; (없애거나 치우기 위해) 뽑다[빼다/ 잡아당기다]
pull a tooth	이를 뽑다[빼다]
pull someone's leg	~를 놀리다
punctual	adj. 시간을 지키는[엄수하는]
Punjabi	adj. 펀자브의 (인도 북서부에서 파키스탄 북부에 걸친 펀자브 지역의)
purchase	v. 사다, 구매하다; n. 구입, 구매
purpose	n. 목적
put off	(시간·날짜를) 미루다[연기하다]
put on	~을 입다[쓰다/끼다/걸치다]; (얼굴·피부 등에) ~을 바르다
put up	~을 (높이) 올리다

Q

quality	adj. 품질 좋은, 양질의; n. 우수함, 고급, 양질; 품질, 자질
quartet	n. 사중주단, 사중창단

R

race	n. 경주, 달리기(시합)
racket	n. (테니스, 배드민턴 등의) 라켓
rain cats and dogs	비가 억수같이 쏟아지다, 아주 세차게 비가 오다
rain check	우천 교환권(경기·공연 등이 비가 와서 취소될 경우 나중에 쓸 수 있도록 주는 티켓)
raise	v. (자금·사람 등을) 모으다, 얻어 내다; n. 인상
range	n. 범위, 폭, -대(臺)
range from A to B	(양·크기 등의 범위가) A에서 B 사이이다
ranking	n. 순위, 랭킹
rather	adv. ~보다는[대신에/하지 말고]; 꽤, 약간, 상당히
ratio	n. 비율, 비
reach	v. 도달하다
real-life	실제의, 현실의
realistic	adj. 실제 그대로의; 현실적인, 현실을 직시하는
rear	n. 뒤쪽
rebellion	n. 반란, 반항, 저항
recall	v. (하자가 있는 제품을) 회수하다, 리콜하다
receipt	n. 영수증
receive	v. 받다, 받아들이다
recognition	n. 인식, 알아봄
recommend	v. 추천[천거]하다; (행동·방침 등을) 권고[권장]하다[권하다]
record	v. 녹화하다
recruit	v. 모집하다
recycling center	재활용 센터
reduce	v. 줄이다, 낮추다
reduction	n. 축소, 삭감, 감소; 할인, 인하
reference	v. 참조 표시를 하다; n. 언급, 참조
reflection	n. (거울 등에 비친) 상[모습]; (상태·속성 등의) 반영
refreshing	adj. 상쾌한
refreshment	n. 다과, 가벼운 식사
refund	n. 환불(금); v. 환불하다
regarding	prep. ~와 관련하여, ~에 관하여
register	v. (공식 명부에 이름을) 등록[기재]하다; (계기가 특정한 양을) 기록하다[나타내다]

regular	adj. 보통의; 정기적인, 규칙적인
reject	v. 거부[거절]하다
relationship	n. 관계
relatively	adv. 비교적
relaxing	adj. 마음을 느긋하게 해 주는, 편한
religious	adj. 종교적인
relocate	v. 이전[이동]하다[시키다]
rely (on)	v. (~에) 의지[의존]하다, (~을) 필요로 하다
removal	n. 치우기, 제거, 철거; 이동, 이전
remove	v. 없애다[제거하다]; (어떤 곳에서) 치우다[내보내다]
renovation	n. 보수, 개선; 개혁, 혁신; 수선, 수리
reopen	v. 다시 문을 열다[시작되다]
repair	v. 수리[보수/수선]하다; n. 수리, 보수, 수선
repetitive	adj. 반복적인
replace	v. 바꾸다[교체하다]; 대신[대체]하다
require	v. 요구하다, 필요로 하다
required	adj. 필수의, 요구되는
requirement	n. 필요조건, 요건; 요구(하기)
reschedule	v. 일정을 다시 잡다, 일정을 변경하다
rescue	v. 구[구조]하다
reservation	n. 예약
reserve	v. 예약하다; (훗날을 위하여) 남겨[떼어]두다, 보존하다
reside	v. 살다[거주하다]
resident	n. 거주자, 주민
resistant	adj. ~에 잘 견디는[강한]
resolution	n. 다짐, 결심; 결단력
resource	n. 자원
respiratory	adj. 호흡의, 호흡 기관의
responsibility	n. 책임(맡은 일), 책무; 책임[의무](감)
responsible	adj. 책임지고 있는, 책임이 있는
retire	v. 은퇴하다
reunite	v. 재회하다
reveal	v. (보이지 않던 것을) 드러내 보이다; (비밀 등을) 드러내다[밝히다/폭로하다]
review	n. 복습, 검토, 검토하다
revolution	n. 혁명, 변혁
rid	v. 없애다, 제거하다

ride	n. (승용차 등을 타고 가는) 길[여정]; (유원지 등의) 탈것; 운송 기관[수단]; v. (자전거 등을) 타다
right up my alley	내 취향(관심사)에 딱 맞는
rink	n. 아이스링크, 스케이트장
rip	v. 찢다[찢어지다]
risk	n. 위험요소
robotic	adj. 로봇식의, 자동 기계 장치로 된; 로봇 같은
robotics	n. 로봇 공학
rough	adj. 거친, 매끈하지 않은, 골치 아픈, 난폭한
route	n. 길[경로/루트]
routine	n. 루틴(규칙적으로 하는 일의 통상적인 순서와 방법), 틀, 일상
row	n. 줄, 열
royal	adj. 왕족의
royalty	n. 왕족(들)
rubber	n. 고무
rude	adj. 무례한
ruin	v. (가치·기쁨 등을) 망치다[엉망으로 만들다]; 파산[파멸]시키다]; 폐허로 만들다; n. 붕괴, 몰락; 파탄, 파멸
run	v. 운영[관리]하다
run a fever	열이 나다
run out of	~을 다 써버리다
runway	n. 활주로

S

Sahara Desert	사하라 사막
sale	n. 판매
salmon	n. 연어
salon-grade	미용실 급의
saturated	adj. 포화된; 흠뻑 젖은
save time	시간을 절약하다
saw	n. 톱
scale	n. 비늘
scare	v. 겁주다, 겁먹게 하다
scare away	쫓아버리다
scent	n. 향기, 향내
schedule	v. 일정[시간 계획]을 잡다
scholarship	n. 장학금
school fee	학교와 관련하여 지출하는 비용
school trip	수학여행

score report	성적표
screw	n. 나사
sculpture	n. 조각품
sea level	해수면
search for	~를 검색하다, ~을 찾다
second-hand	중고로; 중고의
seemingly	adv. 외견상으로, 겉보기에는
seldomly	adv. 좀처럼[거의] ~않는
selected	adj. 선발된, 선택된
selection	n. 선택, 선정
semi-	pref. (형용사·명사와 결합하여) 반, 어느정도의, 얼마간
semi-stretchy	일부만 신축성이 있는
send-off	배웅, 전송
senior class	상급반, 최고 학년, 졸업반
sense of humor	유머 감각
sensitive	adj. (사람이) 예민한[민감한]; (남의 기분을 헤아리는 데) 세심한; (예술적으로) 감성 있는
serve	v. (식당 등에서 음식을) 제공하다; (손님의 구매를) 돕다; n. (테니스 등에서) 서브 (넣기)
serving	n. 1인분, 1회 분량
servings per container	총 제공량(= 용기당 1회 제공량 수)
set the table	식탁을 차리다
set up	~을 세우다[놓다]
sewer	n. 하수관, 수채통
shade	n. (시원한) 그늘; 빛 가리개
shared	adj. 공유의
shift	n. 교대 근무 (시간); (특정 교대 근무를 하는) 교대조
shine	n. 윤(기); 빛(남), 광채; v. 빛나다; 빛나게 하다
shipment	n. 배송물, 수송품, 적하물; 수송; 선적, 짐 싣기
shoot	v. 촬영하다[찍다]; n. 촬영
short-lived	오래가지 못하는, 단명하는
show	n. (텔레비전, 라디오 등의) 프로 [프로그램]
show up	나타나다
shower	n. 소나기
shrine	n. 사당; 성지

sidewalk	n. (포장한) 보도, 인도
sighting	n. 목격
sign	v. 서명하다; 계약하다; n. 징후, 조짐; 표지판, 간판; 몸짓, 신호
sign up (for)	(~에) 등록[신청]하다, 가입하다; 계약하다
simply	adv. 그냥, 그저
sincerely	adv. 진심으로
sink	n. 세면대, 싱크대
sleepy	adj. 졸린, 졸음이 오는
sleeve	n. 소매; 보호 용지
slender	adj. 날씬한, 호리호리한
slip	v. 미끄러지다, 넘어지다
slope	n. 경사지, 비탈
slow	adj. (동작이) 느린; (변화·작용 따위가) 더딘, 완만한; 시간이 걸리는
smash	v. 때려 부수다, 박살 내다
smell	v. 냄새를 맡다; 냄새가 나다
smooth	adj. 매끄러운, 윤기 있는; v. 매끈하게 하다, 반듯하게 펴다
smoothness	n. 매끄러움; 평탄
snow plow	제설차[기], 눈치는 넉가래
so far	지금까지
soak up	빨아들이다, 흡수하다
soap bubble	비눗방울
soar	v. (가치·물가 등이) 급증[급등]하다 [치솟다]; (허공으로) 솟구치다
socialize	v. (사람들과) 사귀다, 어울리다
sodium	n. 나트륨
sooner or later	조만간, 머잖아
sound	v. ~로 들리다, n. 소리
souvenir	n. 기념품
spare time	여가 시간
specialized	adj. 전문적인, 전문화된
spectacular	adj. 장관인, 굉장한; 구경거리의; 극적인
spin	v. 돌다, 회전하다
split up	나누다
spot	n. (특정한) 곳[장소/자리]; 점, 반점; 얼룩
stable	adj. 안정적인, 안정된
stairwell	n. 계단통 (건물 내부에 계단이 나 있는 공간)
stand in line	(일렬로) 줄을 서다

stargaze	v. 별을 관찰하다
starve	v. 굶주리다; 굶어 죽다; 굶기다; 굶겨 죽이다; [구어] 몹시 배고프다
stationery store	문구점
stay overnight	일박하다, 하룻밤을 머무르다
steal	v. 훔치다
steam	n. 열기, 증기, 수증기
step	n. 단(계단); 걸음, 보폭
step on	~을 밟다
stepladder	n. 발판사다리
sticky	adj. 끈적거리는, 달라붙는
stop by	~에 들르다
stove	n. 가스레인지, 스토브; 난로
straight	adj. 곧은, 똑바른; 일자형의; adv. 똑바로, 일직선으로; 곧장, 곧바로
straight day	연속되는 날
strap	n. 끈, 줄
strategy	n. 전략
stress out	스트레스를 받[게하]다
strict	adj. (규칙 등이) 엄격한[엄한]
strive	v. 분투하다
struggle	n. 힘든 것, 몸부림, 분투; v. 몸부림치다, 투쟁하다
student council	학생회
stuff	n. 것[것들], 물건, 물질
stuffy	adj. 통풍이 잘 안 되는, 숨막히는, 답답한
stylist	n. 헤어 스타일리스트, 미용사
summit	n. 정상 회담; 정상, 산꼭대기
sunscreen	n. 선크림
supervise	v. 감독[지휘/지도]하다
supplement	n. 보충[추가]물
supply	n. 용품, 물건; 보급품, 물자
suppose	v. 생각하다, 추정[추측]하다
surprise	n. 놀라움; 뜻밖의[놀라운] 일[소식]; v. 놀라게 하다
surround	v. 둘러싸다, 에워싸다
survey	n. 설문조사; v. 조사하다, 살피다
sweat	v. 땀[진땀/식은땀]을 흘리다; n. 땀, 진땀, 식은땀
sweep	v. (방 등을 빗자루로) 쓸다[청소하다]; (손으로) 쓸다[털다]; n. 쓸기, 비질하기
sweet tooth	단 것을 좋아함

swing to	~로 전향하다
switch	v. 바꾸다, 전환하다
switch seats	자리를 바꾸다
symphony	n. 교향악단 (=symphony orchestra); 교향악, 심포니

T

tail	n. 꼬리
tailbone	n. 꼬리뼈
take + 시간	(~만큼) 시간이 걸리다
take a break	(잠시) 휴식을 취하다
take a deep breath	심호흡하다[숨을 깊이 들이 쉬다]
take a nap	낮잠 자다
take actions	행동에 옮기다, 조치를 취하다
take ages	한참 걸리다
take care of	~을 돌보다
take hold	장악하다, 사로잡다; 대단히 강력해지다
take off	이륙하다, 날아오르다; (옷 등을) 벗다[벗기다]; ~(동안)을 쉬다
take out the trash	쓰레기를 내놓다
take over	(~보다) 더 커지다[중요해지다]; (~을) 대체하다
take-out	(요리나 음식을) 사서 가는 것, 테이크 아웃
talented	adj. 재능이 있는
tape	n. (소리·영상을 기록하는) 테이프
target	v. ~을 목표로 삼다, 대상으로 하다
tasteless	adj. 품위 없는, 천박한; 아무런 맛이 없는, 무맛인
tear down	(건물 등을) 허물다[헐다]
technique	n. 기법, 기술
Tell me about it.	말도 마세요., 그러니까요., 제 말이요.
temperature	n. 온도
temporary	adj. 임시의, 일시적인
terrible	adj. 끔찍한, 소름끼치는
text	v. 문자메시지를 보내다; n. 문자메시지; 본문
text message	문자 메시지
texture	n. (직물의) 감촉[질감]; (음식이 입 안에서 느껴지는) 질감
thank goodness	다행스럽게도
the deal	(일의) 상황
thickness	n. 두께
thoroughly	adv. 철저히, 완전

though	conj. 그래도; (비록) ~이긴 하지만
thoughtful	adj. 사려 깊은, 배려심 있는; 생각에 잠긴
threat	n. 위협, 위험
through	adv. 끝낸; prep. ~을 통해
throw a party	파티를 열다
throw away	버리다[없애다]; (기회 등을) 허비하다
throw out	버리다
ticket handler	표, 입장권 등을 취급[처리]하는 사람
tidy up	~을 깔끔하게 정리하다
tight	adj. 꽉 조여 있는, 단단한
tighten	v. 조이다, 팽팽하게 하다
tire out	녹초가 되게 만들다
tissue	n. 휴지, 티슈; (세포들로 이뤄진) 조직
toiletry	n. 세면도구, 세면용품
token	n. (화폐 대용으로 쓰는) 토큰
toothache	n. 치통
top	n. 상의
totally	adv. 완전히, 전적으로
tracker	n. 추적기
trade	v. 교환하다, 맞바꾸다; 거래[교역/무역]하다
trait	n. (유전) 형질; 특성, 특징, 특색
transfer	v. (장소를) 옮기다, 이동[이송/이전]하다; 갈아타다, 환승하다
treat	v. 대접하다, 한턱내다; n. (특히 남을 대접하여 하는[주는]) 특별한 것[선물], 대접, 한턱
trek	v. 트레킹 하다
trend	n. 트렌드, 경향
truly	adv. 정말로, 진심으로
turn in	제출하다
turn on	~을 켜다
turn up	(소리·온도 등을) 높이다[올리다]
turning signal	방향 지시등, 깜빡이
twice	n. 두 배로; 두 번

U

uncooked	adj. 날것의, 익히지 않은
undetermined	adj. 미확인의, 분명치 않은
uneducated	adj. 교육을 못 받은, 배운 데 없는, 무지한
unexpected	adj. 예기치 않은, 뜻밖의
unfortunately	adv. 불행하게도, 유감스럽게도

united	adj. 연합된, 통합된		waste	v. 낭비[허비]하다; n. 낭비[허비](하는 행위); 쓰레기, 폐기물
unlimited	adj. 무제한의, 무한정의		water	v. (화초 등에) 물을 주다
unnecessary	adj. 불필요한		watercolor	n. 수채화 그림물감
unordered	adj. 주문되지 않은		waterproof	adj. 방수가 되는, 방수의
unplug	v. 플러그를 뽑다		wax	v. 왁스를 입히다, 왁스로 광을 내다; n. 밀랍, 왁스
unrefined	adj. 정제되지 않은, 교양 없는		weekday	n. 평일
until	prep. ~까지		well-being	행복, 평안함, 건강함
upgrade	v. 업그레이드하다, 개선하다, 승급시키다; n. 개선		well-roundedness	균형, 다재다능함, 전인격을 갖춤
upset	v. 속상하게 만들다[하다]; adj. 괴로운, 속상한, 마음이 상한		What a shame.	아쉽군. , 안타깝군. , 괘씸하군.
urgent	adj. 긴급한, 시급한		what if~?	~면 어쩌지, 어떻게 할까?
use	n. 용도, 쓰임새; 사용, 이용		whenever	adv. 언제든지
used to	~하곤 했었다		whereas	conj. ~에 비하여[반하여], 반면에
useless	adj. 소용 없는, 쓸모 없는		whine	v. 징징[칭얼]거리다, 우는소리를 하다
UV (ultraviolet)	n. 자외선		whole	adj. 전체[전부]의, 모든

V

vaccination	n. 백신[예방] 접종		Why don't we ~?	~하는 건 어때?
valued	adj. 소중한		Why the long face?	왜 그런 우울한 얼굴을 하고 있어?
vapor	n. 증기		wide-reaching	폭넓은, 광범위한
varied	adj. 다양한; 다채로운		wildlife management services	야생동물 관리 서비스
vast	adj. 어마어마한, 방대한		win over	설득하다
vegetarian	adj. 채식주의의; n. 채식주의자		windy	adj. 바람이 많이 부는
vehicle	n. 차량		wisdom tooth (teeth)	사랑니
venue	n. 장소		witness	n. 목격자
vestigial trait	흔적 형질		womb	n. 자궁
veterinary	adj. 수의과의		wonder	v. 궁금하다, 궁금해하다
via	prep. ~을 통하여, ~을 경유하여		work	v. 효과가 있다, 작동하다; 일하다
victim	n. 피해자		work on	~에 노력을 들이다, 착수하다
viewpoint	n. 관점		work out	운동하다
virtual	adj. 가상의			

Y

virtual reality	가상 현실		yawn	n. 하품; v. 하품하다
visible	adj. (눈에) 보이는, 알아볼 수 있는		yell	v. 소리[고함]치다
volume	n. 소리크기, 음량[볼륨]; 책; (시리즈로 된 책의) 권		yellow yolk	황색 노른자

W

warm heart	따뜻한 마음
warn	v. 경고하다, 주의를 주다, 조심하라고 하다
warranty	n. (품질) 보증[서]
wash	v. 세탁하다, (보통 비누를 써서) 씻다

국제영어능력인증시험 (TOSEL)

HIGH JUNIOR

한글이름	감독확인

SECTION I

문항	A B C D	문항	A B C D
1	Ⓐ Ⓑ Ⓒ	16	Ⓐ Ⓑ Ⓒ Ⓓ
2	Ⓐ Ⓑ Ⓒ	17	Ⓐ Ⓑ Ⓒ Ⓓ
3	Ⓐ Ⓑ Ⓒ	18	Ⓐ Ⓑ Ⓒ Ⓓ
4	Ⓐ Ⓑ Ⓒ	19	Ⓐ Ⓑ Ⓒ Ⓓ
5	Ⓐ Ⓑ Ⓒ	20	Ⓐ Ⓑ Ⓒ Ⓓ
6	Ⓐ Ⓑ Ⓒ	21	Ⓐ Ⓑ Ⓒ Ⓓ
7	Ⓐ Ⓑ Ⓒ	22	Ⓐ Ⓑ Ⓒ Ⓓ
8	Ⓐ Ⓑ Ⓒ	23	Ⓐ Ⓑ Ⓒ Ⓓ
9	Ⓐ Ⓑ Ⓒ	24	Ⓐ Ⓑ Ⓒ Ⓓ
10	Ⓐ Ⓑ Ⓒ	25	Ⓐ Ⓑ Ⓒ Ⓓ
11	Ⓐ Ⓑ Ⓒ	26	Ⓐ Ⓑ Ⓒ Ⓓ
12	Ⓐ Ⓑ Ⓒ	27	Ⓐ Ⓑ Ⓒ Ⓓ
13	Ⓐ Ⓑ Ⓒ	28	Ⓐ Ⓑ Ⓒ Ⓓ
14	Ⓐ Ⓑ Ⓒ	29	Ⓐ Ⓑ Ⓒ Ⓓ
15	Ⓐ Ⓑ Ⓒ	30	Ⓐ Ⓑ Ⓒ Ⓓ

SECTION II

문항	A B C D	문항	A B C D	문항	A B C D
31	Ⓐ Ⓑ Ⓒ Ⓓ	46	Ⓐ Ⓑ Ⓒ Ⓓ	61	Ⓐ Ⓑ Ⓒ Ⓓ
32	Ⓐ Ⓑ Ⓒ Ⓓ	47	Ⓐ Ⓑ Ⓒ Ⓓ	62	Ⓐ Ⓑ Ⓒ Ⓓ
33	Ⓐ Ⓑ Ⓒ Ⓓ	48	Ⓐ Ⓑ Ⓒ Ⓓ	63	Ⓐ Ⓑ Ⓒ Ⓓ
34	Ⓐ Ⓑ Ⓒ Ⓓ	49	Ⓐ Ⓑ Ⓒ Ⓓ	64	Ⓐ Ⓑ Ⓒ Ⓓ
35	Ⓐ Ⓑ Ⓒ Ⓓ	50	Ⓐ Ⓑ Ⓒ Ⓓ	65	Ⓐ Ⓑ Ⓒ Ⓓ
36	Ⓐ Ⓑ Ⓒ Ⓓ	51	Ⓐ Ⓑ Ⓒ Ⓓ		
37	Ⓐ Ⓑ Ⓒ Ⓓ	52	Ⓐ Ⓑ Ⓒ Ⓓ		
38	Ⓐ Ⓑ Ⓒ Ⓓ	53	Ⓐ Ⓑ Ⓒ Ⓓ		
39	Ⓐ Ⓑ Ⓒ Ⓓ	54	Ⓐ Ⓑ Ⓒ Ⓓ		
40	Ⓐ Ⓑ Ⓒ Ⓓ	55	Ⓐ Ⓑ Ⓒ Ⓓ		
41	Ⓐ Ⓑ Ⓒ Ⓓ	56	Ⓐ Ⓑ Ⓒ Ⓓ		
42	Ⓐ Ⓑ Ⓒ Ⓓ	57	Ⓐ Ⓑ Ⓒ Ⓓ		
43	Ⓐ Ⓑ Ⓒ Ⓓ	58	Ⓐ Ⓑ Ⓒ Ⓓ		
44	Ⓐ Ⓑ Ⓒ Ⓓ	59	Ⓐ Ⓑ Ⓒ Ⓓ		
45	Ⓐ Ⓑ Ⓒ Ⓓ	60	Ⓐ Ⓑ Ⓒ Ⓓ		

수 험 번 호

(각 자리 0~9)

(1)
(2)

주의사항

1. 수험번호 및 답안은 검은색 사인펜을 사용해서 <보기>와 같이 표기합니다.
   <보기> 바른표기 : ● 틀린표기 : ⊘ ⊗ ⦿ ◑
2. 수험번호(1)에는 아라비아 숫자로 쓰고, (2)에는 해당란에 ● 표기합니다.
3. 답안 수정은 수정 테이프로 흔적을 깨끗이 지웁니다.
4. 수험번호 및 답안 작성란 이외의 여백에 낙서를 하지 마시기 바랍니다. 이로 인한 불이익은 수험자 본인 책임입니다.
5. 마킹오류로 채점 불가능한 답안은 0점 처리되오니, 이점 유의하시기 바랍니다.

국제영어능력인증시험 (TOSEL)

HIGH JUNIOR

국제토셀위원회

한글이름		감독확인

수 험 번 호

	(1)				(2)	

각 자리: ⓪①②③④⑤⑥⑦⑧⑨

SECTION I

문항	A B C D
1	Ⓐ Ⓑ Ⓒ
2	Ⓐ Ⓑ Ⓒ
3	Ⓐ Ⓑ Ⓒ
4	Ⓐ Ⓑ Ⓒ
5	Ⓐ Ⓑ Ⓒ
6	Ⓐ Ⓑ Ⓒ Ⓓ
7	Ⓐ Ⓑ Ⓒ Ⓓ
8	Ⓐ Ⓑ Ⓒ Ⓓ
9	Ⓐ Ⓑ Ⓒ Ⓓ
10	Ⓐ Ⓑ Ⓒ Ⓓ
11	Ⓐ Ⓑ Ⓒ Ⓓ
12	Ⓐ Ⓑ Ⓒ Ⓓ
13	Ⓐ Ⓑ Ⓒ Ⓓ
14	Ⓐ Ⓑ Ⓒ Ⓓ
15	Ⓐ Ⓑ Ⓒ Ⓓ

문항	A B C D
16	Ⓐ Ⓑ Ⓒ Ⓓ
17	Ⓐ Ⓑ Ⓒ Ⓓ
18	Ⓐ Ⓑ Ⓒ Ⓓ
19	Ⓐ Ⓑ Ⓒ Ⓓ
20	Ⓐ Ⓑ Ⓒ Ⓓ
21	Ⓐ Ⓑ Ⓒ Ⓓ
22	Ⓐ Ⓑ Ⓒ Ⓓ
23	Ⓐ Ⓑ Ⓒ Ⓓ
24	Ⓐ Ⓑ Ⓒ Ⓓ
25	Ⓐ Ⓑ Ⓒ Ⓓ
26	Ⓐ Ⓑ Ⓒ Ⓓ
27	Ⓐ Ⓑ Ⓒ Ⓓ
28	Ⓐ Ⓑ Ⓒ Ⓓ
29	Ⓐ Ⓑ Ⓒ Ⓓ
30	Ⓐ Ⓑ Ⓒ Ⓓ

SECTION II

문항	A B C D
31	Ⓐ Ⓑ Ⓒ Ⓓ
32	Ⓐ Ⓑ Ⓒ Ⓓ
33	Ⓐ Ⓑ Ⓒ Ⓓ
34	Ⓐ Ⓑ Ⓒ Ⓓ
35	Ⓐ Ⓑ Ⓒ Ⓓ
36	Ⓐ Ⓑ Ⓒ Ⓓ
37	Ⓐ Ⓑ Ⓒ Ⓓ
38	Ⓐ Ⓑ Ⓒ Ⓓ
39	Ⓐ Ⓑ Ⓒ Ⓓ
40	Ⓐ Ⓑ Ⓒ Ⓓ
41	Ⓐ Ⓑ Ⓒ Ⓓ
42	Ⓐ Ⓑ Ⓒ Ⓓ
43	Ⓐ Ⓑ Ⓒ Ⓓ
44	Ⓐ Ⓑ Ⓒ Ⓓ
45	Ⓐ Ⓑ Ⓒ Ⓓ

문항	A B C D
46	Ⓐ Ⓑ Ⓒ Ⓓ
47	Ⓐ Ⓑ Ⓒ Ⓓ
48	Ⓐ Ⓑ Ⓒ Ⓓ
49	Ⓐ Ⓑ Ⓒ Ⓓ
50	Ⓐ Ⓑ Ⓒ Ⓓ
51	Ⓐ Ⓑ Ⓒ Ⓓ
52	Ⓐ Ⓑ Ⓒ Ⓓ
53	Ⓐ Ⓑ Ⓒ Ⓓ
54	Ⓐ Ⓑ Ⓒ Ⓓ
55	Ⓐ Ⓑ Ⓒ Ⓓ
56	Ⓐ Ⓑ Ⓒ Ⓓ
57	Ⓐ Ⓑ Ⓒ Ⓓ
58	Ⓐ Ⓑ Ⓒ Ⓓ
59	Ⓐ Ⓑ Ⓒ Ⓓ
60	Ⓐ Ⓑ Ⓒ Ⓓ

문항	A B C D
61	Ⓐ Ⓑ Ⓒ Ⓓ
62	Ⓐ Ⓑ Ⓒ Ⓓ
63	Ⓐ Ⓑ Ⓒ Ⓓ
64	Ⓐ Ⓑ Ⓒ Ⓓ
65	Ⓐ Ⓑ Ⓒ Ⓓ

주의사항

1. 수험번호 및 답안은 검은색 사인펜을 사용해서 <보기>와 같이 표기합니다.
   <보기> 바른표기 : ● 틀린표기 : ⵔ ⊗ ⦵ ◐
2. 수험번호(1)에는 아라비아 숫자로 쓰고, (2)에는 해당란에 ● 표기합니다.
3. 답안 수정은 수정 테이프로 흔적을 깨끗이 지웁니다.
4. 수험번호 및 답안 작성란 이외의 여백에 낙서를 하지 마시기 바랍니다. 이로 인한 불이익은 수험자 본인 책임입니다.
5. 마킹오류로 채점 불가능한 답안은 0점 처리되오니, 이점 유의하시기 바랍니다.

국제토셀위원회

국제영어능력인증시험 (TOSEL)

HIGH JUNIOR

한글이름

감독확인

수 험 번 호

문항	A	B	C	D	문항	A	B	C	D
SECTION I									
1	Ⓐ	Ⓑ	Ⓒ		16	Ⓐ	Ⓑ	Ⓒ	Ⓓ
2	Ⓐ	Ⓑ	Ⓒ		17	Ⓐ	Ⓑ	Ⓒ	Ⓓ
3	Ⓐ	Ⓑ	Ⓒ		18	Ⓐ	Ⓑ	Ⓒ	Ⓓ
4	Ⓐ	Ⓑ	Ⓒ		19	Ⓐ	Ⓑ	Ⓒ	Ⓓ
5	Ⓐ	Ⓑ	Ⓒ		20	Ⓐ	Ⓑ	Ⓒ	Ⓓ
6	Ⓐ	Ⓑ	Ⓒ		21	Ⓐ	Ⓑ	Ⓒ	Ⓓ
7	Ⓐ	Ⓑ	Ⓒ		22	Ⓐ	Ⓑ	Ⓒ	Ⓓ
8	Ⓐ	Ⓑ	Ⓒ		23	Ⓐ	Ⓑ	Ⓒ	Ⓓ
9	Ⓐ	Ⓑ	Ⓒ		24	Ⓐ	Ⓑ	Ⓒ	Ⓓ
10	Ⓐ	Ⓑ	Ⓒ		25	Ⓐ	Ⓑ	Ⓒ	Ⓓ
11	Ⓐ	Ⓑ	Ⓒ		26	Ⓐ	Ⓑ	Ⓒ	Ⓓ
12	Ⓐ	Ⓑ	Ⓒ		27	Ⓐ	Ⓑ	Ⓒ	Ⓓ
13	Ⓐ	Ⓑ	Ⓒ		28	Ⓐ	Ⓑ	Ⓒ	Ⓓ
14	Ⓐ	Ⓑ	Ⓒ		29	Ⓐ	Ⓑ	Ⓒ	Ⓓ
15	Ⓐ	Ⓑ	Ⓒ		30	Ⓐ	Ⓑ	Ⓒ	Ⓓ

문항	A	B	C	D	문항	A	B	C	D	문항	A	B	C	D
SECTION II														
31	Ⓐ	Ⓑ	Ⓒ	Ⓓ	46	Ⓐ	Ⓑ	Ⓒ	Ⓓ	61	Ⓐ	Ⓑ	Ⓒ	Ⓓ
32	Ⓐ	Ⓑ	Ⓒ	Ⓓ	47	Ⓐ	Ⓑ	Ⓒ	Ⓓ	62	Ⓐ	Ⓑ	Ⓒ	Ⓓ
33	Ⓐ	Ⓑ	Ⓒ	Ⓓ	48	Ⓐ	Ⓑ	Ⓒ	Ⓓ	63	Ⓐ	Ⓑ	Ⓒ	Ⓓ
34	Ⓐ	Ⓑ	Ⓒ	Ⓓ	49	Ⓐ	Ⓑ	Ⓒ	Ⓓ	64	Ⓐ	Ⓑ	Ⓒ	Ⓓ
35	Ⓐ	Ⓑ	Ⓒ	Ⓓ	50	Ⓐ	Ⓑ	Ⓒ	Ⓓ	65	Ⓐ	Ⓑ	Ⓒ	Ⓓ
36	Ⓐ	Ⓑ	Ⓒ	Ⓓ	51	Ⓐ	Ⓑ	Ⓒ	Ⓓ					
37	Ⓐ	Ⓑ	Ⓒ	Ⓓ	52	Ⓐ	Ⓑ	Ⓒ	Ⓓ					
38	Ⓐ	Ⓑ	Ⓒ	Ⓓ	53	Ⓐ	Ⓑ	Ⓒ	Ⓓ					
39	Ⓐ	Ⓑ	Ⓒ	Ⓓ	54	Ⓐ	Ⓑ	Ⓒ	Ⓓ					
40	Ⓐ	Ⓑ	Ⓒ	Ⓓ	55	Ⓐ	Ⓑ	Ⓒ	Ⓓ					
41	Ⓐ	Ⓑ	Ⓒ	Ⓓ	56	Ⓐ	Ⓑ	Ⓒ	Ⓓ					
42	Ⓐ	Ⓑ	Ⓒ	Ⓓ	57	Ⓐ	Ⓑ	Ⓒ	Ⓓ					
43	Ⓐ	Ⓑ	Ⓒ	Ⓓ	58	Ⓐ	Ⓑ	Ⓒ	Ⓓ					
44	Ⓐ	Ⓑ	Ⓒ	Ⓓ	59	Ⓐ	Ⓑ	Ⓒ	Ⓓ					
45	Ⓐ	Ⓑ	Ⓒ	Ⓓ	60	Ⓐ	Ⓑ	Ⓒ	Ⓓ					

주의사항

1. 수험번호 및 답안은 검은색 사인펜을 사용해서 <보기>와 같이 표기합니다.
   <보기> 바른표기 : ● 틀린표기 : ⊗ ⊙ ◑
2. 수험번호(1)에는 아라비아 숫자로 쓰고, (2)에는 해당란에 ● 표기합니다.
3. 답안 수정은 수정 테이프로 흔적을 깨끗이 지웁니다.
4. 수험번호 및 답안 작성란 이외의 여백에 낙서를 하지 마시기 바랍니다. 이로 인한 불이익은 본인 책임입니다.
5. 마킹오류로 채점 불가능한 답안은 0점 처리되오니, 이점 유의하시기 바랍니다.

국제영어능력인증시험 (TOSEL)

HIGH JUNIOR

국제토셀위원회

	한글이름	감독확인

수 험 번 호

(1) / -
(2) / -

각 자리: 0 1 2 3 4 5 6 7 8 9

주의사항

1. 수험번호 및 답안은 검은색 사인펜을 사용해서 <보기>와 같이 표기합니다.
   <보기> 바른표기 : ● 틀린표기 : ⊙ ⊗ ◐
2. 수험번호(1)에는 아라비아 숫자로 쓰고, (2)에는 해당란에 ● 표기합니다.
3. 답안 수정은 수정테이프로 흔적을 깨끗이 지웁니다.
4. 수험번호 및 답안 작성란 이외의 여백에 낙서를 하지 마시기 바랍니다. 이로 인한 불이익은 수험자 본인 책임입니다.
5. 마킹오류로 채점 불가능한 답안은 0점 처리되오니, 이점 유의하시기 바랍니다.

SECTION I

문항	A B C D	문항	A B C D
1	A B C D	16	A B C D
2	A B C D	17	A B C D
3	A B C D	18	A B C D
4	A B C D	19	A B C D
5	A B C D	20	A B C D
6	A B C D	21	A B C D
7	A B C D	22	A B C D
8	A B C D	23	A B C D
9	A B C D	24	A B C D
10	A B C D	25	A B C D
11	A B C D	26	A B C D
12	A B C D	27	A B C D
13	A B C D	28	A B C D
14	A B C D	29	A B C D
15	A B C D	30	A B C D

SECTION II

문항	A B C D	문항	A B C D	문항	A B C D
31	A B C D	46	A B C D	61	A B C D
32	A B C D	47	A B C D	62	A B C D
33	A B C D	48	A B C D	63	A B C D
34	A B C D	49	A B C D	64	A B C D
35	A B C D	50	A B C D	65	A B C D
36	A B C D	51	A B C D		
37	A B C D	52	A B C D		
38	A B C D	53	A B C D		
39	A B C D	54	A B C D		
40	A B C D	55	A B C D		
41	A B C D	56	A B C D		
42	A B C D	57	A B C D		
43	A B C D	58	A B C D		
44	A B C D	59	A B C D		
45	A B C D	60	A B C D		

엄선된 **100만 명**의 응시자 성적 데이터를 활용한 **AI기반** 데이터 공유 및 가치 고도화 **플랫폼**

TOSEL® Lab
국제토셀위원회 지정교육기관

공동기획
- 고려대학교 문과대학 언어정보연구소
- 국제토셀위원회

TOSEL Lab 국제토셀위원회 지정교육기관이란?

국내외 15,000여 개 학교·학원 단체응시인원 중 엄선한 100만 명 이상의 실제 TOSEL 성적 데이터와,
정부(과학기술정보통신부)의 AI 바우처 지원 사업 수행기관 선정으로 개발된 맞춤식 AI 빅데이터 기반 영어성장 플랫폼입니다.

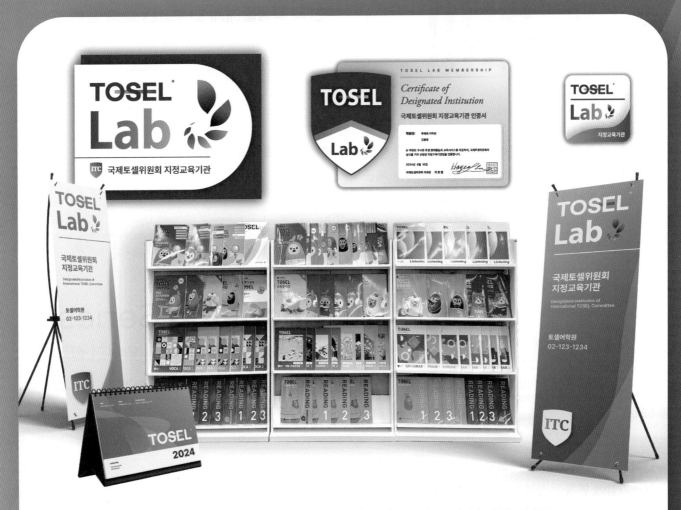

※ TOSEL Lab 지정교육기관 제공물품

Reading Series

내신과 **토셀 고득점**을 한꺼번에

Pre-Starter | Starter | Basic | Junior | High-Junior

- 각 단원 학습 도입부에 주제와 관련된 이미지를 통한 말하기 연습
- 각 Unit 별 4-6개의 목표 단어 제시, 그림 또는 영문으로 단어 뜻을 제공하여 독해 학습 전 단어 숙지
- 독해&실용문 연습을 위한 지문과 Comprehension 문항을 10개씩 수록하여 이해도 확인 및 진단
- 숙지한 독해 지문을 원어민 음성으로 들으며 듣기 학습 , 듣기 전, 듣기 중, 듣기 후 학습 커리큘럼 마련

Listening Series

한국 학생들에게 최적화된 듣기 실력 완성!

Pre-Starter | Starter | Basic | Junior | High-Junior

- 초등 / 중등 교과과정 연계 말하기&듣기 학습과 세분화된 레벨
- TOSEL 기출 문장과 실생활에 자주 활용되는 문장 패턴을 통해 듣기 및 말하기 학습
- 실제 TOSEL 지문의 예문을 활용한 실용적 학습 제공
- 실전 감각 향상과 점검을 위한 기출 문제 수록

Speaking Series

한국 학생들에게 최적화된 말하기 실력 완성!

Pre-Starter | Starter | Basic | Junior | High-Junior

- 단어 → 문법 → 표현 → 대화로 이어지는 단계적인 학습
- 교과과정에 연계한 설계로 내신과 수행평가 완벽 대비
- 최신 수능 출제 문항을 반영한 문장으로 수능 대비까지
- 전국 Speaking 올림피아드 공식 대비 교재

Grammar Series

체계적인 단계별 **문법 지침서**

Pre-Starter | Starter | Basic | Junior | High-Junior

- 초등 / 중등 교과과정 연계 문법 학습과 세분화된 레벨
- TOSEL 기출 문제 연습과 최신 수능 출제 문법을 포함하여 수능 / 내신 대비 가능
- 이해하기 쉬운 그림, 깔끔하게 정리된 표와 설명, 다양한 문제를 통해 문법 학습
- 실전 감각 향상과 점검을 위한 기출 문제 수록

Voca Series

학년별 꼭 알아야하는 **단어 수록!**

Pre-Starter | Starter | Basic | Junior | High-Junior

- 각 단어 학습 도입부에 주제와 관련된 이미지를 통한 말하기 연습
- TOSEL 시험을 기준으로 빈출 지표를 활용한 예문과 문제 구성
- 실제 TOSEL 지문의 예문을 활용한 실용적 학습 제공
- 실전 감각 향상과 점검을 위한 실전 문제 수록

Story Series

읽는 재미에 실력까지 **동시에!**

Pre-Starter | Starter | Basic | Junior

- 초등 / 중등 교과과정 연계 영어 학습과 세분화된 레벨
- 이야기 지문과 단어를 함께 연결지어 학생들의 독해 능력을 평가
- 이해하기 쉬운 그림, 깔끔하게 정리된 표와 설명, 다양한 문제, 재미있는 스토리를 통한 독해 학습
- 다양한 단계의 문항을 풀어보고 학생들의 읽기, 듣기, 쓰기, 말하기 실력을 집중적으로 향상

TOSEL Lab 에는 어떤 콘텐츠가 있나요?

진단
맞춤형 레벨테스트로
정확한 평가 제공

응시자 빅데이터 분석에 기반한
테스트로 신규 상담 학생의
영어능력을 정확하게 진단하고
효과적인 영어 교육을 실시하기
위한 객관적인 가이드라인을
제공합니다.

교재
세분화된 레벨로
실력에 맞는 학습 제공

TOSEL의 세분화된 교재 레벨은
각 연령에 맞는 어휘와 읽기
지능 및 교과 과정과의 연계가
가능하도록 설계된 교재들로
효과적인 학습 커리큘럼을
제공합니다.

학습
다양한 교재연계 콘텐츠로
효과적인 자기주도학습

TOSEL 시험을 대비한 다양한
콘텐츠를 제공해 영어 학습에
시너지 효과를 기대할 수
있으며, 학생들의 자기주도
학습 습관을 더 탄탄하게 키울
수 있습니다.

교재를 100% 활용하는 TOSEL Lab 지정교육기관의 노하우!

Teaching Materials

TOSEL에서 제공하는 수업 자료로
교재 학습을 더욱 효과적으로 진행!

Study Content

철저한 자기주도학습 콘텐츠로
교재 수업 후 효과적인 복습!

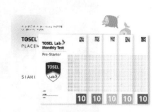

Test Content

교재 학습과 더불어 학생 맞춤형
시험으로 실력 점검 및 향상

100만 명으로 엄선된 **TOSEL**
성적 데이터로 탄생!

**TOSEL Lab 지정교육기관을 위한 콘텐츠로
더욱 효과적인 수업을 경험하세요.**

국제토셀위원회는 TOSEL Lab 지정교육기관에서 교재로 수업하는 학원을
위해 교재를 잘 활용할 수 있는 다양한 콘텐츠를 제공 및 지원합니다.

TOSEL Lab 지정교육기관은

국제토셀위원회 직속 TOSEL연구소에서 20년 동안 보유해온 전국
15,000여 개 교육기관 토셀 응시자들의 영어성적 분석데이터를
공유받아, 통계를 기반으로 한 전문적이고 과학적인 커리큘럼을
설계하고, 영어학습 방향을 제시하여, 경쟁력있는 기관, 잘 가르치는
기관으로 해당 지역에서 입지를 다지게 됩니다.

**TOSEL Lab 지정교육기관으로 선정되기 위해서는
소정의 심사 절차가 수반됩니다.**

TOSEL Lab 심사신청

TOSEL 실전문제집
실전문제집

HIGH JUNIOR
정답과 해설

国제토셀위원회

TOSEL®
실전문제집

HIGH JUNIOR
정답과 해설

5th Printing

TOSEL® HIGH JUNIOR
실전문제집 정답과 해설

Actual Test 1회

Section I. Listening & Speaking

Part 1   p.16

1 (A)	2 (B)	3 (A)	4 (A)	5 (A)
6 (C)				

Part 2   p.18

7 (D)	8 (D)	9 (D)	10 (B)	11 (A)
12 (D)	13 (D)	14 (A)	15 (C)	16 (C)

Part 3   p.19

17 (A)	18 (C)	19 (A)	20 (B)	21 (A)
22 (A)	23 (C)	24 (D)	25 (B)	26 (A)

Part 4   p.20

27 (A)	28 (B)	29 (C)	30 (D)

Section II. Reading & Writing

Part 5   p.22

31 (A)	32 (B)	33 (B)	34 (A)	35 (C)
36 (A)				

Part 6   p.24

37 (A)	38 (C)	39 (B)	40 (B)	41 (C)
42 (B)	43 (C)	44 (A)	45 (C)	46 (B)

Part 7   p.25

47 (C)	48 (A)	49 (B)	50 (A)	51 (D)
52 (B)	53 (D)	54 (B)	55 (B)	
56 (C)	57 (C)	58 (B)	59 (C)	

Part 8   p.29

60 (B)	61 (D)
62 (D)	63 (D)

64 (C)	65 (D)

Part 1 | Listen and Recognize   p.16

Track 1-1

1.

M: Paula always saves her money. Her piggy bank's already full.

W: Yeah, she never wastes a single penny.

남: Paula는 항상 돈을 저금해. 그녀의 돼지 저금통은 이미 다 찼어.

여: 그래, 그녀는 절대 동전 한 푼도 낭비하지 않아.

풀이 Paula는 항상 돈을 저금하고, 돼지 저금통도 이미 다 찼다고 했으므로 돈을 저금하고 있는 사진 (A)가 정답이다. (B)는 'piggy' 를 통해, (C)는 'waste'를 통해 연상하도록 유도한 오답이다.

어휘 piggy bank 돼지 저금통 | penny (약어: p) 페니 (영국의 작은 동전이자 화폐 단위. 100펜스가 1파운드.)

2.

W: Did you feed the cat? He's meowing. He's hungry.

M: Sorry, Mom, no time right now, I gotta go!

여: 고양이 밥은 줬니? 고양이가 울고 있잖아. 배가 고픈가 봐.

남: 엄마, 미안해요, 지금 시간이 없어요, 저 가봐야겠어요!

풀이 여자가 배고파서 울고('meowing') 있는 고양이에게 밥을 줬는지 물어보고 있다. 그러므로 빈 밥그릇 앞에서 고양이가 울고 있는 사진 (B)가 정답이다. (C)의 경우 고양이가 이미 밥을 먹고 있어서 오답이다.

어휘 meow (고양이가 야옹하고) 울다 | gotta go 가야겠어, 떠나야겠어

3.

M: How come your dad is sweating so much?

W: He had a busy morning watering all the plants.

남: 너희 아버지는 왜 저렇게 땀을 많이 흘리고 계셔?

여: 아침에 모든 식물들에 물을 주느라 바쁘셨거든.

풀이 여자의 아버지가 아침에 식물들에 물을 주느라('watering all the plants') 땀을 흘리고 있다고 했으므로 (A)가 정답이다. (B)는 'watering'을 통해, (C)는 'busy'를 통해 연상하도록 유도한 오답이다.

어휘 How come ~ ? 어째서 ~하니? | sweat 땀[진땀/식은땀]을 흘리다; 땀, 진땀, 식은땀 | water (화초 등에) 물을 주다

4.

W: Oh gosh, I got another pimple on my face.

M: Maybe it's something in your diet.

여: 세상에, 얼굴에 여드름이 또 생겼어.

남: 어쩌면 너의 식습관 때문일 수도 있어.

풀이 여자의 얼굴에 여드름('pimple')이 생겼다고 했으므로 (A)가 정답이다. (C)의 경우, 'diet'를 통해 연상하도록 유도한 오답이다.

어휘 pimple 여드름 | diet 식습관; 다이어트

5.

M: Don't wipe your nose on your sleeve. Your sleeves are not tissues.

W: I didn't have time to get a tissue.

남: 소매에 코를 닦지 마. 네 소매는 휴지가 아니야.

여: 휴지를 가져올 시간이 없었어요.

풀이 남자가 소매('sleeve')에 코를 닦지 말라고 했으므로 (A)가 정답이다. (C)는 'tissue'와 'wipe'를 통해 연상하도록 유도한 오답이다.

어휘 sleeve 소매 | tissue 휴지, 티슈

6.

W: What are you doing with that stepladder?

M: The light bulb needs to be changed. It burned out.

여: 발판사다리로 뭐하고 있어?

남: 전구를 교체해야 해. 전구가 나갔거든.

풀이 발판사다리('stepladder')를 이용해서 전구를 교체한다고 했으므로 (C)가 정답이다. (A)의 경우 'stepladder'의 'step'을 통해, (B)의 경우 'burned out'의 'burned'를 통해 연상하도록 유도한 오답이다.

어휘 stepladder 발판사다리 | burned out 못 쓰게 된, 타버린 | step 단(계단); 걸음, 보폭 | burn 불에 타다; 태우다

7.

M: How do I get the video file to play on this computer?

W: _____

(A) Take out the tape first.
(B) Exit out of the video player.
(C) Press the record button again.
(D) Click the play button down below.

해석

남: 어떻게 그 동영상 파일이 이 컴퓨터에서 재생되게 할 수 있어?

여: _____

(A) 먼저 테이프를 꺼내.
(B) 비디오 플레이어를 종료해.
(C) 녹음 버튼을 다시 눌러.
(D) 아래의 시작 버튼을 클릭해.

풀이 어떻게 하면 동영상 파일을 재생할 수 있는지 묻는 남자의 말에 아래의 재생버튼을 클릭하라는 (D)가 정답이다. (B)의 경우, 동영상을 재생하는 방법이 아니라 완전히 멈추는 방법이기 때문에 오답이다. (C)의 경우, 녹화('record')하는 것이 아니라 재생('play')하는 것이기 때문에 오답이다.

어휘 play 재생하다 | tape (소리·영상을 기록하는) 테이프 | exit out of ~을 종료하다, ~에서 나가다 | record 녹화하다

8.

W: Your hairspray is making me cough.

M: _____

(A) It's in the medicine cabinet.
(B) Of course you can borrow it.
(C) I absolutely love your new hairstyle.
(D) The smell is stronger than I expected.

해석

여: 네 헤어스프레이 때문에 기침이 나.

남: _____

(A) 그건 약 보관함에 있어.
(B) 당연히 빌려도 되지.
(C) 네 새로운 헤어스타일 완전 마음에 든다.
(D) 내 예상보다 냄새가 강하네.

풀이 남자가 뿌린 헤어스프레이 때문에 여자가 기침을 하고 있다고 하자 자기도 이 정도로 냄새가 강할 줄 몰랐다고 말하는 (D)가 정답이다. (A)의 경우 'cough'와 'medicine'의 연관성을, (C)의 경우 'hairspray'와 'hairstyle'의 연관성을 이용한 오답이다.

어휘 cough 기침하다 | medicine 약 | borrow 빌리다 | absolutely 완전히, 전적으로 | expect 예상[기대]하다

9.

M: That whole row of students fell asleep.
W: _____

(A) What do they do?
(B) How did they roll?
(C) Who gave them toys?
(D) Why were they sleepy?

해석

남: 저기 한 줄에 있는 학생들이 전부 잠들었네.
여: _____

(A) 그들은 뭘 하니?
(B) 그들은 어떻게 굴렀니?
(C) 누가 그들에게 장난감을 줬니?
(D) 그들이 왜 졸려 했었니?

풀이 남자가 학생들이 잠들었다고('fell asleep') 하자 그들이 왜 졸려 ('sleepy') 하는지 물어보는 (D)가 정답이다. (B)의 경우, 'row'와 'roll'의 발음의 유사성을 이용한 오답이다.

어휘 whole 전체[전부]의, 모든 | row 줄, 열 | fall asleep 잠들다 | sleepy 졸리운, 졸음이 오는

10.

W: Are we EVER going to get to our destination?
M: _____

(A) I'm afraid I misplaced it.
(B) We still have a ways to go.
(C) You've all passed so quickly.
(D) We got there earlier than planned.

해석

여: 우리 목적지에 언젠가 도착하기는 하는 거야?
남: _____

(A) 내가 그걸 잘못 놓아둔 것 같아.
(B) 우리 아직 갈 길이 멀어.
(C) 너희들 모두 엄청 빨리 통과했어.
(D) 우리 계획보다 거기에 일찍 도착했어.

풀이 여자가 목적지에 도착할 수는 있냐고 불만 섞인 질문을 하자 아직 갈 길이 멀다고 말하는 (B)가 정답이다. (D)의 경우, 여자의 질문과 정반대로 일찍 도착했다고 말하고 있기 때문에 오답이다.

어휘 destination (여행 등의) 목적지, 행선지, (물품 등의) 도착지 | misplace 잘못 놓다 | have a ways to go 갈 길이 멀다

11.

M: A bird just crashed into the window.
W: _____

(A) Did the glass break?
(B) Are you afraid to fly?
(C) Why was the door open?
(D) What's your favorite bird?

해석

남: 방금 새 한 마리가 창문에 부딪혔어.
여: _____

(A) 유리는 깨졌어?
(B) 나는 게 두렵니?
(C) 그 문이 왜 열려있었는데?
(D) 네가 특히 좋아하는 새가 뭐야?

풀이 새 한 마리가 창문에 부딪혔다고 말하자 (창문) 유리가 깨졌는지 걱정하는 (A)가 정답이다. (C)의 경우, 'window'와 'door'의 연관성을 이용한 오답이다.

어휘 crash into ~에 부딪히다[충돌하다]

12.

W: It's going to snow today.
M: _____

(A) It's melting already.
(B) I ate some ice cream.
(C) It had waited at the door.
(D) I'm going to wear my boots.

해석

여: 오늘 눈이 올 거야.
남: _____

(A) 벌써 녹고 있어.
(B) 난 아이스크림을 좀 먹었어.
(C) 그건 문 앞에 놓여있었어.
(D) 난 부츠를 신을 거야.

풀이 오늘 눈이 온다고 하자 이에 대비해 부츠를 신는다고 말할 수 있으므로 (D)가 정답이다. (A)의 경우, 아직 오지도 않은 눈이 이미 녹고 있다고 하면 어색하므로 오답이다.

어휘 melt 녹다[녹이다]

13. _____

    M: This restaurant's food is not fresh.

    W: _____

(A) It will come soon.
(B) You must be hungry.
(C) They always wash it.
(D) I'll complain to the waiter.

해석 _____

    남: 이 레스토랑의 음식은 신선하지 않아.

    여: _____

(A) 이제 곧 나올 거야.
(B) 너 배고프겠다.
(C) 그들은 그걸 항상 닦아.
(D) 내가 웨이터한테 항의해 볼게.

풀이 레스토랑의 음식이 신선하지 않다는 말에 (식당) 웨이터에게 항의해 본다고 말하는 (D)가 정답이다. (A)의 경우, 'Are they even planning to serve us the food?'(음식을 주기는 하는 거래?)와 같이 레스토랑에서 음식이 늦게 나와 불평하는 말에 대한 대답으로 적절한 오답이다.

어휘 complain 불평[항의]하다

14. _____

    W: When did Ms. Johnson want us to finish our reports?

    M: _____

(A) The deadline is this week.
(B) I need to read those already.
(C) All of the students like her.
(D) She gave them to us yesterday.

해석 _____

    여: Johnson 선생님이 언제까지 우리한테 리포트를 끝내라고 하셨지?

    남: _____

(A) 기한은 이번 주야.
(B) 그것들을 빨리 읽어야 되는데.
(C) 모든 학생들이 그녀를 좋아해.
(D) 그녀는 어제 우리한테 그것들을 줬어.

풀이 리포트의 기한을 물어보자 이번 주까지라고 알려주는 (A)가 정답이다. (D)의 경우, 여자의 말에서 'When did'를 통해 혼동하도록 유도한 오답이다.

어휘 finish 끝내다 | deadline 기한, 마감 시간

15. _____

    M: The air here is so clean!

    W: _____

(A) You'd better get your mask on.
(B) My mom washed my clothes.
(C) Yeah, this hike is so refreshing.
(D) Right. I can't believe the noise.

해석 _____

    남: 여기 공기 정말 맑다!

    여: _____

(A) 마스크를 끼는게 좋을 거야.
(B) 엄마가 내 옷을 빨아줬어.
(C) 그러게, 이번 하이킹 정말 상쾌하다.
(D) 맞아. 저 소음 믿을 수 없어.

풀이 공기가 맑다는 말에 동의하면서 이번 하이킹이 상쾌하다고 대답하는 (C)가 정답이다. (A)의 경우, 공기가 맑을 때 마스크를 쓰라고 주의를 주는 건 어색하므로 오답이다.

어휘 hike 하이킹, 도보 여행 | I can't believe ~ (~를) 믿을 수 없다, (~가) 말도 안 된다

16. _____

    W: Is something wrong?

    M: _____

(A) Yes, it's truly fantastic.
(B) Yes, you're not half bad.
(C) Yes, I just heard awful news.
(D) Yes, this is the best you've done.

해석 _____

    여: 무슨 문제 있나요?

    남: _____

(A) 네, 정말로 굉장하군요.
(B) 네, 당신은 꽤 괜찮은데요.
(C) 네, 방금 안 좋은 소식을 들었어요.
(D) 맞아요, 이게 당신이 한 일 중 최고예요.

풀이 무엇이 잘못됐는지 묻는 말에 방금 안 좋은 소식을 들었다고 대답하는 (C)가 정답이다. 나머지 선택지의 경우, 'fantastic', 'not half bad', 'best'는 모두 긍정적인 의미를 가지고 있으므로 오답이다.

어휘 truly 정말로, 진심으로 | not half bad (꽤) 괜찮은, 나쁘지 않은 | awful 지독한, 끔찍한

17.

M: Want me to hold one of those?

W: That's very sweet of you. Here.

M: You really have a lot of bags.

W: Yeah, but these groceries should last all week.

M: Are you going to cook every night this week?

W: I want to if I get home in time.

What does the man offer to do?

(A) hold bags
(B) cook dinner
(C) go shopping
(D) buy groceries

해석

남: 제가 뭐 하나 들어드릴까요?

여: 정말 감사해요. 여기요.

남: 봉지가 정말 많네요.

여: 네, 하지만 이 정도 식료품이면 일주일은 버틸 거예요.

남: 이번 주는 매일 밤 요리하실 건가요?

여: 집에 제때 갈 수 있다면 그러고 싶네요.

남자는 무엇을 하기로 제안하는가?

(A) 봉지 들어주기
(B) 저녁 요리하기
(C) 쇼핑하러 가기
(D) 식료품 사기

풀이 남자가 첫 문장에서 'Want me to hold one of those?'라고 했고, 다음 대화를 통해 'those'가 'bags'를 가리킨다는 걸 알 수 있다. 장 본 것 중 하나를 들어주겠다고 남자가 제안하는 상황이므로 (A)가 정답이다. (D)의 경우, 'groceries'를 이용해 혼동을 유도한 오답이다.

어휘 grocery 식료품 및 잡화 | last (특정 기간 동안 사용할 수 있도록) 충분하다[가다]; 견디다[버티다]

18.

W: What are you doing on the floor?

M: My contact lens fell out of my eye.

W: How did that happen?

M: I don't know. It just happens sometimes.

W: I'll help you search.

M: Thanks. It came out around this chair.

What is the man's problem?

(A) The man's eye hurts.
(B) The man fell to the floor.
(C) The man lost his contact.
(D) The man's chair is heavy.

해석

여: 바닥에서 뭐하고 있어?

남: 콘택트렌즈가 눈에서 빠졌어.

여: 어쩌다가 그랬어?

남: 나도 모르겠어. 그냥 가끔 그러더라고.

여: 찾는 거 도와줄게.

남: 고마워. 이 의자 주변에서 빠졌어.

남자의 문제는 무엇인가?

(A) 남자의 눈이 아프다.
(B) 남자가 바닥에 넘어졌다.
(C) 남자가 콘택트렌즈를 잃어버렸다.
(D) 남자의 의자가 무겁다.

풀이 두 번째 턴에서 남자가 'My contact lens fell out of my eye.'라며 콘택트렌즈가 눈에서 빠졌다고 말하고 있다. 남자가 잃어버린 콘택트렌즈를 찾고 있는 상황이므로 (C)가 정답이다. 'contact lens'(콘택트렌즈)를 'contact'라고 줄여 쓸 수 있다는 점에 유의한다. (B)의 경우, 'fell'을 이용해 혼동을 유도한 오답이다.

어휘 contact 콘택트렌즈

19.

M: I need 40 dollars.

W: *(Like a parent reminding a child to use their manners)* What do you say?

M: I need 40 dollars, PLEASE. It's for a school outing.

W: What does it cover?

M: The bus, entry to the museum, and lunch in the food court.

W: Ok, grab my purse for me and I'll give you the money.

Why does the man ask for money?

(A) for a field trip
(B) for a new purse
(C) for movie tickets
(D) for afternoon snacks

해석

남: 40달러 줘요.

여: (부모가 아이에게 예의있게 말하라는 어조로) 뭐라고 해야 하니?

남: 40달러 주세요, 제발. 학교 소풍에 필요한 거예요.

여: 어디에 쓰이는데?

남: 버스, 박물관 입장료, 그리고 푸드코트 점심값이요.

여: 알았어, 내 지갑을 가져오면 돈을 줄게.

남자가 돈을 달라고 한 이유는 무엇인가?

(A) 소풍을 (가기) 위해
(B) 새로운 지갑을 (사기) 위해
(C) 영화표를 (사기) 위해
(D) 오후 간식을 (사기) 위해

풀이 40달러는 학교 소풍('a school outing')을 위한 것이며, 구체적으로 버스비, 박물관 입장료, 푸드코트 점심값이라고 밝히고 있다. 따라서 (A)가 정답이다. (B)의 경우, 여자가 돈을 주기 위해 지갑을 가지고 오라고 한 것이므로 오답이다.

어휘 outing 견학 | cover 포함하다, 다루다 | entry 입장, 출입 | field trip 견학 여행, 현장 학습

20.

W: If I do your math homework, will you write my essay?

M: You know we can't do that!

W: Come on! We're doing the same amount of work.

M: I need to do it myself so I will learn.

W: But it's going to take twice as long.

M: Maybe, but I have to know it for the test eventually.

Why does the man refuse the woman?

(A) The man is too busy.
(B) The man wants to learn.
(C) The woman asked rudely.
(D) The man doesn't trust the woman.

해석

여: 만약 내가 네 수학 숙제를 해주면, 네가 내 에세이를 써줄래?

남: 그러면 안 되는 거 알잖아!

여: 그러지 말고! 같은 양의 일을 하는 거잖아.

남: 내가 배울 수 있게 내가 직접 해야 돼.

여: 하지만 시간이 두 배는 더 걸릴 텐데.

남: 아마도, 하지만 나도 결국은 시험 때문에 알아야 돼.

남자가 여자의 제안을 거절한 이유는 무엇인가?

(A) 남자가 너무 바쁘다.
(B) 남자가 배우고 싶어한다.
(C) 여자가 무례하게 물어봤다.
(D) 남자는 여자를 믿지 않는다.

풀이 여자가 서로의 과제를 바꿔서 하자고 제안하고 있다. 이에 대해 남자가 'I need to do it myself so I will learn.', 'I have to know it for the test'라고 말하며 자신이 과제를 직접 해야 배울 수 있다고 주장하고 있으므로 (B)가 정답이다.

어휘 twice 두 배로; 두 번 | eventually 결국

21. _____

M: What are you doing up this early? It's still dark.

W: It's just too hot to sleep. What about you?

M: Same. Came in here to get some water.

W: Could you pour me a glass?

M: Sure. Ice or no ice?

W: Ice. Lots of it.

Where are the speakers most likely?

(A) the kitchen
(B) the bedroom
(C) the bathroom
(D) the laundry room

해석

남: 이렇게 일찍 뭐하고 있어? 아직 어두운데.

여: 너무 더워서 잘 수가 없네. 너는?

남: 나도. 물 좀 마시러 들어왔어.

여: 나도 한 잔 따라 줄래?

남: 그럼. 얼음 넣을까 말까?

여: 넣어줘. 많이.

화자들이 있는 장소로 가장 적절한 곳은 어디인가?

(A) 주방
(B) 침실
(C) 화장실
(D) 세탁실

풀이 남자가 너무 더워서 물을 마시러 왔다고 말하고 있다. 집에서 물을 마시러 가는 장소는 주방일 가능성이 높으므로 (A)가 정답이다. (B)의 경우, 너무 더워서 잠을 이루지 못하고 방이 아닌 다른 장소에 나와있는 상황이므로 오답이다.

어휘 laundry room 세탁실

22. _____

W: Are your hands cold?

M: They're not bad, but if we pass somewhere that sells gloves, let me know.

W: Sure you don't want mine?

M: Nah, I can just put my hands in my pockets.

W: It's dangerous to walk like that.

M: The subway's not so far. Quit worrying.

What is the most likely relationship between the speakers?

(A) friend - friend
(B) test taker - examiner
(C) clothing seller - customer
(D) subway director - traveller

해석

여: 손 시리니?

남: 그렇게 심하진 않아, 근데 지나가다 장갑 파는 데가 보이면 좀 알려줘.

여: 정말 내꺼는 필요 없어?

남: 됐어, 그냥 주머니에 손 넣으면 돼.

여: 그렇게 걸으면 위험할 텐데.

남: 지하철이 멀지 않아. 걱정 그만해.

화자 간의 관계로 가장 적절한 것은 무엇인가?

(A) 친구 - 친구
(B) 수험자 - 시험관
(C) 의류 판매원 - 고객
(D) 지하철 관리인 - 여행객

풀이 손이 시리지 않은지 걱정해 주고, 자기 장갑을 대신 낄 생각은 없는지 물어보는 등 친구끼리 추운 길거리를 걸으면서 할 수 있는 일상적인 대화를 나누고 있다. 따라서 (A)가 정답이다. (B)는 두 번째 턴의 'pass'를 통해, (C)는 'sell gloves'를 통해, (D)는 'subway'를 통해 연상하도록 유도한 오답이다.

어휘 examiner (논문 등의) 심사 위원, 시험관, 채점관

23.

M: You're smiling a lot today!

W: Oh am I? *(Chuckles)*

M: Something good happen yesterday?

W: Actually yes! I went on a date last night.

M: Really? Good for you! You never do anything but study.

W: Yeah, it's been a while. But we got along really well just talking for hours.

Which of the following is true?

(A) The man had a bad date last night.

(B) The woman will go on a date tonight.

(C) The woman does not go on dates often.

(D) The man feels the woman should study more.

해석

남: 너 오늘 많이 웃는다!

여: 아 그래? *(킥킥거리다)*

남: 어제 무슨 좋은 일 있었어?

여: 사실 있어! 어제 저녁에 데이트를 했거든.

남: 진짜? 잘 됐다! 너 공부 말고는 아무것도 안 하잖아.

여: 그래, 오래됐지. 근데 몇 시간 동안 대화만 했는데 너무 잘 맞았어.

다음 중 사실인 것은 무엇인가?

(A) 남자는 어제 밤 안 좋은 데이트를 했다.

(B) 여자는 오늘 밤 데이트를 할 것이다.

(C) 여자는 자주 데이트를 하지 않는다.

(D) 남자는 여자가 좀 더 공부해야 한다고 생각한다.

풀이 여자가 어제 저녁 데이트를 했다는 말에 남자가 'You never do anything but study.'라고 말하고 있고, 여자가 이에 'Yeah, it's been a while.'이라고 대답하고 있으므로 여자가 평소에 데이트를 많이 하지 않는다는 사실을 알 수 있다. 따라서 (C)가 정답이다. (A)의 경우, 어제 데이트를 한 것은 남자가 아니라 여자이므로 오답이다.

어휘 chuckle 킬킬 웃다, 싱글싱글 웃다 | get along (well) (마음이) 잘 맞다, 잘 지내다

24.

W: Excuse me, I'm looking for the planners.

M: What kind are you looking for?

W: Just an appointment book for this year. With a leather cover.

M: Oh, we only have weekly study planners here.

W: Oh really? Do you know where else I might look?

M: Try the stationery store on the other end of the mall.

What will the woman probably do next?

(A) order the leather cover

(B) buy the weekly planner

(C) leave the shopping mall

(D) go to the stationery store

해석

여: 실례합니다, 플래너를 찾고 있는데요.

남: 어떤 종류를 찾고 계세요?

여: 그냥 올해 다이어리요. 가죽 커버가 있는 거로요.

남: 아, 저희는 주간 학습 플래너밖에 없어요.

여: 아 그래요? 혹시 다른 곳 어디에서 찾을 수 있을지 아시나요?

남: 쇼핑몰 반대쪽 끝에 있는 문구점에 가보세요.

여자가 다음 할 행동으로 적절한 것은 무엇인가?

(A) 가죽 커버 주문하기

(B) 주간 플래너 구매하기

(C) 쇼핑몰에서 나가기

(D) 문구점으로 가기

풀이 여자가 찾는 물건이 가게에 없자 다른 데서 살 수 없는지 묻고 있다. 이에 남자가 'Try the stationery store on the other end of the mall.'이라며 쇼핑몰 내에 위치한 다른 문구점의 위치를 알려주고 있으므로 (D)가 정답이다. (B)의 경우, 여자가 사려는 것은 'weekly planners'가 아니라 올해용 다이어리이므로 오답이다.

어휘 planner 플래너, 일정 계획표 | appointment book (약속과 일정 등을 메모하는) 다이어리 | stationery store 문구점

25. _____

M: You'll never believe what happened to me.

W: What?

M: You remember the baseball I gave Lance for his birthday?

W: Yeah, with the autograph of his favorite player?

M: Yes! Well, he gave it back to me for my birthday last week!

W: How could he forget you gave that to him?

What is the conversation about?

(A) a sports team
(B) a birthday gift
(C) a baseball player
(D) an autographed bat

해석 _____

남: 넌 나한테 무슨 일이 있었는지 절대 못 믿을 거야.

여: 무슨 일인데?

남: 내가 Lance한테 생일 선물로 준 야구공 기억해?

여: 그럼, 걔가 제일 좋아하는 야구선수 사인이 있는 공이잖아.

남: 맞아! 근데 그걸 지난주 내 생일 선물로 돌려줬어!

여: 어떻게 네가 그걸 줬다는 것을 잊을 수가 있지?

무엇에 관한 대화인가?

(A) 스포츠 팀
(B) 생일 선물
(C) 야구 선수
(D) 사인된 (야구) 방망이

풀이 남자가 지인에게 생일 선물로 줬던 야구공을 다시 그 지인에게서 생일 선물로 돌려받았다는 일화에 관해 대화를 나누고 있다. 따라서 (B)가 정답이다. (D)의 경우, 사인이 된 것은 야구방망이('bat')가 아니라 야구공('baseball')이므로 오답이다.

어휘 autograph (유명인의) 사인; (유명인이) 사인을 해주다 | autographed 사인된, 서명이 있는

26. _____

W: All of this calligraphy is really quite beautiful.

M: I didn't realize letters and words could be written so beautifully.

W: (Chuckles) Especially compared to how you write.

M: I know! Sometimes I can't even read it.

W: Why don't you take a calligraphy class?

M: You think it would help?

What does the woman mean when she says, "compared to how you write"?

(A) The man has ugly handwriting.
(B) The man is a good calligraphy critic.
(C) The woman has confidence in her writing.
(D) The woman wants to teach the man to write.

해석 _____

여: 이 캘리그래피들 정말 꽤 예쁘다.

남: 난 글자와 단어가 이렇게 아름답게 쓰일 수 있다는 것을 몰랐어.

여: (킥킥거리며) 특히 네가 글씨 쓰는 거에 비하면 말이지.

남: 그러게 말이야! 가끔 나도 못 알아 봐.

여: 너도 캘리그래피 수업을 받아보는 건 어때?

남: 그게 도움이 될까?

여자가 "네가 글씨 쓰는 거에 비하면"이라고 말한 의도는 무엇인가?

(A) 남자는 손글씨가 엉망이다.
(B) 남자는 훌륭한 캘리그래피 비평가다.
(C) 여자는 자신의 글씨체에 자신이 있다.
(D) 여자는 남자에게 글씨 쓰는 법을 알려주고 싶다.

풀이 두 번째 턴에서 남자가 아름다운 캘리그래피 손글씨에 감탄하고, 네 번째 턴에서 자신의 글씨가 엉망이라 남자 자신도 읽기 힘들다고 말하고 있다. 따라서 'compared to how you write'는 아름다운 캘리그래피에 비해 남자의 손글씨가 아주 엉망이라는 의미를 내포하고 있으므로 (A)가 정답이다. (D)의 경우, 여자가 남자에게 글씨 쓰기를 가르치려 하는 것이 아니라 캘리그래피 수업을 권하고 있으므로 오답이다.

어휘 calligraphy 캘리그래피(글씨를 아름답게 쓰는 기술); 서예; 서체 | critic 비평가 | confidence 자신, 확신, 신뢰

p.20

Track 1-4

[27-28]

M: Local residents are complaining about an increase in bear sightings. They report that the bears have been ripping open trash bags, trying to climb onto roofs, attacking pets, and in one case was even found sleeping in a barn. If you do see a bear, experts say do not try to chase it away, because you could anger it. Rather, you should call the police or wildlife management services, and they will send professionals to safely relocate the bear.

27. Which is mentioned as a problem the bears are causing?

(A) **hurting animals**
(B) entering houses
(C) ruining gardens
(D) sleeping in roads

28. According to the speaker, what should listeners do if they see a bear?

(A) chase it away
(B) **call the police**
(C) avoid eye contact
(D) walk away slowly

해석

남: 지역 주민들이 곰 목격 사례 증가에 관해 불평하고 있습니다. 그들은 곰들이 쓰레기 봉투를 찢고, 지붕 위로 올라가려 하고, 반려동물을 공격하고, 어떤 경우에는 헛간에서 잠을 자고 있는 채로 발견됐다고 보고합니다. 만약 곰을 발견하신다면, 전문가들은 곰을 화나게 할 수 있기 때문에 쫓으려고 하면 안 된다고 말합니다. 대신, 경찰이나 야생동물 관리 서비스에 신고하셔야 하고, 그러면 거기서 곰을 안전하게 다른 장소로 옮길 전문가들을 보내줄 것입니다.

27. 다음 중 곰들이 일으키는 문제로서 언급된 것은 무엇인가?

(A) **동물 해치기**
(B) 집에 들어가기
(C) 마당 망치기
(D) 도로에서 자기

풀이 곰들이 일으킨 문제로 쓰레기 봉투 찢기, 지붕에 올라가기, 반려동물 공격하기, 헛간에서 자기가 언급됐다. 이 중 'attacking pets'에 해당하는 'hurting animals'인 (A)가 정답이다. (D)의 경우, 곰이 잠을 자고 있던 장소는 도로가 아니라 헛간이었으므로 오답이다.

28. 화자에 의하면, 청자들이 곰을 본다면 해야할 일로 적절한 것은 무엇인가?

(A) 쫓아내기
(B) **경찰 부르기**
(C) 눈 마주치지 않기
(D) 천천히 걸어서 벗어나기

풀이 'you should call the police or wildlife management services'에서 곰을 발견하면 경찰이나 야생동물 관리 서비스에 전화를 하라고 했으므로 (B)가 정답이다. (A)의 경우, 곰을 화나게 할 수 있기 때문에 쫓아내려고 하지 말라고 했으므로 오답이다.

어휘 local resident 거주민, 지역민 | complain 불평[항의]하다 | increase 증가; 증가하다 | sighting 목격 | rip 찢다[찢어지다] | attack 공격하다 | barn 헛간 | chase 뒤쫓다, 추적하다 | chase ~ away ~을 쫓아내다 | rather ~보다는[대신에/하지 말고]; 꽤, 약간, 상당히 | wildlife management services 야생동물 관리 서비스 | relocate 이전[이동]하다[시키다] | ruin 망치다 | avoid 피하다

[29-30]

W: Oh my gosh I just got home. You can't imagine the route I had to take. That demonstration is happening downtown and I guess it is bigger than expected. We had to go like five miles out of our way to get home. Anyway, I'm calling because I think I left my phone with you. Could you call me back on my house phone if you find it? I'll be home all night so call whenever. Thanks, bye!

29. Why did it take the woman so long to get home?

(A) She went back to find her phone.
(B) There was construction downtown.
(C) **A demonstration blocked her route.**
(D) Her phone navigation was incorrect.

30. What is the main reason that the woman is calling?

(A) to ask for a ride
(B) to warn of traffic
(C) to confirm she is safe
(D) **to check for a lost item**

해석

여: 세상에 이제 막 집에 도착했어. 내가 어떤 경로로 왔어야 했는지 상상도 못할걸. 시내에서 시위를 하고 있는데, 예상했던 것보다 큰 것 같아. 그래서 집에 가려고 막 5마일은 돌아가야 했어. 어쨌든 내가 전화한 이유는 내 핸드폰이 너한테 있는거 같아서야. 혹시 찾으면 우리 집 전화로 연락해줄 수 있어? 밤새 집에 있을 거니까 아무 때나 전화해. 고마워, 안녕!

29. 여자가 집에 가는데 오래 걸린 이유는 무엇인가?

    (A) 핸드폰을 찾으러 돌아갔다.
    (B) 시내에 공사가 있었다.
    (C) 시위가 그녀의 경로를 막았다.
    (D) 그녀의 핸드폰 길안내가 잘못됐다.

풀이 여자가 시내에 시위가 예상보다 커서 5마일을 돌아서 집으로 가야했다('We had to go like five miles out of our way to get home.')고 말했으므로 (C)가 정답이다. (B)의 경우, 시내에 공사('construction')가 아닌 시위('demonstration')가 있었던 것이므로 오답이다.

30. 여자가 전화한 주된 이유는 무엇인가?

    (A) 차를 태워달라고 하기 위해
    (B) 교통상황에 대해 경고하기 위해
    (C) 그녀가 안전하다고 알리기 위해
    (D) 잃어버린 물건을 확인하기 위해

풀이 통화 중반 쯤에서 'Anyway, I'm calling because I think I left my phone with you.'라고 말한 뒤 다시 전화해 달라고 부탁하고 있다. 따라서 여자가 전화를 건 이유는 놓고 간 휴대폰 때문이므로 (D)가 정답이다. (B)의 경우, 시위가 경로를 막은 사실은 교통 상황을 알리려는 게 아니라 자신이 집에 가는 데 시간이 오래 걸린 이유를 설명하려고 언급한 것 뿐이므로 오답이다.

어휘 route 길[경로/루트] | demonstration 시위, 데모; 설명 | left ('leave'의 과거형) ~을 두고 왔다[갔다]; 떠났다 | whenever 언제든지 | construction 공사 | block 막다 | confirm 확인하다 | warn 경고하다, 주의를 주다, 조심하라고 하다

Part 5 | Picture Description   p.22

31.
해석 내가 시장에 들러서 디저트용 과일을 좀 사올게.

    (A) ~에 들르다
    (B) 작동을 시작하다
    (C) 전향하다
    (D) 물리치다

풀이 시장에 잠시 들러 과일을 산다고 말할 수 있으므로 '~에 잠시 들르다'라는 뜻을 가진 표현 (A)가 정답이다.

어휘 local market 동네 시장, 현지 시장 | drop by ~에 (잠깐) 들르다 | come on (텔레비전 프로그램 등이) 시작하다; 작동을 시작하다 | swing to ~로 전향하다 | drive back ~를 물리치다; 차를 타고 돌아오다

32.
해석 가장 친한 친구가 다른 학교로 전학을 가기 때문에 나는 기분이 울적하다.

    (A) 빨간색의
    (B) 기분이 울적한; 파란색의
    (C) 주황색의
    (D) 자주색의

풀이 단짝 친구가 전학간다고 하자 울적해 하고 있다. '기분이 울적하다'를 나타낼 때 'feel blue'라는 표현을 사용할 수 있으므로 (B)가 정답이다.

어휘 feel blue 기분이 울적하다

33.
해석 내 차에서 끔찍한 냄새가 나. 그리고 점점 더 심해지고 있어.

    (A) 더 빠른
    (B) 더 심한
    (C) 더 좋은
    (D) 더 옅어진

풀이 차에서 악취('terrible smell')가 난다고 말한 뒤 'And it's only getting ~'이라고 하고 있으므로 악취가 더 심해진다는 뜻의 표현이 나와야 자연스럽다. 따라서 '심한, 불쾌한'이란 뜻을 가진 (B)가 정답이다.

어휘 terrible 끔찍한, 소름끼치는

34.
해석 우리 할머니는 모자를 매우 좋아하셔. 그녀는 매우 다양한 (모자) 수집품을 가지고 있어.

    (A) ~에 빠지다
    (B) ~할 가능성이 높다
    (C) 어색한 표현
    (D) 어색한 표현

풀이 모자를 수집할 정도이면 매우 좋아하거나 관심이 많다는 것을 알 수 있다. ' ~에 빠져있다, 관심이 많다'는 표현은 'be into ~'를 쓸 수 있으므로 (A)가 정답이다. (C)와 (D)의 경우, '유행, 열광'과 같은 단어를 연상시키는 표현을 활용한 오답이다.

어휘 a collection of ~ ~의 수집품[소장품] | be into ~에[을] 관심이 많다[좋아하다], 빠져있다 | fashion 유행(하는 스타일), 인기; 유행하는 방식 | crazed (격렬한 감정에 사로잡혀) 날뛰는 [발광하는]

35.
해석 저기 작고 사랑스러운 돼지를 봐! 누구 소유의 돼지야?

    (A) 소유하다
    (B) 소유하다
    (C) 소유하다
    (D) 소유하다

풀이 작고 사랑스러운 돼지의 주인이 누구인지 물어보는 문장이다. 'A belongs to B'라는 표현을 활용해 'A는 B의 소유이다'라는 뜻을 나타낼 수 있으므로 (C)가 정답이다. 나머지 선택지의 경우, 모두 '~를 소유하다'라는 뜻을 가진 타동사로서 주어가 돼지가 아닌 소유자가 돼야 어울리므로 오답이다.

어휘 belong to ~에 속하다, ~의 소유이다 | possess 소유[소지/보유]하다

36.

해석 그들이 곧바로 '그러죠'라고 말했어. 난 그 자리에서 뽑혔어!

   (A) (특정한) 곳 [장소/자리]
   (B) 장소
   (C) (원형) 경기장
   (D) 위치

풀이 곧바로 'yes'라고 대답했다는 건 결과를 나중에 통보하지 않고 그 자리에서 바로 알려줬음을 뜻한다. 따라서 '현장에서, 그 자리에서'라는 의미를 가진 표현 'on the spot'을 쓸 수 있으므로 (A)가 정답이다.

어휘 on the spot 즉각[즉석에서]; (일이 벌어지는) 현장에서; (이리저리 옮기지 않고) 제자리[한 자리]에서 | arena (원형) 경기장, 아레나

Part 6 | Sentence Completion p.24

37.

해석 Tom과 나는 같은 학교에서 공부한다.

   (A) 나
   (B) 그의
   (C) 우리의
   (D) 나의 것

풀이 빈칸은 주어 'Tom'과 등위접속사 'and'으로 연결될 수 있는 주격 인칭대명사가 와야 한다. 따라서 (A)가 정답이다.

38.

해석 우리는 많은 사람들이 독일어 동아리에 가입하기를 바란다.

   (A) 어떤 ~도 없는
   (B) 아무
   (C) 많음
   (D) 많음

풀이 'people'은 복수 명사이며, 복수 명사의 수량을 한정할 때 'lots of'(많은)을 쓸 수 있으므로 (C)가 정답이다. (D)의 경우, 'much of'는 'much of a + 단수 명사'(대단한 ~)나 'make much of + 명사'(~을 중시하다) 형태의 표현에서 쓰이는 어구로 해당 문장에서는 어색하므로 오답이다.

어휘 sign up (for) (~에) 등록[신청]하다, 가입하다; 계약하다

39.

해석 내 남동생과 나는 이웃에게 가져다주기 위해 쿠키를 굽고 있다.

   (A) ~에서
   (B) ~에게
   (C) ~ 안에
   (D) ~ 위에

풀이 문맥상 '이웃에게'라는 의미가 자연스럽다. 따라서 '~에게, ~로'라는 뜻을 가진 전치사 (B)가 정답이다. 여기서 to부정사구 'to take ~'는 'cookies'를 수식하는 형용사적 용법으로 쓰이고 있다.

40.

해석 그 식당은 신선한 야채와 과일을 제공한다.

   (A) 제공하다
   (B) 제공하다
   (C) 제공하는, 제공하기
   (D) 제공하고 있다

풀이 주어 'the cafeteria'가 3인칭 단수이고, 빈칸은 동사 자리이므로 3인칭 단수형 동사 (B)가 정답이다.

어휘 serve (식당 등에서 음식을) 제공하다; (손님의 구매를) 돕다

41.

해석 어제 내가 가장 좋아하는 TV프로그램 중 하나가 지진 속보 때문에 중단됐다.

   (A) 중단되다
   (B) 중단하고 있다
   (C) 중단되었다
   (D) 중단하고 있었다

풀이 주어가 'one'으로 단수이고, 시제는 'Yesterday'가 있기 때문에 과거이며, 문맥상 프로그램이 지진 속보로 인해 중단됐다는 의미를 나타내기 위해 수동형이 들어가야 한다. 따라서 이를 모두 만족하는 (C)가 정답이다.

어휘 interrupt (말·행동을) 방해하다[중단시키다/가로막다]; (계속 이어지는 선·표면·전망 등을) 차단하다[끊다] | breaking report 속보

42.

해석 나는 오프라인보다 온라인으로 예약하는 게 더 쉽다.

   (A) 만들다
   (B) 만드는 것
   (C) 어색한 표현
   (D) 어색한 표현

풀이 '가주어 it + be동사 + 보어 + for + 의미상의 주어 + to부정사' 형태의 문장으로 (B)가 정답이다.

어휘 make a reservation 예약하다

43.

해석 덥고 습한 날에 걸어다니는 것은 피곤하다.

   (A) 걷다
   (B) 걸었다
   (C) 걷는 것
   (D) 걷고 있다

풀이 동명사는 주어 자리에 위치하여 '~하기, ~하는 것'이라는 뜻을 나타낼 수 있으므로 (C)가 정답이다.

어휘 humid 습한

44.

해석 Kuala Lumpur는 150만 명 이상의 사람들이 거주하는 말레이시아의 혼잡한 도시이다.

(A) 관계부사 where
(B) 거기(에)
(C) 관계부사 where + (2인칭 및 복수형) be동사
(D) ~들이 있다

풀이 'over 1.5 million people reside'이라는 완전한 절을 받을 수 있고, 'a bustling city'라는 장소 선행사를 수식할 수 있는 관계부사 (A)가 정답이다.

어휘 bustling 부산한, 북적거리는 | reside 살다[거주하다]

45.

해석 사람들은 배고프면, 쇼핑할 때 돈을 더 쓰는 경향이 있다.

(A) 저(것)
(B) 저(것)들
(C) 접속사 when
(D) 관계대명사 whom

풀이 두 개의 완전한 절이 나오고 있으므로 접속사가 필요하다. 문장의 위치로 보아 'they tend to spend more when shopping.'은 주절이며, '_____ people are hungry.'는 종속절임을 알 수 있다. 주절과 종속절을 연결해줄 수 있고 의미에도 알맞은 부사절 접속사 (C)가 정답이다.

46.

해석 몇 분 전까지만 해도 나는 그 시험에 대해 듣지 못했다.

(A) 동사 hear + 주어 I + 대동사 did
(B) 대동사 did + 주어 I + 동사 hear
(C) 주어 I + 대동사 부정형 didn't + 동사 hear
(D) 대동사 부정형 didn't + 주어 I + 동사 hear

풀이 'I heard about the test not until a few minutes ago.'에서 'not until a few minutes ago'가 문장 앞으로 나와 동사와 주어가 도치된 문장이다. 'hear'과 같은 일반 동사의 경우 도치를 할 때 대동사 do가 삽입돼 주어 앞에 위치하므로 (I heard → I did hear → did I hear) (B)가 정답이다.

[47-48]

해석

> 등하교 시 건널목 안전 당번 모집!
>
> Hamilton 초등학교가 아이들이 학교 건물 앞 도로를 건널 수 있도록 도와줄 고등학생을 찾고 있습니다.
>
> 건널목 안전 당번은:
>
> - Hamilton 고등학교 학생이어야 함
> - 책임감 있고, 시간을 잘 지키고, 성숙해야 함
> - 매일 아침과 오후에 일을 할 수 있어야 함
>
> 시간: 모든 정규수업일 오전 8:00-9:00, 오후 3:30-4:00
> 급여: 50 달러/주
>
> * 근무 시간 때문에, 지정 건널목 안전 당번은 Hamilton 고등학교 수업에 15분 늦게 도착하고 오후에 15분 일찍 떠날 수 있습니다.
>
> 관심 있는 분들은 Hamilton 고등학교 웹사이트의 양식을 통해 지원해 주시기 바랍니다.

47. 안전 당번이 급여 외에 받을 수 있는 것은 무엇인가?

(A) 무료 아침식사
(B) 한 달 후 급여 인상
(C) 늦은 학교 시작 시간
(D) 특집 인터넷 기사

풀이 'Because of the shift time, the selected crossing guard may arrive at their classes at Hamilton High School 15 minutes late, and may leave 15 minutes early in the afternoon.'에서 알 수 있듯이 건널목 안전 당번 학생은 학교에 15분 늦게 도착하고 15분 일찍 학교에서 나와야 하므로 (C)가 정답이다.

48. 다음 중 구인 광고에서 언급되지 않은 것은?

(A) 일자리 훈련
(B) 일자리 위치
(C) 일자리 급여
(D) 일자리 요구사항

풀이 (B)는 'the street in front of the school building'에서, (C)는 'Pay: 50 dollars/week'에서, (D)는 'Crossing Guards should be: ~'에서 알 수 있는 내용이므로 지문에서 언급되지 않은 (A)가 정답이다.

어휘 look for ~을 찾다 | cross 건너다, 가로지르다, 횡단하다 | punctual 시간을 지키는[엄수하는] | mature 성숙한; 분별 있는 | perform 수행하다, 실시하다 | duty 직무, 임무; 의무 | shift 교대 근무 (시간) | selected 선발된, 선택된 | apply 신청하다, 지원하다 | via ~을 통하여, ~을 경유하여 | featured 특색으로 한; 주요한; 주연의 | payment 지급, 지불; 지불[납입] 금액 | requirement 필요조건, 요건

해석

Walker 가족과 친구들 안녕하세요!

이미 몇 분이 들으신 대로, Walker 쌍둥이를 위해 깜짝 파티를 열 계획입니다! Carey Simpson (Sean의 어머니)와 Clara Walker (저의 어머니) 두 분 다 올해 50세가 되기 때문에, 저희는 큰 파티를 열어서 저희 어머니들을 친구와 가족의 사랑으로 감싸고 싶습니다! 저희가 생각할 수 있는 모든 분들에게 이메일을 보내고 있는데, 저희가 누군가를 빼먹었다면 저희에게 알려주세요!

- 행사: Carey와 Clara를 위한 깜짝 더블 생일 파티
- 장소: Clara Walker의 자택
- 시간: 6월 7일, 오후 2시
- 연락처:
    Sean Simpson: 1(501)643-2394
    Jean Walker: 1(501)643-2438

세부 내용 추후 공지!

Jean

49. Carey Simpson과 Clara Walker의 관계로 가장 적절한 것은 무엇인가?

(A) 고모 - 조카
(B) 자매 - 자매
(C) 사촌 - 사촌
(D) 엄마 - 딸

풀이 해당 이메일에서 'Carey Simpson'과 'Clara Walker'를 위한 깜짝 더블 생일 파티를 연다고 밝히고 있고, 이 둘이 'Walker twins'라고 했으므로 쌍둥이 자매임을 알 수 있다. 따라서 (B)가 정답이다. 미국이나 캐나다 등 몇몇 나라에서는 여성이 결혼을 하면 남편의 성을 따르는 경우도 있어, 그에 따라 형제자매라도 성이 다를 수 있다는 점도 알아두자.

50. Jean이 이 이메일을 보낸 이유는 무엇인가?

(A) 손님을 초대하기 위해
(B) 파티를 취소하기 위해
(C) 초대를 거절하기 위해
(D) 손님들의 일정을 물어보기 위해

풀이 'we're planning a surprise birthday party'에서 Jean이 파티를 열려고 하고 있음을 알 수 있고, 'surround them with the love of our mothers' friends and family' 등에서 어머니의 친구와 가족을 초대하려고 하고 있음을 알 수 있다. 따라서 (A)가 정답이다. (D)의 경우, 초대하면서 파티의 일정을 알렸을 뿐 손님들의 일정을 물어본 것이 아니므로 오답이다.

51. Carey와 Clara는 그들의 생일에 몇 살이 되는가?

(A) 14
(B) 15
(C) 40
(D) 50

풀이 'Carey Simpson (Sean's mother) and Clara Walker (my mother) are both turning fifty this year'에서 Carey와 Clara가 50살이 된다고 했으므로 (D)가 정답이다.

어휘 throw a party 파티를 열다 | surround 둘러싸다, 에워싸다 | forgotten ('forget'의 과거분사형) 잊다 | occasion 행사[의식/축하] | contact 연락, 접촉 | detail 세부 사항 | invite 초대하다 | reject 거부[거절]하다

해석

고객 리뷰

Hillcrest ® - "Arizona" 모델 - 0213874

리뷰어 1 2주 전

크기가 큰 게 정말 마음에 드는데, 형태를 유지하지는 않네요. 끈이 어깨를 조금 아프게 하는데, 돈 낸 거에 비하면, 불평할 수는 없겠네요.

리뷰어 2 4개월 전

예상했던 것보다 빨리 배송됐습니다. 제가 생각한 색상과는 달랐지만, 합리적 가격에 튼튼한 천으로 돼 있습니다.

리뷰어 3 5개월 전

정말 실망했어요. 사진과는 비교도 안 되게 반짝거리지 않고요. 물건을 상자에서 꺼냈을 때 정면에 크게 찢긴 데가 있었어요. Hillcrest가 교체를 해주었지만, 그 과정이 정말 오래 걸렸어요! 다만 가방이랑 같이 온 쌍안경은 좋네요!

52. 평가되고 있는 물건으로 가장 적절한 것은 무엇인가?

(A) 헬멧
(B) 배낭
(C) 가죽 벨트
(D) 물통

풀이 첫 번째 리뷰에서 해당 상품의 끈('strap')이 어깨를 아프게 한다고 말하고 있고, 세 번째 리뷰에서는 '~ that came with the bag ~'이라며 해당 상품에 관한 결정적인 단서를 주고 있다. 따라서 해당 상품은 끈이 있고 어깨에 메는 가방, 즉 배낭이라는 걸 추측할 수 있으므로 (B)가 정답이다.

53. 리뷰어 2와 리뷰어 3이 비슷하게 겪은 경험은 무엇인가?

(A) 느린 배송
(B) 손상된 물건
(C) 주문하지 않은 제품
(D) 예상외의 외형

풀이 리뷰어 2와 리뷰어 3은 각각 'The color was different than what I thought it would be', 'Not nearly as shiny as in the pictures.'라고 말하며 둘 다 상상한 외형과 실제 제품이 달랐다고 후기를 남기고 있다. 따라서 (D)가 정답이다. (B)의 경우, 손상된 부분이 있었다고 언급한 것은 리뷰어 3에만 해당되므로 오답이다.

54. 다음 중 이 제품 구매의 특징으로 가장 적절하지 않은 것은 무엇인가?

(A) 추가 선물
(B) 아담한 크기
(C) 합리적인 가격
(D) 고품질 직물

풀이 첫 번째 리뷰 'I really like how big it is'에서 가방의 크기가 크다고 했으므로 (B)가 정답이다. (A)는 'The binoculars that came with the bag ~'에서, (C)는 'at an affordable price'에서, (D)는 'but it's strong fabric'에서 알 수 있으므로 오답이다.

55. 리뷰어 1이 "불평할 수는 없네요"라고 말한 의도는 무엇인가?

(A) 부정적이고 싶지 않다.
(B) 품질이 가격과 알맞다고 생각한다.
(C) Hillcrest로부터 사과를 받았다.
(D) Hillcrest의 연락 정보를 찾을 수 없다.

풀이 리뷰어 1은 'The straps hurt my shoulders a little'이라며 끈이 어깨를 아프게 한다고 불편사항을 말하고 있으나 이어서 'but for what I paid, I guess I can't complain.'라고 말하며 가격을 생각해보면 불평할 만한 것은 아니라고 했다. 따라서 (B)가 정답이다. 한편, 선택지에서 대명사 'they'를 통해 'reviewer 1'을 가리키고 있는데, 이처럼 특정 인물의 성별이 정해지지 않았거나 성별을 모를 경우 대명사 'they'를 사용하여 지칭할 수 있다는 점도 알아두자.

어휘 strap 끈, 줄 | come in the mail (우편이나 택배가) 도착하다 | fabric 천 | affordable (가격 등이) 알맞은; 감당할 수 있는 | disappointed 실망한, 낙담한 | huge (크기·양·정도가) 막대한 [엄청난], 거대한 | replace 바꾸다[교체하다]; 대신[대체]하다 | process 과정, 절차 | binoculars 쌍안경 | though 그래도, (비록) ~이긴 하지만 | backpack 백팩, 배낭 | delivery 배달, 배송 | damaged 손상된 | unordered 주문되지 않은 | unexpected 예상하지 않은 | appearance 외형, 외모 | extra 추가의, 여분의 | compact 소형의, 간편한; 조밀한, 촘촘한 | pricing 가격 책정 | match 일치하다; 어울리다, ~에 맞다

[56-59]

해석 ___

투명 잉크로 비밀 메시지 쓰고 읽는 법
필요한 것: 물, 레몬주스, 흰색 종이, 면봉 (혹은 비슷하게 "잉크"를 적셔서 글을 쓸 수 있는 물건), 열원

1. 물과 레몬주스를 1:1 비율로 섞는다.

2. 면봉을 액체에 담근다. 종이에 글을 쓰거나 그림을 그린다. (만약 메시지가 너무 잘 보인다면, 혼합물에 물을 더 추가한다)

3. 잉크가 마른 뒤, 시원하고, 어두운 장소에 보관한다.

4. 메시지를 읽을 준비가 됐다면, 종이를 태양, 전구, 또는 다른 열원 앞에 위치해서 메시지가 드러나게 한다.

56. 지시사항에 따르면, 투명한 잉크를 읽기 위해 필요한 것은 무엇인가?

(A) 화장솜
(B) 특수 종이
(C) 열원
(D) 야간 투시경

풀이 4번 지시사항의 'When ready to read message, place paper in sun, in front of lightbulb, or other heat source to reveal message'에서 투명 잉크를 읽을 때 열원이 필요함을 알 수 있으므로 (C)가 정답이다.

57. 레몬주스 한 티스푼에는 얼마만큼의 물이 추가돼야 하는가?

(A) 한 컵
(B) 열 컵
(C) 한 티스푼
(D) 열 티스푼

풀이 1번 지시사항에서 'Mix water with lemon juice at 1:1 ratio.'라고 했으므로 물과 레몬주스는 같은 비율이 들어가야 한다. 따라서 (C)가 정답이다.

58. 지시사항에 따르면, 메시지가 너무 잘 보인다면 무엇이 필요한가?

(A) 더욱 많은 산
(B) 추가적인 물
(C) 그늘에서의 시간
(D) 추가적인 햇빛

풀이 2번 지시사항에서 'If the message is too easy to see, add more water to your mixture'라고 했으므로 메시지가 너무 잘 보이면 물을 추가해야 한다. 따라서 (B)가 정답이다.

59. 다음 중 이러한 비밀 메시지를 보관하기에 알맞지 않은 장소는 어디인가?

(A) 서랍 안
(B) 책 속
(C) 히터 뒤
(D) 침대 밑

풀이 3번 지시사항에서 'After ink dries, keep in cool, dark place.'라고 했으므로 시원하고 어두운 장소와 정반대인 (C)가 정답이다.

어휘 invisible 투명한 | cotton 솜; 목화; 면직물 | cotton swab 면봉 | soak up 빨아들이다, 흡수하다 | ratio 비율, 비 | dip 살짝 담그다, 적시다 | mixture 혼합물 | place ~에 놓다[두다] | lightbulb 전구 | reveal (보이지 않던 것) 드러내 보이다; (비밀 등을) 드러내다[밝히다/폭로하다] | acid (화학) 산, 산성의; (맛이) 신 | shade (시원한) 그늘; 빛 가리개

[60-61]

해석

> 춤을 추는 행위는 전 세계 모든 문화에서 발견되는 기본적인 인간 행동으로 보인다. 실제로, 글쓰기가 발명되기도 전에, 인간들은 동굴의 벽에 개인과 집단이 춤을 추는 그림을 그렸다. 많은 전문가들은 춤의 최초 용도 중 하나가 이야기를 기억하고 전달하기 위한 방법이라고 믿는다. 춤은 취미, 운동, 또는 오락과 같은 가벼운 목적뿐만 아니라 심오한 문화적, 종교적 기능을 가지고 있다. 많은 종류의 춤들이 지속적으로 생겨나고, 변하고, 때때로 사라진다. 하지만, 명확한 것이 있다: 인간은 춤에 대한 사랑을 가지고 태어났다는 것이다.
>
> 요약:
> 춤은 글쓰기 이전부터 인류 역사의 일부였다. 수천 년 동안, 인류가 춤을 추는 방식은 다른 목적들에 따라 <u>진화해왔다</u>. 현재는 심오한 목적과 가벼운 이유로 두 가지 모두의 목적을 위해 <u>많은 종류의</u> 춤이 있다.

60. 지문에 알맞은 요약문이 되도록 빈칸에 가장 적절한 단어를 고르시오.

(A) 정지했다
(B) 진화했다
(C) 제거했다
(D) 몸짓했다

풀이 본문의 'There are many different types of dance that constantly appear, change, and sometimes die out.'에서 춤의 형태는 지속적으로 변화하고 진화했음을 알 수 있다. 따라서 (B)가 정답이다.

61. 지문에 알맞은 요약문이 되도록 빈칸에 가장 적절한 단어를 고르시오.

(A) 부족
(B) 반짝임
(C) 선택
(D) 다양

풀이 'Dance can have deep cultural and religious functions ~'에서 춤은 여러 기능을 가지고 있다고 말하고 있고, 다음 문장에서 'There are many different types of dance'라며 춤의 종류가 많다고 밝히고 있다. 따라서 빈칸에는 이를 종합해 여러 목적을 위한 다양한 종류의 춤이 있다는 내용이 들어가야 하므로 (D)가 정답이다.

어휘 develop 발달하다, 성장하다 | pass along ~을 다음으로 전달하다 | religious 종교적인 | function 기능 | light 옅은; 가벼운; 약간의 | purpose 목적 | entertainment 오락, 여흥 | constantly 지속적으로 | die out 멸종되다, 자취를 감추다 | according to ~에 따라 | pause 잠시 멈추다 | evolve 진화하다 | remove 제거하다 | motion 몸짓(동작)을 하다 | lack 부족, 결핍 | gleam 어슴푸레한 빛, 반짝거림 | a variety of 다양한, 여러 가지의

[62-65]

해석

> [1] 많은 꽃들의 색상 패턴은 흥미진진한 놀라움을 가지고 있다. 인간은 볼 수 없지만, 일부 종들은 자외선 아래에서만 보이는 반점과 색깔을 가지고 있다. 꽃들은 누구에게 혹은 무엇에게 이런 비밀 메시지를 보내고 있는 것일까? 과학자들은 그 답이 벌이라고 말한다.
>
> [2] 벌은 인간과는 다른 색을 본다. 특히 그들은 보라색 너머에 있으며 인간은 볼 수 없는 자외선을 본다. 많은 꽃들은 벌들이 자기들의 특수한 무늬를 보고 꽃을 찾아오도록 진화했다. 실제로, 이러한 무늬들 중 일부는 매우 특수해서, 특정 유형의 벌들은 다른 무늬들보다 그것들에 더 끌린다고 한다. 만약 벌이 항상 같은 종류의 꽃에만 간다면, 그 꽃들은 더욱 쉽게 꽃가루와 꿀을 공유할 수 있다. 이 때문에 과학자들은 이러한 무늬들을 "꿀샘 유도"라고 부른다.
>
> [3] 꿀샘 유도는 꽃과 벌의 상호 이익을 위해 진화한 것이다. 우리의 생태계는 벌과 특별한 무늬가 있는 꽃들 사이 같은 관계들에 <u>의존해</u> 균형을 이루고 조화롭게 살아간다.

62. 이 지문의 요지는 무엇인가?

(A) 동물은 벌의 행동에 의존한다.
(B) 자외선은 식물의 색을 바꿀 수 있다.
(C) 꿀은 씨앗을 만들기 위해 꽃들에 의해 공유된다.
(D) 무늬들은 벌이 특정한 꽃을 찾도록 해준다.

풀이 [1]문단에서 꽃이 자외선 아래에서만 보일 수 있는 특별한 반점과 색깔을 갖고 있는데, 그것이 꿀벌을 위한 것이라고 소개하고, [2]문단에서는 꽃의 특별한 무늬(반점)와 색깔이 벌을 유도하기 위한 진화적 형질임을 구체적 근거를 들어 설명하고, [3]문단에서 꽃과 벌의 관계와 같은 상생관계로 생태계가 유지된다는 결론을 내리고 있다. 따라서 지문의 중심 소재는 꽃과 벌의 관계이며, 요지는 꽃의 특별한 무늬와 색상으로 벌이 특정한 꽃을 찾도록 유도한다는 사실임을 알 수 있다. 따라서 (D)가 정답이다.

63. 지문에 따르면, 다음 중 옳지 않은 것은 무엇인가?

(A) 인간은 자외선을 볼 수 없다.
(B) 벌과 꽃은 서로의 생존을 돕는다.
(C) 일부 꽃들은 특정 종류의 벌을 겨냥한다.
(D) 꽃은 꿀샘 유도를 이용해 곤충을 내쫓는다.

풀이 [2]문단과 [3]문단을 통해 'nectar guides'는 꽃이 벌을 끌어들이기 위해 진화한 형질이며, 꽃과 벌 모두에게 이익이 된다는 사실을 알 수 있다. 벌은 곤충에 속하므로 꿀샘 유도가 곤충(벌)을 내쫓는다고 할 수 없으므로 (D)가 정답이다. (A)는 [1]문단의 'While it is impossible for humans to see them ~ under UV light.'에서, (B)는 [3]문단에서, (C)는 [2]문단의 'In fact, some of these markings are so specialized ~'에서 알 수 있는 사실이므로 오답이다.

64. [3]문단, 첫 번째 줄에서, "rely"와 의미가 가장 가까운 것은:

(A) 믿다

(B) 배달하다

(C) 의지하다

(D) 전달하다

풀이 뒤에 나오는 'relationships such as the ones between bees and specially marked flowers'는 상호 이익을 주는 관계이고, 이를 통해 조화 속에서 살 수 있다고 밝히고 있다. 생태계의 운명은 이러한 조화로운 상생관계에 달려있는 것이므로 'rely (on)'의 뜻이 '~에 의지하다'라는 것을 추측할 수 있다. 따라서 이와 비슷한 뜻을 가진 (C)가 정답이다.

65. 꿀샘 유도를 사용할 다른 동물로 가장 적절한 것은 무엇인가?

(A) 거북이

(B) 인간

(C) 토끼

(D) 나비

풀이 'If the bees always go to the same type of flowers, the flowers can easily share their pollen and nectar. That is why scientists call these markings "nectar guides".' 에서 알 수 있듯이 꿀샘 유도는 꽃이 조금 더 쉽게 수정을 하기 위해 진화한 산물이다. 꽃의 수정에 도움을 주는 다른 동물은 나비이므로 (D)가 정답이다.

어휘 surprise 놀라움; 뜻밖의[놀라운] 일[소식] | mark (피부의) 점[반점]; 표시, 특징; 표시하다 | visible (눈에) 보이는, 알아볼 수 있는 | UV (ultraviolet) 자외선 | impossible 불가능한 | adapt 맞추다[조정하다]; (상황에) 적응하다 | marking (동물·새·목재 등의) 무늬[반점]; 표시 | specialized 전문적인, 전문화된 | attracted (to) (~에) 끌리는, 매료된 | pollen 꽃가루, 화분 | nectar (꽃의) 꿀 | guide 지침, 지표; 안내 | evolve 진화하다 | mutual 상호의, 상호적인 | ecosystem 생태계 | rely (on) (~에) 의존하다 | balance 균형 | target ~을 목표로 삼다, 대상으로 하다 | scare 겁주다, 겁먹게 하다 | insect 곤충 | depend (on) (~에) 의존하다 | transfer (장소를) 옮기다, 이동하다

Actual Test 2회

Section I. Listening & Speaking

Part 1   p.34

1 (A)	2 (C)	3 (A)	4 (B)	5 (C)
6 (C)				

Part 2   p.36

7 (A)	8 (A)	9 (B)	10 (B)	11 (D)
12 (B)	13 (B)	14 (C)	15 (D)	16 (A)

Part 3   p.37

17 (C)	18 (A)	19 (D)	20 (B)	21 (C)
22 (B)	23 (C)	24 (A)	25 (A)	26 (D)

Part 4   p.38

27 (B)	28 (C)	29 (B)	30 (D)

Section II. Reading & Writing

Part 5   p.40

31 (D)	32 (B)	33 (C)	34 (D)	35 (B)
36 (B)				

Part 6   p.42

37 (C)	38 (B)	39 (D)	40 (D)	41 (D)
42 (C)	43 (C)	44 (B)	45 (A)	46 (D)

Part 7   p.43

47 (C)	48 (D)	49 (B)	50 (A)	51 (C)
52 (B)	53 (C)	54 (C)	55 (C)	
56 (A)	57 (B)	58 (B)	59 (A)	

Part 8   p.47

60 (D)	61 (C)		
62 (A)	63 (C)	64 (D)	65 (C)

Part 1 | Listen and Recognize   p.34

Track 2-1

1. _____

W: My ear hurts. It started when the plane took off.

M: That's not good.

여: 귀가 아파. 비행기가 이륙할 때 시작됐어.

남: 그거 좋지 않은데.

풀이   비행기가 이륙할 때부터 귀가 아프기 시작했다고 했으므로 비행기에서 귀를 만지며 아파하고 있는 사진 (A)가 정답이다. (B)는 'ear'와 'plane'을 통해 연상하도록 유도한 사진이며, 사진 속 인물의 귀도 아파 보이지 않으므로 오답이다.

어휘   hurt 아프다; 아프게[다치게] 하다 | take off 이륙하다, 날아오르다

2. _____

M: Does your son do any after-school activities?

W: Yes, he's on the swim team.

남: 네 아들 방과 후 활동하는 것 있니?

여: 응, 그는 수영팀에 있어.

풀이   여자의 아들이 수영팀('swim team')에 있다고 대답했으므로 (C)가 정답이다. (A)와 (B)는 'activity'와의 연관성을 이용한 오답이다.

어휘   after-school activity 방과 후 활동

3. _____

W: Does this hotel have printers?

M: Yes, we have printers in the business center just below the lobby.

여: 이 호텔에는 프린터가 있나요?

남: 네, 프린터는 로비 바로 아래 비즈니스 센터에 있습니다.

풀이   호텔에 프린터('printers')가 있는지 묻는 말에 비즈니스 센터 ('business center')에 있다고 대답했으므로 프린터가 있는 (A)가 정답이다. (C)는 'hotel'과 'lobby' 등을 통해 혼동을 유도한 오답이다.

어휘   business center 비즈니스 센터 (호텔의 비즈니스 고객을 위해 비서업무, 팩스, 텔렉스, 회의 준비, 타이핑 등을 서비스하는 곳) | lobby 로비

4.

M: He got a paper cut. Where are the band-aids?

W: They should be in the medicine box.

남: 그는 종이에 베였어. 반창고 어딨어?

여: 약상자 안에 있을 거야.

풀이 누군가가 종이에 베여 반창고를 찾고 있으므로 손가락에 베인 상처가 있는 (B)가 정답이다. (A)와 (C)의 경우, 모두 'paper'와 'cut'을 이용한 오답이다.

어휘 paper cut 종이에 베인 상처 | band-aid 반창고 | medicine box 약상자

5.

W: It looks like rain. See, the sky is gray.

M: What a shame. We were gonna go for a little ride today.

여: 비가 올 것 같아. 봐봐, 하늘이 회색이야.

남: 아쉽다. 우리 오늘 잠깐 드라이브 가려고 했었잖아.

풀이 여자의 말에서 하늘이 비가 올 것처럼 흐리다는 것을 알 수 있으므로 (C)가 정답이다.

어휘 What a shame. 아쉽군., 안타깝군., 괘씸하군. | go for a ride 드라이브[승마]하러 가다

6.

M: Are you having a problem using the photocopier?

W: A bit... I've never used this model before.

남: 복사기 사용하는 데 문제가 있어?

여: 약간... 나는 이전에 이 모델을 사용해본 적이 없어서.

풀이 여자가 복사기('photocopier') 사용에 어려움을 겪고 있으므로 (C)가 정답이다. (A)는 'photocopier'의 'photo'와 'model'을 통해, (B)는 'photo'를 통해 연상하도록 유도한 오답이다.

어휘 photocopier 복사기

Part 2 | Listen and Respond

7.

W: Let's go get some chili cheese fries.

M: _____

(A) Great idea!
(B) Mark my words!
(C) You're welcome!
(D) Don't worry about it!

해석

여: 칠리 치즈 프라이 먹으러 가자.

남: _____

(A) 좋은 생각이야!
(B) 내 말을 잘 들어!
(C) 천만에!
(D) 걱정하지마!

풀이 칠리 치즈 프라이를 먹으러 가자는 여자의 제안에 좋은 생각이라며 ('Great idea!') 동의하는 (A)가 정답이다.

어휘 chili cheese fries 칠리 치즈 프라이 (감자 튀김 위에 칠리와 녹인 치즈를 얹은 음식) | Mark my words! 내 말 잘 들어!, 내 말 기억해둬!

8.

M: Did we get on the wrong train?

W: _____

(A) It seems so.
(B) You're sure to.
(C) It's coming now.
(D) You left yesterday.

해석

남: 우리 기차 잘못 탔어?

여: _____

(A) 그런 것 같아.
(B) 너는 확실히 그럴 거야.
(C) 그것은 지금 오고 있어.
(D) 너는 어제 떠났어.

풀이 두 사람이 기차를 잘못 탔는지 묻는 말에 그런 것 같다고 대답하는 (A)가 정답이다. (C)의 경우, 이미 기차를 타고 있는 상황에서 기차가 오고 있다고 말하는 것은 어색하므로 오답이다.

9.

W: *(Annoyed)* That noise just won't stop.

M: _____

(A) It's about to start.
(B) Find where it's from.
(C) Take some more soda.
(D) There's often as many.

해석

여: *(짜증 내며)* 저 소음이 멈추질 않아.

남: _____

(A) 막 시작하려고 해.
(B) 어디서 나는지 찾아봐.
(C) 소다 좀 더 먹어.
(D) 그만큼 종종 있어.

풀이 소음이 계속 난다며 짜증이 난 여자에게 소음이 어디에서 나는지 찾아보라는 (B)가 정답이다.

어휘 noise 소음 | be about to 막 ~을 하려고 하다

10.

M: I feel like my brain isn't working properly today.

W: _____

(A) You should wear a mask.
(B) You should get some sleep.
(C) You might turn on the heater.
(D) You might clean the window.

해석

남: 오늘 머리가 제대로 돌아가지 않는 것 같아.

여: _____

(A) 너는 마스크를 써야 해.
(B) 너는 잠을 좀 자야 해.
(C) 너는 히터를 켜보는 건 어때.
(D) 너는 창문을 닦아보는 건 어때.

풀이 머리가 제대로 돌아가지 않는다고 말하는 남자에게 잠을 좀 자라고 제안하는 (B)가 정답이다. 나머지 선택지의 경우, 머리를 식히는 것과는 거리가 먼 해결 방안이므로 오답이다.

어휘 properly 제대로, 적절히 | heater 난방기, 히터

11.

W: Congratulations on your new baby!

M: _____

(A) Sure. Feel free to.
(B) No. I don't have to.
(C) Please. It's almost over.
(D) Thank you. We're excited.

해석

여: 새로 태어난 아기 축하해!

남: _____

(A) 물론이지. 마음대로 해.
(B) 아니. 나는 그럴 필요가 없어.
(C) 부탁이야. 거의 끝났어.
(D) 고마워. 우리는 들떠 있어.

풀이 새로 태어난 아기를 축하하는 말에 고마워하며 신난 기분을 전하는 (D)가 정답이다. 나머지 선택지의 경우, 모두 축하 인사의 화답으로는 적절하지 않으므로 오답이다.

어휘 Congratulations (on ~)! (~에 관해) 축하합니다! | be over 끝나다

12.

M: This weekend I helped my grandparents plant daisies.

W: _____

(A) It's going to rain.
(B) That's kind of you.
(C) My weekend is full.
(D) Tulips are lovely flowers.

해석

남: 이번 주말에 나는 조부모님이 데이지꽃 심는 것을 도와드렸어.

여: _____

(A) 비가 올 것이야.
(B) 너는 착하구나.
(C) 내 주말은 꽉 차 있어.
(D) 튤립은 사랑스러운 꽃이야.

풀이 주말에 조부모님을 도와드린 남자에게 착하다고 칭찬하는 (B)가 정답이다. (C)는 'weekend'를 재언급하여 혼동을 유도한 오답이다.

어휘 daisy 데이지 꽃

13. _____

W: I did better than expected on my essay!

M: _____

(A) I wasn't there for you.

(B) I knew you could do it.

(C) You have to work hard.

(D) You didn't need five people.

해석 _____

여: 나 예상했던 것보다 에세이에서 더 잘했어!

남: _____

(A) 나는 널 위해 그곳에 없었어.

(B) 네가 할 수 있을 줄 알았어.

(C) 너는 열심히 일해야 해.

(D) 너는 5명이 필요 없었어.

풀이 기대보다 에세이에서 좋은 성적을 거둔 여자에게 그럴 줄 알았다며 칭찬하는 (B)가 정답이다. (C)의 경우, 좋은 성과를 거둔 사람에게 열심히 일하라고 말하는 것은 어색하므로 오답이다.

14. _____

M: Where can I find the books on singing technique?

W: _____

(A) Take a deeper breath.

(B) Try to sing more clearly.

(C) Look by the piano books.

(D) Listen to the music again.

해석 _____

남: 노래 기법에 관한 책은 어디서 찾을 수 있나요?

여: _____

(A) 더 깊이 숨을 들이쉬세요.

(B) 더 명확하게 노래하려고 노력하세요.

(C) 피아노 책들 옆을 살펴보세요.

(D) 다시 그 음악을 들으세요.

풀이 노래 기법에 관한 책을 찾는 남자에게 피아노 책들 옆을 살펴보라며 위치를 알려주는 (C)가 정답이다. (B)는 'sing'을 재언급하여 혼동을 주는 오답이며, (D)는 'singing'과 'music'의 연관성을 이용한 오답이다.

어휘 technique 기법, 기술 | take a deep breath 심호흡하다[숨을 깊이 들이쉬다]

15. _____

W: I had to cancel my hair appointment.

M: _____

(A) Why was it there?

(B) Have you cut it yet?

(C) What color is it now?

(D) Did you reschedule it?

해석 _____

여: 미용실 예약을 취소해야 했어.

남: _____

(A) 왜 그게 거기 있었어?

(B) 이미 잘랐어?

(C) 지금 무슨 색이야?

(D) 일정을 다시 잡았어?

풀이 미용실 예약을 취소했다는 말에 여자에게 예약 일정을 다시 잡았는지 물어볼 수 있으므로 (D)가 정답이다. (B)의 경우, 미용실 예약을 취소한 사람에게 머리를 잘랐는지 묻는 건 어색하므로 오답이다.

어휘 cancel 취소하다 | appointment (특히 업무 관련) 약속, 예약 | reschedule 일정을 다시 잡다, 일정을 변경하다

16. _____

M: Wasn't that your father we just passed?

W: _____

(A) Where? I didn't see him.

(B) Why? I haven't found it.

(C) When? He didn't ask me.

(D) Who? I haven't met them.

해석 _____

남: 방금 지나쳤던 사람 네 아버지 아니셔?

여: _____

(A) 어디? 나는 그를 못 봤어.

(B) 왜? 나는 그걸 못 찾았어.

(C) 언제? 그는 나에게 물어보지 않았어.

(D) 누구? 나는 그들을 만난 적 없어.

풀이 방금 여자의 아버지를 지나친 것 아니냐는 물음에 보지 못했다고 대답하는 (A)가 정답이다. (D)의 경우, 단수인 아버지('father')를 그들('them')이라는 복수로 지칭하는 것은 어색하므로 오답이다.

Track 2-3

17.

W: What can I help you with today?

M: I was looking to buy a membership here.

W: Sure. Any packages that you were interested in?

M: Yes actually. The "Standard Plus".

W: Ok. That's unlimited access to our main area, 2 classes weekly of your choice, as long as they're not full.

M: Right. Do you still have room in Monday yoga and Thursday cycling?

What is the conversation mainly about?

(A) yoga poses
(B) exercise plans
(C) gym membership
(D) cycling instruction

해석

여: 오늘 무엇을 도와드릴까요?

남: 여기 회원권을 사려고 했는데요.

여: 알겠습니다. 관심 있던 패키지가 있으신가요?

남: 사실 있어요. "스탠다드 플러스"요.

여: 네. 그건 저희 주요 공간에 무제한 출입이 가능하고, 정원이 차지 않는 한, 매주 선택하신 2개의 강의를 들을 수 있습니다.

남: 좋아요. 월요일 요가랑 목요일 사이클링에 아직 자리가 있나요?

주로 무엇에 관한 대화인가?

(A) 요가 자세
(B) 운동 계획
(C) 체육관 회원권
(D) 사이클링 교육

풀이 두 번째 턴에서 남자가 회원권('membership')에 관심이 있음을 알 수 있고, 마지막 턴의 요가('yoga')와 사이클링('cycling')을 통해 이 대화가 이루어지는 장소는 체육관임을 짐작할 수 있다. 따라서 남자와 여자는 체육관 회원권에 관해 얘기하고 있으므로 (C)가 정답이다. (A)는 'yoga', (D)는 'cycling'을 직접 이용한 오답이며, (B)는 이를 통해 'exercise'를 연상하도록 한 오답이다.

어휘 membership 회원권 | unlimited 무제한의, 무한정의 | instruction (무엇을 하거나 사용하는 데 필요한 자세한) 설명; 지시; 가르침, 지도

18.

M: Hello?

W: Hello. I'm calling from the postal service. Is this Sydney Jones?

M: Yes it is.

W: I've got quite a large shipment here for you, but no one is answering the door.

M: Oh really? I'm about 5 minutes away, so you can just leave it in front of the door.

W: I'm not allowed to do that, but I can wait till you get home.

Why does the woman call the man?

(A) to ask if anyone is home
(B) to find where the shipment is
(C) to say she will be running late
(D) to tell him a package has been left

해석

남: 여보세요?

여: 여보세요. 우체국입니다. Sidney Jones씨 인가요?

남: 네 맞아요.

여: 여기 고객님한테 온 꽤 큰 배송물이 있는데, 아무도 문을 열어주지 않아서요.

남: 아 정말요? 제가 5분 정도 거리에 있으니, 그냥 문 앞에 두셔도 돼요.

여: 제가 그렇게 못하게 돼 있어서요, 하지만 집에 도착하실 때까지 기다릴 수는 있습니다.

여자는 왜 남자에게 전화하는가?

(A) 누가 집에 있는지 물어보려고
(B) 배송물이 어딨는지 찾아내려고
(C) 그녀가 늦을 것이라고 말하려고
(D) 그의 소포가 남겨져 있다고 말하려고

풀이 'I've got quite a large shipment here for you, but no one is answering the door.'에서 배송 물품을 가져왔으나 아무도 문을 열어주지 않고 있다고 말하고 있다. 따라서 여자는 집에 누가 있는지 물어보기 위해 남자에게 전화했음을 알 수 있으므로 (A)가 정답이다. (D)는 남자가 배송물을 문 앞에 놔달라고 했으나, 여자가 그렇게는 할 수 없도록 되어 있다고 했으므로 오답이다.

어휘 postal service 우편 업무[제도]; 우체국 | shipment 배송물; 선적 | answer the door (손님을 맞이하러) 현관으로 나가다, 문을 열다 | package 소품; 포장물

19. _____

W: Is this going up?

M: Yep, which floor?

W: 19. Thanks. My hands are full with this box.

M: No problem. Are you new to the building?

W: Yeah, our official move date was yesterday, but we're still bringing stuff over from the old place.

M: Well, welcome! I live in 13C if your family needs help with getting moved in.

Where are they?

(A) in a garden
(B) in a kitchen
(C) in a stairwell
(D) in an elevator

해석

여: 이거 올라가나요?

남: 네, 몇 층이에요?

여: 19층이요. 감사합니다. 제 손이 이 상자로 꽉 차서요.

남: 별말씀을요. 이 건물에 새로 오셨어요?

여: 네, 저희 공식적인 이사 날짜는 어제였는데, 아직도 예전 집에서 물건을 가지고 오고 있어요.

남: 그렇다면, 잘 오셨어요! 이사하는데 도움이 필요하시다면 저는 13C에 살아요.

그들은 어디에 있는가?

(A) 정원 안
(B) 부엌 안
(C) 계단통 안
(D) 엘리베이터 안

풀이 첫 번째 턴의 'Is this going up?', 세 번째 턴의 '19. Thanks. My hands are full with this box.'를 통해 여자가 엘리베이터를 타고 물건을 옮기는 중에 남자를 만났음을 알 수 있다. 따라서 (D)가 정답이다.

어휘 official 공식적인 | stairwell 계단통(건물 내부에 계단이 나 있는 공간)

20. _____

M: Can you please put up your tray? We're about to take off.

W: Oh, yeah, sure.

M: Also, please buckle up.

W: Ok..... Also, can I get some headphones?

M: We will pass them out after take off, but the pilot says we've been cleared for the runway now.

W: Thank you.

What is the man's likely occupation?

(A) airplane pilot
(B) flight attendant
(C) fashion designer
(D) music store clerk

해석

남: (기내) 식탁을 올려 주시겠어요? 곧 이륙하겠습니다.

여: 아, 네, 물론이죠.

남: 또한, 안전띠를 매 주세요.

여: 네..... 그리고, 헤드폰 좀 받을 수 있나요?

남: 이륙 후에 나눠드릴 건데, 조종사가 (말하기를) 이제 활주로 진입을 허가받았다고 합니다.

여: 감사합니다.

남자의 직업으로 적절한 것은 무엇인가?

(A) 비행기 조종사
(B) 승무원
(C) 패션 디자이너
(D) 음반 가게 점원

풀이 남자가 이륙할 것이니 식탁을 올리고 안전띠를 매달라고 안내하는 점, 조종사에게서 활주로 진입 허가 여부를 전달받은 점 등을 보아 남자의 직업은 승무원임을 추측할 수 있다. 따라서 (B)가 정답이다.

어휘 put up ~을 (높이) 올리다 | buckle up 안전띠를 매다 | clear for 허가하다 | runway 활주로 | flight attendant (비행기) 승무원

21.

W: Did you hear how much this school's application fee is?

M: How much?

W: Almost 100 dollars.

M: You've got to be kidding.

W: Nope. I finished half the form when I realized it.

M: I don't know if my family can afford me applying to all these schools.

What is the man's problem?

(A) He forgot to apply to the school.
(B) The school rejected his application.
(C) School fees are too expensive for him.
(D) Too many people applied to his school.

해석

여: 이 학교 전형료가 얼마인지 들었어?

남: 얼만데?

여: 거의 100달러야.

남: 농담이겠지.

여: 아니야. 내가 그걸 깨달았을 땐 지원서 절반을 완료한 상태였어.

남: 우리 가족이 내가 이 모든 학교에 지원하는 걸 감당할 형편이 되는지 모르겠다.

남자의 문제는 무엇인가?

(A) 그는 학교에 지원하는 것을 잊었다.
(B) 학교는 그의 지원을 거부했다.
(C) 전형료는 그에게 너무 비싸다.
(D) 너무 많은 사람이 그의 학교에 지원했다.

풀이 1-4번째 턴에서 남자는 거의 100달러나 되는 학교 전형료에 놀라워하고 있다. 마지막 턴에서 'I don't know if my family can afford me applying to all these schools.'라며 비싼 학교 전형료를 감당할 형편이 되는지 걱정하고 있으므로 (C)가 정답이다. 여기서 'school fees'는 학교와 관련하여 지출하는 비용을 통틀어 일컫는 말이다.

어휘 application 지원 | afford (~을 살·할·금전적·시간적) 여유[형편]가 되다 | apply 지원하다; 신청하다 | reject 거부 [거절]하다 | school fee 학교와 관련하여 지출하는 비용

22.

M: (presumptuously) You think I could have some of that? I'm starving.

W: (as if an awkward request) Oh, um... I'd love to give you some, but I don't know how to split it up.

M: You don't have an extra spoon?

W: No, I planned on eating this soup myself.

M: Hmmm... Oh! I'll go get a mug to drink it from.

W: Ok...

What does the man request?

(A) ice cream
(B) some soup
(C) an extra mug
(D) a cup of coffee

해석

남: (건방지게) 내가 그거 좀 먹을 수 있을까? 배고파 죽겠어.

여: (곤란한 부탁인 것처럼) 어, 음... 좀 주고 싶은데, 어떻게 나눠야 할지 모르겠네.

남: 숟가락 하나 더 없어?

여: 없어, 이 수프 나 혼자 먹을 계획이었거든.

남: 음... 아! 내가 가서 담아 마실 머그잔을 가져올게.

여: 그래...

남자는 무엇을 요구하는가?

(A) 아이스크림
(B) 수프 조금
(C) 여분의 머그잔
(D) 커피 한 잔

풀이 첫 번째 턴에서 남자가 여자가 먹고 있는 음식을 나눠 먹을 수 있는지 부탁하고, 네 번째 턴에서 이 음식이 수프('this soup') 라는 것을 알 수 있으므로 (B)가 정답이다. (C)의 경우, 머그잔을 달라고 부탁한 것이 아니라 직접 가져온다고 했으므로 오답이다.

어휘 presumptuously 건방지게 | starve 굶주리다; [구어] 몹시 배고프다 | split up 나누다 | awkward 어색한, 불편한

23.

W: I really want to go to acting school.

M: You? Act? You can barely stand in front of a crowd.

W: True, but I hear television is much less stressful.

M: Do something more practical. *(after a short pause)* And stable.

W: *(a little dramatically)* But it's my dream to become a star. I think I'm going to follow my passion.

M: You'll regret it, but it's your life...

Why does the man say "You'll regret it"?

(A) He supports her decision.

(B) He feels bad giving her advice.

(C) He thinks she is making a mistake.

(D) He is not interested in her life choices.

해석

여: 나는 연기 학교에 정말 가고 싶어.

남: 네가? 연기를? 너는 사람들 앞에서 서있는 것도 힘들잖아.

여: 맞아, 하지만 텔레비전은 훨씬 스트레스가 덜 하다고 들었어.

남: 더 현실적인 걸 해봐. *(잠시 있다가)* 그리고 안정적인 거.

여: *(약간 극적으로)* 하지만 스타가 되는 것이 내 꿈이야. 나는 내 열정을 따라갈 것 같아.

남: 넌 후회할 거지만, 네 인생이니까...

왜 남자는 "넌 후회할 거야"라고 말하는가?

(A) 그는 그녀의 결정을 지지한다.

(B) 그는 그녀에게 조언하는 게 기분이 좋지 않다.

(C) 그는 그녀가 실수하고 있다고 생각한다.

(D) 그는 그녀의 삶의 선택에 관심이 없다.

풀이 연기 학교에 가고 싶은 여자에게 남자는 네 번째 턴에서 더 현실적이고 안정적인 것을 하라며 회의적인 태도를 보이고 있다. 그런데도 여자가 계속 스타가 되는 것이 꿈이라고 하자 남자는 여자가 후회할 것이라고 얘기한다. 따라서 (C)가 정답이다. (A)는 남자의 입장과 반대되므로 오답이다.

어휘 acting school 연기 학교 | practical 현실적인; 실용적인 | stable 안정적인 | dramatically 극적으로

24.

M: Look at all this glitter!

W: Yeah, we made a bit of a mess.

M: You guys are going to have a fun time sweeping this all up.

W: No kidding. But look how good these signs for the awards ceremony are.

M: *(impressed)* They are nice. But now there's only an hour to clean this place up.

W: I'm on it.

What will the woman likely do next?

(A) clean the floor

(B) finish making signs

(C) get herself cleaned up

(D) go to the awards ceremony

해석

남: 이 반짝이들 좀 봐!

여: 맞아, 우리가 좀 엉망으로 만들었어.

남: 너희들 이 모든 걸 쓸면서 재미있는 시간을 보내게 될 거야.

여: 그러게 말이야. 하지만 시상식에 사용할 이 표지들이 얼마나 보기 좋은지 봐.

남: *(감명받아 하며)* 근사하네. 그런데 이제 이곳을 청소하는데 딱 한 시간밖에 없어.

여: 지금 시작할게.

여자가 다음에 할 일로 적절한 것은 무엇인가?

(A) 바닥 청소하기

(B) 표지 제작 마무리하기

(C) 그녀 자신을 깨끗이 하기

(D) 시상식에 가기

풀이 바닥이 반짝이로 엉망인 상태이고, 남자가 'You guys ~ sweeping this all up', 'there's only an hour to clean this place up'이라며 바닥을 청소해야 한다고 강조하고 있다. 이에 여자가 마지막 말에서 'I'm on it.'이라며 바닥 청소를 하겠다고 했으므로 (A)가 정답이다.

어휘 glitter 반짝이 | sweep 쓸다, 청소하다 | award(s) ceremony 시상식

25.

W: Are the dogs in the car?

M: Yep, Sandy and Spencer are ready for the mountains.

W: *(thinking)* Ok... and I have the cooler packed with drinks and sandwiches.

M: Great! Then we're ready for the campsite! I'll be in the car.

W: Yeah..... I just feel like we're missing something.

M: Relax. We're not even staying overnight!

Which of the following statements is NOT true?

(A) **They are camping all weekend.**
(B) They are packing food to eat later.
(C) They are driving to the mountains.
(D) They are taking their dogs with them.

해석

여: 개들은 차 안에 있어?

남: 응. Sandy와 Spencer는 산에 갈 준비가 됐어.

여: *(생각하며)* 좋아... 그리고 나한테 음료와 샌드위치가 가득 있는 아이스박스가 있어.

남: 훌륭해! 그럼 우리는 야영지에 갈 준비가 되었네! 나는 차 안에 있을게.

여: 응..... 우리 뭔가 잊어버리고 있는 것 같은 느낌이야.

남: 진정해. 우리 심지어 하룻밤 머무르지도 않는다고!

다음 중 사실이 아닌 문장은 무엇인가?

(A) **그들은 주말 내내 캠핑을 한다.**
(B) 그들은 나중에 먹을 음식을 포장하고 있다.
(C) 그들은 산으로 운전하고 있다.
(D) 그들은 개들을 데리고 간다.

풀이 마지막 턴에서 남자가 하룻밤도 머무르지 않는다고 말했으므로 주말 내내 캠핑을 한다는 말은 거짓이다. 따라서 (A)가 정답이다. (D)의 경우, 두 번째 턴에서 강아지들도 산에 갈 준비가 되었다고 했으므로 옳은 문장이기에 오답이다.

어휘 cooler 냉장박스 | stay overnight 일박하다, 하룻밤을 머무르다

26.

M: Why did you just walk out like that?

W: Sorry, I just can't stay in there.

M: Did the movie upset you? We can ask for a refund.

W: No, it's just someone sitting next to me smelled so bad.

M: You left because of that?

W: You know I'm sensitive to the smell of body odor.

Why did the woman leave the movie?

(A) She did not like the movie.
(B) She needed to use the restroom.
(C) She wanted a refund on their tickets.
(D) **She sat next to someone who smelled bad.**

해석

남: 왜 그렇게 그냥 나갔어?

여: 미안, 나는 그냥 거기 있을 수 없어.

남: 영화가 널 화나게 했어? 환불을 요청할 수도 있어.

여: 아니야, 단지 내 옆에 앉은 사람이 냄새가 너무 심했어.

남: 그것 때문에 떠난 거야?

여: 내가 체취에 민감한 거 알잖아.

여자는 왜 영화를 떠났는가?

(A) 그녀는 영화가 마음에 들지 않았다.
(B) 그녀는 화장실을 사용할 필요가 있었다.
(C) 그녀는 표를 환불받기를 원했다.
(D) **그녀는 냄새가 심한 사람 옆에 앉았다.**

풀이 네 번째 턴에서 여자가 직접 옆자리에 앉은 사람의 냄새가 심해서 ('smelled so bad') 영화 중간에 나왔다고 말했으므로 (D) 가 정답이다. (A)와 (C)는 남자가 추측한 이유이고 여자가 모두 부정했으므로 오답이다.

어휘 sensitive 예민한 | body odor 체취 | refund 환불

어휘 be in stock 재고가 있다 | character (만화의) 캐릭터;
(연극·영화·소설 속의) 등장 인물, 배역; (물건의) 특성, 특질,
특색; (개인·국민의) 성격, 성질, 기질 | get cold feet 무서워하다,
초조해하다 | immediately 즉시 | crew socks 길고 두꺼운 양말

[27-28]

W: Attention Jamestown Mall shoppers: This is Sally from Sally's Sock Shop. For the next thirty minutes only, we will be having a sale on all winter socks. 50 percent off while they're in stock. We have all designs and colors, including ones with your favorite characters! House socks, toe socks, even ski socks! Don't get cold feet–stop by Sally's Sock Shop within the next thirty minutes for our winter sock sale!

27. When does the sale start?

(A) on the 13th
(B) immediately
(C) before the 15th
(D) 30 minutes from now

28. What type of socks are NOT mentioned as being on sale?

(A) toe socks
(B) ski socks
(C) crew socks
(D) house socks

해석

여: Jamestown 쇼핑몰 쇼핑객 여러분께 알려 드립니다: 저는 Sally의 양말 가게의 Sally입니다. 앞으로 30분 동안만, 모든 겨울 양말을 할인판매 합니다. 재고가 있는 동안 50% 할인입니다. 여러분이 가장 좋아하는 캐릭터를 포함해서, 모든 디자인과 색상이 있습니다! (가정용) 보온 양말, 발가락 양말, 심지어 스키 양말까지! 발 차게 하지 마세요*- 겨울 양말 할인판매를 위해 30분 안에 Sally의 양말 가게에 들리세요!

* '초조해하지 마세요'라는 관용적인 뜻도 포함하고 있다.

27. 할인판매는 언제 시작하는가?

(A) 13일에
(B) 즉시
(C) 15일 이전에
(D) 지금부터 30분 후

풀이 'For the next thirty minutes only, ~'와 '~ within the next thirty minutes ~'에서 할인판매는 지금 시작하여 앞으로 30분 동안 지속함을 알 수 있다. 따라서 할인판매는 즉시 시작하므로 (B)가 정답이다. (D)의 경우, 할인판매를 30분 동안 진행하는 것이지 30분 후에 시작하는 것은 아니므로 오답이다.

28. 어떤 종류의 양말이 할인판매 중인 것으로 언급되지 않았는가?

(A) 발가락 양말
(B) 스키 양말
(C) 길고 두꺼운 양말
(D) (가정용) 보온 양말

풀이 'House socks, toe socks, and even ski socks!'에서 'crew socks'는 포함되지 않았으므로 (C)가 정답이다.

[29-30]

M: If you'll follow me into the next room, you'll see our factory workers shaping the neck of the guitars. All of our instruments are hand-made, so we don't have robots guiding the wood on the saw. Our factory workers have to concentrate, moving the wood slowly and in a straight line. They must have stable hands. Even if they make one small mistake, we have to throw away the wood. Otherwise, the sound would be wrong when we put the strings on.

29. What happens when a small mistake is made on the guitar neck?

(A) They fill it with rubber.
(B) They dispose of the wood.
(C) They sell the guitar cheaper.
(D) They make smaller parts from it.

30. What is NOT mentioned as needed in this factory?

(A) stable hands
(B) concentration
(C) slow movements
(D) robotics knowledge

해석

남: 옆방으로 저를 따라오시면, 저희 공장 직원들이 기타의 목을 만드는 것을 보실 수 있습니다. 저희의 모든 악기는 수제로 만들어지기 때문에, 톱 위에 나무를 알맞은 위치로 조정하는 로봇이 없습니다. 저희 공장 직원들은 집중해서, 나무를 천천히 그리고 일직선으로 옮겨야 합니다. 그들은 안정된 손을 가져야 합니다. 그들이 작은 실수 하나만 하더라도, 나무를 버려야 합니다. 그렇지 않으면, 저희가 줄을 끼웠을 때 소리가 이상할 것입니다.

29. 기타 목에 작은 실수가 생기면 어떻게 되는가?

(A) 그들이 고무로 채운다.
(B) 그들은 나무를 버린다.
(C) 그들은 기타를 더 싸게 판다.
(D) 그것으로 더 작은 부품을 만든다.

풀이 'Even if they make one small mistake, we have to throw away the wood.'에서 작은 실수 하나라도 생기면 나무를 버린다는 것을 알 수 있으므로 (B)가 정답이다. 지문의 'throw away'를 선택지에서 'dispose of'로 바꾸어 표현한 점에 유의한다.

30. 이 공장에서 필요한 것으로 언급되지 않은 것은?

(A) 안정적인 손
(B) 집중
(C) 느린 동작
(D) 로봇공학 지식

풀이 '~ so we don't have robots ~'에서 공장에는 로봇이 없다고 했으므로 공장에서 로봇공학 지식은 필요하지 않음을 알 수 있다. 따라서 (D)가 정답이다. (A)의 경우, 'They must have stable hands'에서, (B)와 (C)의 경우, 'Our factory workers have to concentrate, moving the wood slowly ~'에서 찾을 수 있는 내용이므로 오답이다.

어휘 factory worker 공장노동자, 직공 | instrument 악기 | guide 안내하다; 안내(서) | saw 톱 | concentrate 집중하다 | slow (동작이) 느린; 시간이 걸리는 | straight 똑바로, 일직선으로 | stable 안정된 | throw away 버리다 | otherwise (만약) 그렇지 않으면 | rubber 고무 | dispose of ~을 없애다[처리하다/버리다] | robotics 로봇 공학

Part 5 | Picture Description

p.40

31.

해석 David와 James는 좋은 친구였지만, 요즘은 사이좋게 지내지 못하고 있다.

(A) 가는
(B) 가져가는
(C) 만드는
(D) 가져오는

풀이 과거에는 친구였던 두 사람이 요즘은 사이좋게 지내지 못한다는 의미를 완성하기 위해서 '잘 지내다, 어울리다'라는 뜻을 가진 'get along'이라는 표현을 사용할 수 있다. 따라서 (D)가 정답이다.

어휘 used to + 동사 ~하곤 했었다 | get along 잘 지내다

32.

해석 Carmen, 왜 또 텔레비전을 켰어! 너는 오늘 충분히 봤잖아.

(A) 연기하다
(B) 켜다
(C) 밀어 넣다
(D) 열다

풀이 오늘 TV를 많이 봤는데도 왜 또 TV를 켰냐고 질책할 수 있다. 이때 '~을 켜다'라는 영어 표현인 'turn on'을 사용할 수 있으므로 (B)가 정답이다.

어휘 enough 충분히; 충분한 | put off 미루다, 연기하다 | turn on ~을 켜다 | open up 마음을 터놓다; (문·뚜껑 등을) 열다

33.

해석 나의 할아버지는 매일 체육관에 가서 운동하기 시작하셨다.

(A) 달리다
(B) 트레킹하다
(C) 일하다
(D) ~모양으로 만들다

풀이 할아버지가 체육관에서 운동하고 있으므로 '운동하다'라는 뜻을 가진 영어 표현 'work out'을 사용할 수 있다. 따라서 (C)가 정답이다.

어휘 gym (gymnasium) 체육관 | trek 트레킹 하다 | work out 운동하다

34.

해석 Osvaldo의 정직함과 신선함이 면접관들에게 인상을 주었다.

(A) 착각
(B) 축소
(C) 반영
(D) 인상

풀이 '감명, 깊은 인상을 주다'라는 뜻을 나타낼 때 'make an impression'이라는 영어 표현을 사용할 수 있으므로 (D)가 정답이다.

어휘 honesty 정직함 | novelty 신선함 | illusion 착각 | reduction 축소, 삭감, 감소 | reflection (거울 등에 비친) 상[모습]; (상태·속성 등의) 반영 | impression (사람·사물로부터 받는) 인상[느낌]; (경험이나 사람이 주는) 감명[감동] | make an impression 감명, 깊은 인상을 주다

35.

해석 어젯밤에 내가 열이 나서 엄마가 병원에 데려다 주셨어.

(A) 어색한 표현
(B) 열이 나는
(C) 어색한 표현
(D) 어색한 표현

풀이 열이 나서 지난 밤 병원에 갔다고 할 수 있으므로 '열이 나다'라는 뜻을 가진 영어 표현 'run a fever'을 활용한 (B)가 정답이다.

어휘 soar 급증하다, 치솟다 | run a fever 열이 나다 | boil 끓이다 | heat 뜨겁게 만들다; 열

36.

해석 나는 매일 아침 머리를 말리느라 너무 바쁘다. 긴 머리는 말리는 데 한참 걸린다.

(A) 시간을 먹다
(B) 한참 걸리다
(C) 하루를 잃다
(D) 한 해를 당기다

풀이 매일 아침 머리 말리느라 바쁜 이유는 긴 머리를 말리는 데 시간이 한참 걸리기 때문이다. 따라서 '한참 걸리다'라는 뜻을 가진 영어 표현 (B) 'take ages'가 정답이다.

어휘 dry 말리다 | take ages 한참 걸리다 | ages 오랫동안, 한참 | pull 당기다

37.

해석 우리 동아리 전원은 이미 수학여행 양식에 서명했다.

(A) be동사 3인칭 단수형
(B) be동사 2인칭 혹은 복수형
(C) have 3인칭 단수형
(D) have 원형 혹은 복수형

풀이 단수 주어인 'Everyone'을 받을 수 있고, 뒤에 나오는 목적어 'the forms'를 받을 수 있는 능동형 동사가 나와야 한다. 따라서 (C)가 정답이다. 부사 'already'는 완료형과 자주 쓰여 '이미 ~ 했다'라는 완료 의미를 나타낸다는 점에 유의한다. (A)와 (B)의 경우, 수동형이 되어 의미가 어색해지므로 오답이다.

어휘 sign 서명하다 | form 양식 | school trip 수학여행

38.

해석 신선한 농산물은 매일 아침 귀하의 문으로 배달됩니다.

(A) ~에
(B) ~안에
(C) ~위에
(D) ~로

풀이 '아침에'라는 뜻을 나타낼 때 전치사 'in'을 사용하여 'in the morning'이라고 표현하므로 (B)가 정답이다.

어휘 produce 농산물 | deliver 배달하다

39.

해석 Samuel은 그 점을 더 가까이서 보았고 그것이 개미라는 것을 알아냈다.

(A) 가까운[이]
(B) 더 가까운[이]
(C) 가장 가까운[이]
(D) 가까이

풀이 빈칸에는 동사구 'looked at the spot'을 수식할 수 있는 부사가 와야 하며, 'more + 부사' 형태로 비교급을 나타내고 있으므로 (D)가 정답이다. (A)의 경우, 'close'는 부사로 쓰일 수 있지만 'hold ~ close'(~를 가까이 꼭 붙잡다)와 같은 제한적인 표현에서 사용되며 해당 빈칸에 들어가기에는 어색하므로 오답이다. (B) 의 경우, 'more'과 비교급 접미사 '-er'을 중복하여 사용할 수 없으므로 오답이다.

어휘 spot 점 | find out 알아내다

40.

해석 나는 내가 쌍무지개를 볼 것이라고 전혀 생각하지 않았지만, 그 후 한 달에 두 번을 보았다.

(A) be동사 원형
(B) be동사 단수 1, 3인칭 과거형
(C) 조동사 will
(D) 조동사 will 과거형

풀이 빈칸은 that으로 이어진 주절의 종속절에 위치하며, 동사 'see'를 보조해줄 수 있는 조동사가 들어갈 수 있다. 또한 주절의 시제가 과거이므로 종속절의 시제도 과거가 되어야 자연스럽다. 따라서 조동사 과거형을 쓴 (D)가 정답이다.

어휘 double rainbow 쌍무지개

41.

해석 아기 얼룩 다람쥐 가족이 오래된 버려진 나무 오두막집에서 발견되었다.

(A) 발견하다
(B) 발견했다
(C) 어색한 표현
(D) 발견됐다

풀이 아기 얼룩 다람쥐 가족이 무엇인가를 발견한 것이 아니라, 발견된 것이므로 수동태를 사용한 (D)가 정답이다. (A)의 경우, 단수인 주어와 수일치가 되지 않았고, 해당 문장에서 능동형 find에 필요한 목적어도 없기 때문에 오답이다.

어휘 chipmunk 얼룩 다람쥐 | abandoned 버려진 | cabin 오두막집

42.

해석 Alicia는 나에게 급히 할 말이 있다는 메시지를 남겼다.

(A) 말하다
(B) 말하는
(C) 말할
(D) 말해져야 할

풀이 종속절에 위치한 빈칸은 동사의 자리가 아니라 'something urgent'를 수식하는 자리이다. 따라서 '나에게 해야 하는 말, 나에게 할 말'이라는 의미를 나타낼 수 있는 to부정사 형용사적 용법을 사용해야 하므로 (C)가 정답이다. (D)의 경우, 수동형이기 때문에 뒤에 'me'를 목적어로 취할 수 없으므로 오답이다.

어휘 leave a message 메시지를 남기다 | urgent 긴급한, 시급한

43.

해석 우리는 다음 여름 휴가로 하와이에 가는 것을 고려 중이다.

(A) 가다
(B) 가는 것
(C) 가는 것
(D) 갈 것이다

풀이 빈칸에는 동사 'considering'의 목적어가 들어가야 한다. 또한 'consider'는 목적어로 동명사를 취하므로 (C)가 정답이다.

어휘 consider 고려하다

44.

해석 시내 가게에도 쇼핑몰에 있는 가게에도 내가 원하는 소파는 없다.

   (A) 어느 하나

   (B) (둘 중) 어느 것도 아닌

   (C) ~중 어느 쪽

   (D) ~의 어느 쪽도 아닌

풀이 'neither A nor B'(A도 아니고 B도 아니다)라는 구조의 표현을 사용한 문장이므로 (B)가 정답이다.

45.

해석 저 무거운 돌을 들어 올리는 것은 내게 일어난 일 중 가장 기적적인 일이었다.

   (A) 관계대명사 that

   (B) 관계대명사 what

   (C) 그것의

   (D) 전치사 on + 관계대명사 which

풀이 빈칸 뒤에 위치한 절은 'ever happened to me'로 주어가 없는 불완전한 절로서, 빈칸에는 선행사 'the most miraculous thing'을 받으며 주절과 종속절을 이어주는 주격 관계대명사가 와야 한다. 따라서 (A)가 정답이다. (B)의 경우, 'what'은 선행사 없이 문장을 이어주는 관계대명사이므로 오답이다.

어휘 miraculous 기적적인

46.

해석 만약 내가 모든 숙제를 끝냈더라면, 나는 친구들과 영화를 보러 갈 수 있었을 것이다.

   (A) 갈 수 있다

   (B) 어색한 표현

   (C) 어색한 표현

   (D) 갈 수 있었을 것이다

풀이 if절의 시제가 과거 완료인 점과 문장의 내용을 고려했을 때 '(주어가) A 했었다면 (동일 주어가) B 했었을 텐데'라는 뜻을 나타내는 가정법 과거 완료 문장을 쓰는 것이 적합하다. 가정법 과거 완료는 'if + 주어 + had p.p, 주어 + 과거형 조동사 + have p.p.' 형태를 가지므로 (D)가 정답이다.

Part 7 | Practical Reading Comprehension
p.43

[47-48]

해석

> 연말 학생 설문 조사
>
> 좋습니다 Carson City Panthers! 올해 졸업반 학생들에 대해 말씀해주실 기회입니다. 누가 가장 옷을 잘 입었나요? 누가 가장 재미있었나요? 아래에 알려주세요!
>
>   (상은 졸업식 때 수여 됨)
>
> - 스타가 될 가능성이 가장 높은 사람: *Layla Jackson*
> - 학급 광대: *Tim Yardley*
> - 졸업식 도중에 졸 가능성이 가장 높은사람: *Kareem Nyong'o*
> - 노벨상을 수상할 가능성이 가장 높은 사람: *Tarry Winters*
> - 올림픽에 출전할 가능성이 가장 높은 사람: *Lupita Stewart*
> - 백만장자가 될 가능성이 가장 높은 사람: *Jodie Smalls*
>
> 또한, 올해 특히 좋았던 기억도 알려주세요: *Tim이 닭 옷을 입고 축구장으로 뛰어갔을 때. 학교에서는 몇 주 동안 그것에 관해 얘기했다!*

47. 이 설문 조사의 목적은 무엇인가?

   (A) 졸업반 회장을 뽑기 위해

   (B) 학생들이 가장 좋아하는 교사들에게 상을 주기 위해

   (C) 학교에서 학생들의 마지막 해를 축하하는 것을 돕기 위해

   (D) 학교 관계자들에게 바꿔야 할 사항을 말하기 위해

풀이 'this year's senior class' 학생들을 대상으로 하는 설문 조사이고, 설문 결과는 졸업식에서 알려주며, 마지막에 'let us know your favorite memory from this year'이라고 하며 한 해 추억도 공유해달라고 부탁하고 있다. 이를 통해 해당 설문 조사는 학교 측에서 당해 졸업하는 학생들의 마지막을 기념하려고 실시하는 것임을 알 수 있으므로 (C)가 정답이다.

48. 이 글에 따르면, Tim Yardley에 대한 가장 적절한 설명은 무엇인가?

   (A) 충성스러운 친구

   (B) 훌륭한 운동선수

   (C) 조용한 학생

   (D) 재미있는 코미디언

풀이 학급의 웃음과 재미를 담당하는 학생을 뜻하는 'class clown' 항목에 Tom Yardley를 적었으므로 (D)가 정답이다. (B)의 경우, 'Most Likely to be in the Olympics' 항목에 적힌 사람에게 어울릴만한 설명이므로 오답이다.

어휘 survey 설문조사 | senior class 최고 학년, 졸업반 | graduation ceremony 졸업식 | clown 광대 | class clown 학급 광대 (농담이나 개그로 학급을 웃기는 역할을 하는 학생) | millionaire 백만장자

해석

수신: Gregson 중학교 교사 일동

발신: Winston Thatcher 학장

날짜: 5월 19일

제목: 과학 게시판 치우기

저는 우선 올해 성공적인 과학 박람회에 대해 모든 선생님께 감사를 표하고 싶습니다. 전시회는 정말 굉장했습니다.

금요일 오후 4시까지 학생들이 체육관에서 자기들의 전시판을 가져가게 해주세요. 뒷문이 열려있을 것이니, 큰 전시품들은 바로 차량에 실을 수 있습니다. 가져가지 않은 게시판들은 모두 재활용 센터로 보내질 것입니다.

Mays씨가 이 과정을 <u>감독</u>할 것입니다. 질문이 있으면 그녀에게 연락해주시기 바랍니다.

다시 한번 감사하며!

---

49. 이 메모의 요지는 무엇인가?

(A) 선생님들에게 감사하기
(B) 전시품 치우기
(C) 학생들 칭찬하기
(D) 과학 박람회 알리기

풀이 제목이 'Science Board Removal'이고, 'Please have your students pick up their display boards ~'에서 학생들이 게시판을 치우게 하도록 교사들에게 공지하고 있으므로 (B)가 정답이다. (A)의 경우, 'I would first like to thank you to all teachers ~'에서 교사 일동에 감사를 표하기는 하지만 이는 메모의 요지라기보다는 인사말에 가까우므로 오답이다.

50. 금요일 오후 4시까지 수거되지 않은 게시판은 어떻게 되는가?

(A) 그것들은 재활용될 것이다.
(B) 그것들은 뒷문에 놓일 것이다.
(C) 그것들은 체육관에 남겨질 것이다.
(D) 그것들은 각 학생의 교실에 배치될 것이다.

풀이 'Any boards not taken will be sent to the recycling center.'라고 했으므로 금요일 오후 4시까지 가져가지 않은 게시판들은 모두 재활용 센터로 가서 재활용될 것임을 알 수 있다. 따라서 (A)가 정답이다. (B)의 경우, 열려 있는 뒷문을 이용해 큰 전시품들을 바로 차량에 실을 수 있다고 안내한 것이므로 오답이다.

51. 밑줄 친 단어, "supervise"와 의미가 가장 가까운 것은:

(A) 판단하다
(B) 용서하다
(C) 감독하다
(D) 조사하다

풀이 'Ms. Mays will supervise this process. Please contact her if you have any questions.'에서 질문이 있으면 Mays씨에게 물어보라고 전하고 있다. 이를 통해 Mays씨는 과학 게시판 수거 과정을 감독하는 담당자이며, 'supervise'가 '감독하다'를 의미한다는 사실을 짐작할 수 있다. 따라서 이와 유사한 뜻을 가진 (C)가 정답이다.

어휘 president 학장, 총장; 대통령; 사장 | removal 치우기, 제거 | fair 박람회, 전시회 | exhibit 전시회; 전시하다 | absolutely 전적으로, 틀림없이 | spectacular 장관인, 굉장한 | display board 전시판 | gymnasium 체육관 | display 전시품; 전시, 전람 | load 싣다[태우다/적재하다] | vehicle 차량 | recycling center 재활용 센터 | supervise 감독[지휘/지도]하다 | process 과정, 절차 | compliment 칭찬하다 | announce 알리다, 공표하다 | oversee 감독하다

해석

Jon Swift: 학생 오케스트라 단원들은 모두 오케스트라 연습을 위해 이번주 토요일 오전 8시까지 학교 식당으로 와야 해.

Corey: 알겠습니다! 뭐 특별히 가져가야 할 것이 있나요?

Karen: 저랑 Stacy가 목록을 만들고 있고 곧 여기에 올릴 거예요.

Corey: (3개의 엄지 척 이모티콘)

Matt T.: Swift 선생님! 저희 주실 도넛을 또 가지고 오시나요?

Jon Swift: 너만 빼고 모두, Matt! 아직도 네가 독후감 제출하기를 기다리고 있어!

Karen: (손뼉 치는 이모티콘, 웃는 이모티콘)

Stacy Whitaker: 우리 먹을 도넛 더 생겼다! 야호!

Matt T.: (2개의 웃으면서 우는 이모티콘)

Matt T.: 제발요 Swift 선생님! 교실에서의 직무와 학생회 지도 교사로서의 직무를 섞으시면 안 되죠!

Matt T.: (여러 개의 기도하는 이모티콘)

Karen: 세상에... 도넛은 <u>꼭 주셔야 하는</u> 게 아니라 선물이거든, Matt!

Jon Swift: ... 생각해볼게.

Corey: 그냥 빨리 끝내버려! 그거 고작 한 페이지야! 하하하

---

52. Jon과 Matt의 관계로 가장 적절한 것은 무엇인가?

(A) 부모님 - 자녀
(B) 선생님 - 학생
(C) 학생 - 학생
(D) 교장선생님 - 선생님

풀이 'I'm still waiting for you to turn in your book report!'에서 Jon이 Matt에게 독후감을 제출하라고 재촉하고 있다. 게다가 'You're not supposed to mix your duties in the classroom with duties as student council advisor!'에서 Jon이 학급에서 직무가 있을 뿐만 아니라 학생회 지도도 맡고 있다는 사실을 파악할 수 있다. 따라서 두 사람의 관계가 사제 간임을 짐작할 수 있으므로 (B)가 정답이다. Matt가 선생님을 지칭할 때 이름이 아닌 성('Mr. Swift')으로 부르고 있다는 점에 유의한다.

53. 이 대화로부터 추론할 수 있는 것은 무엇인가?

    (A) Matt가 가장 좋아하는 음식은 도넛이다.
    (B) 이 그룹이 만나는 것은 이번이 처음이다.
    (C) 다른 학생들은 모두 보고서를 완료했다.
    (D) Karen은 회의 체크 리스트 만드는 것을 깜빡했다.

풀이 Matt가 Jon Swift 선생님에게 도넛을 부탁하자 'For everyone but you, Matt! I'm still waiting for you to turn in your book report!'라고 하며 Matt가 독후감을 제출하지 않았기 때문에 Matt를 제외한 모든 단원에게 도넛을 줄 것이라는 의도를 전달한다. 이는 곧 Matt를 제외한 다른 학생들은 모두 보고서를 제출했다는 의미이므로 (C)가 정답이다. (D)의 경우, Karen이 'Stacy and I are making a list and will post it here soon.' 라고 말했으므로 체크 리스트 작성을 깜빡한 것이 아니기 때문에 오답이다.

54. 학생회는 왜 이번 주 토요일에 만나는가?

    (A) 쓰레기를 청소하기 위해
    (B) 도넛을 먹기 위해
    (C) 음악 연습하기 위해
    (D) 보고서를 마무리하기 위해

풀이 'All student orchestra members should be at the school cafeteria at 8 AM this Saturday for orchestra practice.'에서 학생회가 오케스트라 연습을 위해 만난다는 것을 알 수 있다. 따라서 (C)가 정답이다.

55. 밑줄 친 단어, "mandatory"와 가장 유사한 뜻을 가진 단어는:

    (A) 야행성의
    (B) 정교한
    (C) 의무적인
    (D) 호흡의

풀이 'mandatory'는 '의무적인, 필수의'라는 뜻을 가진 단어로 이와 비슷한 의미를 나타내는 (C)가 정답이다. 'doughnuts are a treat, not mandatory'에서 'treat'과 'mandatory' 가 서로 대비되는 개념으로 쓰였다는 점을 알아두자. 'treat'은 'mandatory'와 대조되어 '(의무적으로 줄 필요가 없는) 선물, 대접'이라는 뜻을 나타낸다.

어휘 in particular 특히 | turn in 제출하다 | book report 독후감 | be supposed to + 동사 ~하기로 되어 있다; ~할 의무가 있다 | duty 의무; 직무, 임무 | student council 학생회 | advisor 조언자, 지도자, 고문 | OMG (Oh My God) 세상에, 맙소사 | treat 선물 | mandatory 의무적인 | LOL (Laughing Out Loud) 하하하 | principal 교장 선생님 | litter 쓰레기 | nocturnal 야행성의 | exquisite 정교한 | obligatory 의무적인 | respiratory 호흡의, 호흡 기관의

[56-59]

해석

> Tontitown의 새로운 유기농 농산물 직거래 시장 알림
>
> Tontitown 주민들에게 가장 신선한 농산물을 가져다드리고 지역 농부들과 수공업자들을 지원하기 위한 노력으로, Tontitown 시청에서 유기농 농산물 시장을 선보입니다!
>
> 시간: 토요일 아침 8시에 시작
>
> 위치: Tontitown 시청 앞 잔디 (기상 조건에 따라 장소는 Tontitown 시청에 있는 Mass Hall로 변경될 수 있음)
>
> 주차: 컨벤션 센터 주차장에서 제한된 주차 이용 가능 (대중교통 권장)
>
> 무엇을 볼 수 있나:
> - 신선한 유기농 과일과 채소
> - 수공예품과 옷
> - 라이브 길거리 공연
> - 지역 예술가들의 전시
> - Whistlestop 카페의 따뜻한 가정식 아침
>
> 신선한 농산물과 수공예품을 판매하는 데 관심이 있는 사람은 장날 3일 전에 Larry Smith에게 연락해야 합니다.
>
> 연락처: 1(501)834-1238

56. "대중교통 권장"이란 무슨 의미인가?

    (A) 차로 오는 것은 불편할 수도 있다.
    (B) 버스가 자가운전보다 저렴하다.
    (C) 자동차는 시장에서 허용되지 않는다.
    (D) 거주자들은 환경친화적이어야 한다.

풀이 'Limited parking available in the Convention Center Parking Garage'에서 주차 공간이 (많지 않고) 한정적이라고 했다. 따라서 대중교통을 권장한다는 말은 목적지에 자가용을 끌고 오는 것이 (제한적인 주차로 인해) 불편할 수도 있다는 의미이므로 (A)가 정답이다. (C)의 경우, 주차가 제한적이라고 한 것이지 자동차가 아예 허용이 안 된다는 말은 언급된 적이 없으므로 오답이다.

57. 다음 중 시장에 있는 것으로 언급되지 않은 것은?

    (A) 신선한 과일
    (B) 유기농 고기
    (C) 요리된 식사
    (D) 음악 공연

풀이 (A), (C), (D)는 각각 'Fresh, organic fruits', 'hot, homestyle breakfasts by The Whistlestop Cafe', 'Live busker performances'에서 찾을 수 있는 내용으로, 지문에서 언급되지 않은 (B)가 정답이다.

58. 사람들은 어떻게 시장에서 물건을 팔 수 있는가?

    (A) 전날 밤에 부스 설치하기

    (B) 수요일까지 Larry Smith에게 연락하기

    (C) 장날 오전 8시 전에 나타나기

    (D) 3일 전에 시장 주최자에게 이메일하기

풀이 'Those interested in selling their fresh produce and handmade crafts should contact Larry Smith three days prior to market day.'에서 시장에서 물건을 팔고 싶은 사람은 장날 3일 전에 Larry Smith에게 연락해야 함을 알 수 있다. 장날은 토요일이므로 토요일에서 3일 전인 수요일까지 연락을 하면 되므로 (B)가 정답이다. (D)의 경우, 3일 전에 연락하는 것은 맞지만 Larry Smith가 시장 주최자인지는 알 수 없으므로 오답이다.

59. 시장에 관해 추론할 수 있는 것은 무엇인가?

    (A) 시청이 행사를 주최할 것이다.

    (B) 비가 오면 행사는 취소될 것이다.

    (C) 모든 고객에게 무료 커피가 제공될 것이다.

    (D) 수익금은 지역 예술가들을 지원하기 위해 기부될 것이다.

풀이 'Tontitown City Hall presents an organic farmers' market!'에서 Tontitown 시청이 시장 행사를 주관함을 알 수 있다. 따라서 (A)가 정답이다. (B)의 경우, 'Depending on weather conditions the venue may be changed to Mass Hall in the Tontitown City Hall'에서 비가 오면 행사를 취소하는 것이 아니라 장소를 변경한다고 했으므로 오답이다.

어휘 organic 유기농의 | farmers' market (농산물) 생산자 직거래 장터 | craftspeople (수)공예자 | venue 장소 | parking garage 주차장 | public transportation 대중 교통 | recommend 권장하다 | produce 농산품 | craft (수)공예 | busker 길거리 연주자, 거리의 악사 | performance 공연 | exhibit 전시하다; 전시회; 전시(품) | inconvenient 불편한 | automobile 자동차 | resident 거주자 | booth 부스 | contact 연락하다 | show up 나타나다 | hold 주최하다; 쥐다 | provide 제공[공급]하다 | profit 수익(금) | donate 기부[기증]하다 | local 지역의

[60-61]

해석

> 지상의 유리 위에서 깨진 날달걀은 여지없이 사방으로 퍼져, 끈적거리는, 황색의 난장판을 만들 것이다. 하지만, 깊은 물 속에서 깨진 날달걀은 그대로 남아서, 황색 노른자가 젤리 같은 달걀 흰자 안에서 떠다닐 것이다. 이는 달걀 외막에 수압이 가해져 일어난 결과이다. 해수면에서는, 기압이 14 제곱인치당 파운드(psi)인 반면, 해수면에서 10.06 미터가 깊어질 때마다 14.5 psi의 추가 압력이 가해진다. 이렇게 더해진 압력은 달걀 내부가 흩어지는 것을 막는다.

> 요약:
>
> 지상의 유리 위에서 깨진 날달걀은 난장판을 만드는 반면, 물속에서 깨진 달걀은 그대로 <u>함께</u> 있을 것이다. 이 현상은 달걀 외부에 증가한 수압 때문이다. 해수면 위에서는, 기압이 14 psi이지만, 해수면 아래의 <u>깊이</u>가 10.06미터 더해질 때마다 14.5 psi의 추가 압력이 더해진다.

60. 지문에 알맞은 요약문이 되도록 빈칸에 가장 적절한 단어를 고르시오.

    (A) 새는

    (B) 지저분한

    (C) 감싼

    (D) 함께

풀이 'an uncooked egg that is cracked open deep underwater will remain intact'에서 물속에서 깨진 날달걀은 멀쩡하다고 언급하고 있다. '(부서지지 않고) 그대로 함께 붙어있다'라는 뜻을 나타낼 때 'stay together'라고 표현할 수 있으므로 (D)가 정답이다.

61. 지문에 알맞은 요약문이 되도록 빈칸에 가장 적절한 단어를 고르시오.

    (A) 색

    (B) 빛

    (C) 깊이

    (D) 소리

풀이 '~ every 10.06 meters deeper than sea level adds 14.5 psi of additional pressure'에서 깊이가 깊어질수록 14.5 psi만큼 압력이 강해진다고 했으므로 (C)가 정답이다.

어휘 uncooked 날것의, 익히지 않은 | sticky 끈적끈적한 | crack open 열다[벌리다]; (소리내며) 열리다[벌어지다] | intact 온전한 | yellow yolk 황색 노른자 | pressure 압력 | exert (압력 등을) 가하다 | outer membrane 외막 | whereas ~에 비하여, 반면에 | atmospheric pressure 기압 | sea level 해수면 | come apart 부서지다, 흩어지다 | phenomenon 현상 | mess 엉망(진창)인 상태 | due to ~에 기인하는, ~때문에 | additional 추가의 | leaky 새는, 구멍이 난 | cup ~을 감싸다; 두 손을 동그랗게 모아 쥐다 | depth 깊이

[62-65]

해석

[1] 당신은 몸이 피곤하고 아프지 않도록 집에서 쉬어야 한다고 생각한다. 그때, 친구들이 당신에게 영화를 보러가고 싶은지 알아보려고 문자를 보낸다. 당신은 그들에게 몸이 아파서 못 간다고 말하는가? 아니면 바로 준비한 뒤 그들을 만나러 가는가?

[2] 이러한 상황에서, 많은 이들이 재미있는 것을 놓치고 싶지 않기 때문에 그들의 건강에 좋지 않은 선택을 할 수도 있다. 심리학자들은 이것을 "놓치는 것에 대한 두려움", 혹은 FOMO라고 부른다. 인간은 자신들이 가지게 된 어떤 기회도 놓치고 싶지 않기 때문에, 종종 중요한 책임을 무시하게 된다.

[3] 전문가들은 FOMO의 가장 큰 피해는 우리의 관계와 우리의 평온감이라고 말한다. FOMO의 한가지 결과는 새로운 문자를 보려고 지속해서 모바일 기기를 확인하는 것이다. 흥미롭게도, 최신 정보 확인은 더 많은 스트레스를 일으킬 수 있다. 게다가, FOMO는 현실 관계에 해를 끼칠 수 있다. FOMO 피해자들은 친구와 가족과의 시간을 즐기는 것을 멈춘다. 대신, 자신들이 있을 수 있는 다른 장소들을 생각한다.

[4] FOMO를 경험하고 있다면, 세 가지가 도움이 될 수 있다. 첫째, 소셜 미디어에 온종일 로그인해있지 마라. 또한, 모든 메신저 알림을 꺼라. 마지막으로, 당신이 모든 곳에 있을 수는 없다는 것을 기억해라.

62. 이 지문의 요지는 무엇인가?

(A) FOMO는 많은 부정적인 영향을 미친다.
(B) 기술이 FOMO 해결에 도움을 줄 수 있다.
(C) 스마트폰이 FOMO의 원인이다.
(D) 심리학자들이 FOMO를 새로 발견했다.

풀이 [1]문단에서 독자에게 사례를 들어 질문하며 FOMO를 소개하기 위한 발판을 마련하고, [2]문단에서 본격적으로 FOMO의 정의와 의미를 구체적으로 소개하고 있다. 그다음 [3]문단에서 FOMO의 가장 큰 두 가지 피해를 언급한 뒤, 마지막으로 [4]문단에서 FOMO에 대한 해결책을 제시하며 글을 마무리하고 있다. 따라서 지문의 중심 소재는 FOMO의 부정적 영향이라고 할 수 있으므로 (A)가 정답이다.

63. 다음 중 지문에서 언급된 것은 무엇인가?

(A) FOMO에서 벗어나는 것은 어렵다.
(B) FOMO는 새로운 사회적 현상이다.
(C) FOMO는 우정을 해칠 수도 있다.
(D) 모든 전문가가 FOMO를 믿는 것은 아니다.

풀이 [3]문단의 'FOMO can harm real-life relationships. FOMO victims stop enjoying time with their friends and family.'에서 FOMO는 인간관계에 해를 끼칠 수 있고 구체적으로 친구와 시간 보내기를 멈출 수 있다고 했으므로 (C)가 정답이다.

64. [3]문단, 첫 번째 줄에서, "sense of calm"과 의미가 가장 가까운 것은:

(A) 불안
(B) 공평
(C) 경쟁
(D) 평화로움

풀이 'calm'은 '침착한'이란 뜻을 나타내므로 '침착함'과 유사한 뜻을 가진 (D)가 정답이다. [3]문단에서 FOMO가 'sense of calm'에 해를 끼치고, 'stress'를 일으킨다고 했으므로, 'sense of calm'과 'stress'가 서로 대비되는 개념으로 사용되고 있다는 점에 유의한다.

65. 이 지문의 저자가 FOMO를 가진 사람에게 제안할 것으로 가장 적절한 것은 무엇인가?

(A) 전화 알림을 크게 설정하라.
(B) 친구와 가족만 온라인으로 팔로우하라.
(C) 소셜 미디어 확인 시간을 계획하라.
(D) 항상 전화기의 운영체제를 업데이트하라.

풀이 [4]단락에서 FOMO에 대한 해결 방안으로 'do not stay logged in on social media all day'를 제시하고 있다. 온종일 소셜 미디어에 로그인해있지 말라는 말은 무분별한 소셜 미디어 사용을 줄이라는 의미이며, 소셜 미디어 확인 시간을 미리 계획해서 사용하는 것이 하나의 방법이 될 수 있으므로 (C)가 정답이다.

어휘 immediately 즉시 | well-being 행복함, 평안함, 안락함 | psychologist 심리학자 | miss out 놓치다 | ignore 무시하다, 모르는 체하다 | responsibility 책임 | outcome 결과 | constantly 끊임없이; 거듭 | real-life 실제의, 현실의 | relationship 관계 | victim 피해자 | notification 알림 | negative effect 부정적인 영향 | discover 발견하다 | escape (나쁜 상황에서) 벗어나다; 탈출하다 | phenomenon 현상 | professional 전문가; 전문의 | anxiety 불안(감) | evenness 공평(성) | operating system 운영 체제

Actual Test 3회

Section I. Listening & Speaking

Part 1 — p.52

1 (A)	2 (C)	3 (A)	4 (C)	5 (B)
6 (C)				

Part 2 — p.54

7 (C)	8 (D)	9 (A)	10 (B)	11 (C)
12 (D)	13 (C)	14 (B)	15 (A)	16 (B)

Part 3 — p.55

17 (B)	18 (D)	19 (C)	20 (A)	21 (C)
22 (A)	23 (C)	24 (D)	25 (D)	26 (B)

Part 4 — p.56

27 (D)	28 (C)	29 (D)	30 (D)

Section II. Reading & Writing

Part 5 — p.58

31 (B)	32 (D)	33 (C)	34 (A)	35 (C)
36 (D)				

Part 6 — p.60

37 (C)	38 (C)	39 (C)	40 (A)	41 (A)
42 (D)	43 (D)	44 (C)	45 (A)	46 (C)

Part 7 — p.61

47 (C)	48 (A)	49 (C)	50 (B)	51 (D)
52 (A)	53 (B)	54 (B)	55 (C)	
56 (C)	57 (D)	58 (A)	59 (A)	

Part 8 — p.65

60 (B)	61 (A)
62 (D)	63 (B)	64 (B)	65 (B)

Part 1 | Listen and Recognize — p.52

Track 3-1

1.

W: I want to be a baseball player when I grow up.

M: Me too. I want to play for the Badgers.

여: 나는 커서 야구 선수가 되고 싶어.

남: 나도. Badgers 팀에서 경기 뛰고 싶어.

풀이 둘이서 야구 선수('baseball player')가 되고 싶다는 이야기를 하고 있으므로 야구를 하는 사진 (A)가 정답이다.

어휘 grow up 성장[장성]하다

2.

M: This bus goes all the way to Takemi Mall?

W: Yes, it'll take us there. It only takes half an hour.

남: 이 버스 Takemi 쇼핑몰까지 가는 거지?

여: 응, (이 버스가) 거기로 데려다줄 거야. 30분밖에 안 걸려.

풀이 남자가 버스('This bus')에 관해서 묻고, 여자가 이에 대답하고 있으므로 버스 사진 (C)가 정답이다.

어휘 take + 시간 ~만큼 시간이 걸리다

3.

W: Are you still brushing your teeth? It's time for your bath.

M: But, Mom, I'm not dirty.

여: 너 아직도 양치하고 있니? 목욕할 시간이야.

남: 근데, 엄마, 저 안 더러워요.

풀이 엄마가 아들에게 목욕할 시간인데 아직도 양치 중('still brushing your teeth')이냐고 묻는 상황이므로 (A)가 정답이다. (B)와 (C)의 경우, 양치를 하는 상황이 아니므로 오답이다.

어휘 brush one's teeth 양치를 하다 | bath 목욕

4.

M: Look! They're blowing soap bubbles.

W: Why don't we go out and blow bubbles?

남: 봐봐! 쟤네 비눗방울 불고 있어.

여: 우리 나가서 방울 부는 건 어때?

풀이 비눗방울을 불고 있다고('blowing soap bubbles') 말했으므로 비눗방울을 불고 있는 사진 (C)가 정답이다.

어휘 blow 불다 | soap bubble 비눗방울 | Why don't we ~? ~하는 건 어때?

5.

W: I bought some new running shoes. These will help me run faster.

M: Look very comfortable, too.

여: 새 운동화를 좀 샀어. 이 운동화가 더 빨리 달리도록 도와줄 거야.

남: 매우 편해 보이기도 하네.

풀이 새 운동화('running shoes')를 신고 더 빨리 달릴 수 있다고 ('help me run faster') 했으므로 달릴 때 신는 운동화 사진 (B) 가 정답이다.

어휘 comfortable 편안한

6.

M: My dad has a big collection of antique cameras.

W: Wow! Can I see?

남: 우리 아빠는 골동품 카메라 수집품이 아주 많아.

여: 와! 볼 수 있을까?

풀이 남자의 아버지가 골동품 카메라('antique cameras')를 수집한다고 했으므로 다양한 골동품 카메라가 있는 사진 (C)가 정답이다. (A)는 'collection', (B)는 'see'를 통해 혼동을 유도한 오답이다.

어휘 collection 수집품, 소장품 | antique (귀중한) 골동품인

Part 2 | Listen and Respond   p.54

Track 3-2

7.

W: Can I have my pencil back?

M: _____

(A) You're next.
(B) That will do.
(C) **Here you are.**
(D) Take care now.

해석

여: 내 연필 다시 돌려줄 수 있니?

남: _____

(A) 네가 다음이야.
(B) 그러면 되겠네.
(C) 여기 있어.
(D) 잘 지내.

풀이 연필을 돌려받을 수 있는지 묻는 말에 여기 있다고('Here you are.') 대답하며 연필을 건네줄 수 있으므로 (C)가 정답이다.

8.

M: My new computer is coming tomorrow!

W: _____

(A) Have you lost all your money?
(B) You're getting it repaired again?
(C) Have you gotten a computer yet?
(D) **You're finally replacing your old one?**

해석

남: 내 새 컴퓨터가 내일 온다!

여: _____

(A) 너 돈 다 잃어버린 거야?
(B) 그거 다시 수리받을 거야?
(C) 컴퓨터 아직 안 구한 거야?
(D) 드디어 그 오래된 것을 바꾸는 거야?

풀이 새 컴퓨터가 온다는 말에 드디어 (남자가 이전에 갖고 있던) 오래된 컴퓨터('old one')를 새것으로 바꾸는지('replacing') 묻는 (D)가 정답이다. (B)의 경우, 아직 오지도 않은 새 컴퓨터를 다시 수리할 수는 없으므로 오답이다.

어휘 repair 고치다, 수리하다 | replace 바꾸다, 교체하다

9.

W: Can you turn up the volume?

M: _____

(A) **It's already at max.**
(B) It won't go any lower.
(C) That's been down today.
(D) This volume is out of stock.

해석

여: 소리 좀 키워 줄래?

남: _____

(A) 이미 최대야.
(B) 더 낮게는 못 해.
(C) 오늘 고장 났어.
(D) 이 책은 품절이야.

풀이 소리를 키워달라는 말에 이미 (소리가) 최대라고 대답할 수 있으므로 (A)가 정답이다. (B)의 경우, 소리를 키워달라는 부탁과 반대가 되므로 오답이다. (C)의 경우, 'up'과 'down'의 연관성을 이용한 오답이다.

어휘 turn up (소리·온도 등을) 높이다[올리다] | volume 소리크기, 음량[볼륨]; (시리즈로 된 책의) 권 | max 최대(치) | down 작동이 안 되는, 다운된; 우울한 | out of stock 품절[매진]된

10. _____

M: Dad wants us to clean the house this afternoon.

W: _____

(A) We already asked what to do.
(B) Then I'm going to start dusting.
(C) I'm too busy tidying up right now.
(D) I wonder what our new house is like.

해석 _____

남: 아빠가 오늘 오후에 우리가 집 청소 하기를 원하셔.

여: _____

(A) 우리가 이미 무엇을 할지 물어봤어.
(B) 그럼 먼지 털기 시작할게.
(C) 나 지금 정리하느라 너무 바빠.
(D) 우리 새집이 어떨지 궁금해.

풀이 아빠('Dad')가 집 청소하기를 원한다고 했으니, 먼저 먼지 털기('dusting')로 청소를 시작하겠다고 대답하는 (B)가 정답이다. (C)의 경우, 정리를 해야한다는 말에 정리를 하느라 바쁘다고 말하는 것은 어색하므로 오답이다.

어휘 dust 먼지를 털다[닦다] | tidy up ~을 깔끔하게 정리하다

11. _____

W: How much were the concert tickets?

M: _____

(A) I got them last Saturday.
(B) You can buy them online.
(C) They cost twelve bucks each.
(D) There are still lots of tickets left.

해석 _____

여: 콘서트 티켓이 얼마였니?

남: _____

(A) 지난 토요일에 샀어.
(B) 온라인으로 구입할 수 있어.
(C) 각각 12달러씩 해.
(D) 아직 티켓이 많이 남았어.

풀이 콘서트 티켓의 가격을 물었으므로 가격을 알려주는 (C)가 정답이다.

어휘 cost (비용이) ~이다, ~만큼 들다 | buck 달러

12. _____

M: I need a break.

W: _____

(A) How did it happen to break?
(B) Why don't we get back to work?
(C) Are you going to sign up to help?
(D) How about a snack in the breakroom?

해석 _____

남: 쉬어야겠어요.

여: _____

(A) 그거 어떻게 부서진 거예요?
(B) 다시 일해볼까요?
(C) 돕기 위해서 등록하실 거예요?
(D) 휴게실에서 간식 어때요?

풀이 남자가 쉬어야겠다고 했으므로 휴게실에서 간식을 먹으며 쉬는 건 어떤지 제안하는 (D)가 정답이다. (A)의 경우, 'break'와 같은 발음을 이용한 오답이다.

어휘 break 휴식 (시간); 부서지다; 고장나다 | sign up (~에) 등록[신청]하다; 계약하다 | breakroom 휴게실

13. _____

W: I found this wallet outside.

M: _____

(A) Add them all up.
(B) Give it back to him.
(C) Take it to the police.
(D) Go back and pick it up.

해석 _____

여: 밖에서 이 지갑을 발견했어.

남: _____

(A) 그것들 다 더해.
(B) 그에게 돌려줘.
(C) 경찰에게 가져가.
(D) 다시 가서 주워와.

풀이 밖에서 지갑을 발견했다는 말에 그 지갑('it')을 경찰서에 가져가라고 말하는 (C)가 정답이다. (B)의 경우, 밖에서 주워 주인을 모르는 지갑을 특정한 누군가('him')에게 다시 갖다 주라고 하는 건 어색하므로 오답이다.

14.

M: What would you recommend to eat?

W: _____

(A) The waiter is my friend.
(B) The lasagna is good here.
(C) The place is totally booked.
(D) The last thing I want is salmon.

해석

남: 어떤 음식을 추천하시겠어요?

여: _____

(A) 웨이터가 제 친구예요.
(B) 여기 라자냐가 맛있어요.
(C) 그곳은 예약이 꽉 찼어요.
(D) 연어는 절대로 먹고 싶지 않아요.

풀이 뭘 먹을지 의견을 구하고 있으므로 요리를 추천해주는 (B)가
정답이다. (D)의 경우, 추천할 음식을 묻는 말에 먹고 싶지 않은
음식을 알려주는 것은 어색하므로 오답이다.

어휘 recommend 추천하다 | lasagna 라자냐 (파스타·치즈·토마토
소스 등으로 만드는 이탈리아 요리) | booked 예약된, 지정된 |
salmon 연어

15.

W: Will you marry me?

M: _____

(A) Please give me time to think.
(B) Please tell me your name again.
(C) I didn't make the right decision.
(D) I would like to meet your partner.

해석

여: 나랑 결혼해줄래?

남: _____

(A) 내게 생각할 시간을 줘.
(B) 네 이름을 다시 말해줘.
(C) 난 올바른 결정을 내리지 못했어.
(D) 네 파트너를 만나보고 싶어.

풀이 여자의 청혼에 생각할 시간을 달라며 결정을 미루는 (A)가
정답이다.

어휘 make a decision 결정하다

16.

M: Did you tell the teacher I was sick?

W: _____

(A) No, I told her in the morning.
(B) Yes, she said to get well soon.
(C) Yes, she was out all day today.
(D) No, I got a text message about her.

해석

남: 선생님께 나 아팠다고 말씀드렸어?

여: _____

(A) 아니, 아침에 말씀드렸어.
(B) 응, 빨리 나으라고 하셨어.
(C) 응, 오늘 온종일 밖에 계셨어.
(D) 아니, 그녀에 대한 문자 메시지를 받았어.

풀이 자신이 아팠던 사실을 선생님께 전했는지 묻는 말에, 그렇다고
('Yes') 대답한 다음 선생님의 안부 인사('to get well soon')를
전하는 (B)가 정답이다. (A)의 경우, 'No'라고 대답한 뒤 아침에
말씀드렸다고 하는 것은 앞뒤가 맞지 않으므로 오답이다.

어휘 get well 병이 나아지다 | text message 문자 메시지

p.55

Track 3-3

17. _____

M: What a heat wave we're having.

W: Yep, it came all of a sudden, didn't it?

M: I know. They never get it right on the news.

W: Just hope it ends soon.

M: I read it's going to be like this the whole week.

W: My air conditioning is going to be on full blast the whole time then.

What are they speaking about?

(A) a festival

(B) the weather

(C) a TV program

(D) the work week

해석 _____

남: 정말 무더운 열기야.

여: 그래, 갑자기 이렇게 됐어, 그렇지?

남: 그러게 말이야. 뉴스에서는 제대로 맞힌 적이 전혀 없어.

여: 그냥 빨리 끝났으면 좋겠어.

남: 일주일 내내 이럴 거라고 읽었는데.

여: 그럼 내 에어컨은 내내 최대한도로 가동될 거야.

무엇에 관해 말하고 있는가?

(A) 축제

(B) 날씨

(C) TV 프로그램

(D) 근무 주간

풀이 첫 번째 턴의 'What a heat wave we're having', 여섯 번째 턴의 'My air conditioning is ~ on full blast ~'을 통해 무더운 날씨에 관해 대화를 나누고 있음을 알 수 있다. 따라서 (B)가 정답이다. 대화에서 자주 등장하는 'it'이 날씨를 묘사할 때 사용되는 비인칭주어라는 점에 유의한다.

어휘 heat wave 열파, 열기; 장기간의 무더위 | all of a sudden 갑자기 | get it right 올바르게[제대로] 하다 | on full blast 최대한도로

18. _____

W: Can you give this note to your mother?

M: Sure, what is it for?

W: I'd like to talk to both of you about your after-graduation plans.

M: *(sounding a little worried)* Oh, OK...

W: It's nothing bad, but I want to discuss your choices.

M: Alright, I'll let her know.

What is the note likely for?

(A) a score report

(B) a school interview

(C) a graduation invitation

(D) a parent-teacher meeting

해석 _____

여: 이 메모를 어머님께 전해드릴 수 있니?

남: 네, 무엇에 관한 거예요?

여: 졸업 후 너의 계획에 관해 두 사람에게 이야기하고 싶구나.

남: *(조금 걱정스러운 말투로)* 아, 그래요...

여: 안 좋은 건 전혀 아니고, 네 선택 사항에 관해서 의논하고 싶은 거란다.

남: 알겠어요, 전해드릴게요.

메모는 무엇에 관한 것인가?

(A) 성적표

(B) 학교 면접

(C) 졸업식 초대

(D) 학부모-교사 면담

풀이 여자가 메모를 남자의 어머니('your mother')께 전해달라고 부탁했고, 'talk to both of you about your after-graduation plans'라고 한 점으로 보아 여자는 학교 선생님이고 남자는 학생임을 짐작할 수 있다. 따라서 메모는 학부모와 교사가 함께하는 면담에 관한 것이므로 (D)가 정답이다.

어휘 graduation 졸업 | score report 성적표 | invitation 초대

19.

M: What would you like for your birthday?

W: A new bike!

M: That didn't take much thought!

W: I just saw some new ones in the next aisle.

M: OK, well while we're here looking at hockey gear, let's take a look at bikes.

W: Great! I'll be over there looking.

Where does this conversation likely take place?

(A) in a personal home
(B) in a mechanic's garage
(C) at a sporting goods store
(D) at a children's playground

해석

남: 생일에 뭘 갖고 싶니?

여: 새 자전거요!

남: 별 고민도 안 하는구나!

여: 방금 옆 복도에서 새 제품들을 좀 봤거든요.

남: 좋아, 그럼 우리가 여기에 하키 장비를 보러 온 김에, 자전거도 보자꾸나.

여: 좋아요! 저는 저기서 구경할게요.

이 대화가 이루어질 장소로 적절한 곳은 어디인가?

(A) 개인 주택에서
(B) 정비소에서
(C) 스포츠 용품점에서
(D) 어린이 놀이터에서

풀이 여자가 새 자전거('a new bike')를 옆 복도에서 ('in the next aisle') 봤다고 했으며, 다섯 번째 턴에서 'we're here looking at hockey gear, let's take a look bikes'라고 했으므로 두 사람은 지금 자전거와 하키 장비 등을 판매하는 스포츠용품점에 있음을 알 수 있다. 따라서 (C)가 정답이다.

어휘 aisle 통로 | gear 장비 | mechanic's garage (차량) 정비소 | goods 상품, 제품

20.

W: The flyers are printed but need to be folded.

M: Oh, are Grace and Tom about to do that?

W: They were going to, but had to go get the speaker.

M: I was about to hang these posters, but would you like me to do the flyers instead?

W: Yes, please. That will take the longest.

M: I'll start on it now.

What will the man do next?

(A) fold flyers
(B) print papers
(C) get speakers
(D) hang posters

해석

여: 전단지가 인쇄됐는데 접어야 해.

남: 아, Grace랑 Tom이 그걸 할 거지?

여: 그러려고 했는데, 걔들은 스피커를 가지러 가야 했어.

남: 나는 포스터를 걸려고 했는데, 대신 전단지 작업할까?

여: 응, 그렇게 해줘. 그게 제일 오래 걸릴 거야.

남: 지금 시작할게.

남자는 다음에 무엇을 할 것인가?

(A) 전단지 접기
(B) 종이 인쇄하기
(C) 스피커 가져오기
(D) 포스터 걸기

풀이 여자가 전단지를 접어야 한다고 말하고 있고, 남자가 네 번째 턴에서 'would you like me to do the flyers instead?'라고 물어본 뒤 마지막에서 'I'll start on it.'이라고 대답하고 있으므로 남자가 다음에 할 일은 전단지를 접는 것임을 알 수 있다. 따라서 (A)가 정답이다. (D)의 경우, 남자가 원래 하려던 작업은 포스터를 거는 일('hang these posters')이었지만 그 대신('instead')에 전단지를 접는다고 했으므로 오답이다.

어휘 flyer 전단지 | fold 접다 | be about to 막 ~을 하려고 하다 | hang 걸다, 매달다

21.

M: Do you smell anything?

W: No. Why?

M: *(upset)* That's what I thought. This is just great...

W: Wait, isn't no smell a good thing?

M: No. I bought those expensive Parisian candles for their scent, but I can't smell anything.

W: Ah, well, as long as they don't burn down the place, just enjoy the atmosphere they create.

What is the man's problem?

(A) His candles smell bad.
(B) He cannot light the candles.
(C) **He cannot smell the candles.**
(D) His candles burned the wall.

해석

남: 무슨 냄새 안 나니?

여: 아니. 왜?

남: *(속상해하며)* 그럴 줄 알았어. 아주 참 좋네...

여: 잠깐, 냄새가 없는 건 좋은 거 아니야?

남: 아니. 향기 때문에 비싼 파리풍 양초들을 샀는데, 아무 냄새도 맡을 수가 없어.

여: 아, 음, 저것들이 이곳을 불태우지만 않는다면, 그냥 (양초가) 만들어내는 분위기를 즐겨봐.

남자의 문제는 무엇인가?

(A) 그의 양초는 나쁜 냄새가 난다.
(B) 그는 양초에 불을 붙일 수 없다.
(C) **그는 양초의 냄새를 맡을 수 없다.**
(D) 그의 양초가 벽을 태웠다.

풀이 남자가 다섯 번째 턴에서 양초를 샀는데 아무 냄새도 안 난다고 불평을 하고 있으므로 (C)가 정답이다. (D)의 경우, 본문에 등장한 'burn'을 이용한 오답이다.

어휘 smell 냄새를 맡다; 냄새가 나다 | Parisian 파리(사람)의, 파리식의 | scent 향기, 향내 | burn down 태워버리다 | atmosphere 분위기, 기운

22.

W: I finally got my camera fixed, so if you need it sometime...

M: Really? That's great! I was really wanting to do a shoot this weekend.

W: A shoot?

M: Yeah, some of us wanted to try doing fashion photography.

W: Oh, then I can give it to you tomorrow.

M: That'd be awesome! I'll get it back to you on Monday.

What does the woman offer the man?

(A) **to lend a camera**
(B) to call back on Monday
(C) to make new clothes
(D) to shoot some photos

해석

여: 드디어 내 카메라를 고쳤어, 그러니 네가 언젠가 필요하면...

남: 정말? 잘 됐다! 이번 주말에 정말로 촬영하고 싶었거든.

여: 촬영?

남: 응, 우리 중 몇몇이 패션 사진을 찍고 싶어 했거든.

여: 아, 그럼 내일 너한테 줄 수 있어.

남: 잘됐다! 월요일에 다시 갖다 줄게.

여자는 남자에게 무엇을 제안하는가?

(A) **카메라 빌려주기**
(B) 월요일에 다시 전화 걸기
(C) 새 의상 만들기
(D) 사진 촬영하기

풀이 여자가 카메라를 고쳤으며, 남자가 촬영 때문에 카메라가 필요한 상황이다. 이에 여자가 다섯 번째 턴에서 남자에게 카메라('it')를 빌려줄 수 있다고 제안하고 있으므로 (A)가 정답이다.

어휘 shoot 촬영하다, 찍다; 촬영 | photography 사진 찍기[촬영] | lend 빌려주다

23. _____

M: A package for you came this morning.

W: It's about time!

M: What is it?

W: That drone I ordered 2 months ago.

M: A drone? Oh, to replace the racing drone you crashed?

W: Yeah, that one. I ordered it almost 3 months ago, but they were out of stock at the time.

What does the woman mean by "It's about time!"?

(A) The package arrived on time.
(B) A package will be coming soon.
(C) The woman's been waiting a while.
(D) The man was late to meet the woman.

해석

남: 오늘 아침에 네 소포가 왔어.

여: 이제야 왔네!

남: 뭔데?

여: 두 달 전에 주문한 그 드론.

남: 드론? 아, 네가 부순 레이싱 드론 바꾸려고?

여: 그래, 그거. 거의 세 달 전에 주문했는데, 그 당시에 재고가 없었어.

여자가 "이제야 왔네!"라고 한 의도는 무엇인가?

(A) 소포가 제시간에 도착했다.
(B) 소포 하나가 곧 올 것이다.
(C) 여자는 한참 기다렸다.
(D) 남자는 여자를 만나는 데에 늦었다.

풀이 소포가 도착했다는 말에 여자가 'It's about time!'이라고 답하고, 이후 여자의 말을 통해 그 소포가 세 달 전에 주문한 드론임을 알 수 있다. 이를 미루어보아 'It's about time!'은 세 달 전에 주문한 상품이 이제야 배송이 된 것에 대해 불만을 표출하는 표현임을 짐작할 수 있다. 따라서 (C)가 정답이다.

어휘 package 소포 | It's about time! 이제야 됐(왔)네!; ~할 때가 됐네! | drone 드론 (무선전파로 조종할 수 있는 무인 비행기) | replace 교체하다, 바꾸다 | crash 충돌하다[들이받다/부딪치다/박살내다] | out of stock 품절[매진]된

24. _____

W: What can I help you with?

M: I need a new shirt, but I can't find anything in my size.

W: You are quite tall and slender. That can be hard sometimes.

M: Tell me about it.

W: Have you thought about getting a custom shirt made? We can measure and make one for you in less than a week.

M: How much would that cost?

What is the likely relationship between the speakers?

(A) friend - friend
(B) husband - wife
(C) boss - employee
(D) customer - store clerk

해석

여: 무엇을 도와드릴까요?

남: 새 셔츠가 필요한데, 제 사이즈는 하나도 안 보이네요.

여: 꽤 키가 크시고 날씬하시네요. 그러면 (찾기) 어려울 때가 종종 있죠.

남: 그러니까요.

여: 맞춤 셔츠 제작하는 건 생각해보셨어요? 저희가 치수를 재고 일주일도 안 돼서 만들어드릴 수 있어요.

남: 그건 얼마나 하나요?

두 사람의 관계로 적절한 것은 무엇인가?

(A) 친구 - 친구
(B) 남편 - 아내
(C) 상사 - 직원
(D) 고객 - 점원

풀이 여자가 처음에 'What can I help you with?'라고 말한 것, 남자가 자신의 치수에 맞는 셔츠를 찾고 있고 여자가 이에 관해 해결 방안을 제시하고 있는 것으로 보아 둘의 관계는 옷가게 손님과 직원임을 알 수 있다. 따라서 (D)가 정답이다.

어휘 slender 날씬한, 호리호리한 | Tell me about it. 말도 마세요., 그러니까요., 제 말이요. | custom 맞춤[주문] 제작한 | measure 측정하다, 재다

25.

M: This is my first time at a comic book conference, but I'm having a blast!

W: Not so nerdy after all, is it?

M: *(chuckles)* No. I wish I'd worn a costume.

W: Right? These people look amazing.

M: I can't imagine the time and money they put into it. All I bought was a ticket.

W: Yeah, some of the cosplayers are really dedicated.

Which of the following is true about the man?

(A) He wore a costume.

(B) He is a professional cosplayer.

(C) He spent no money on the event.

(D) He is at this event for the first time.

해석

남: 만화책 콘퍼런스는 처음인데, 정말 재밌어!

여: 막상 보니 바보스럽지 않지?

남: *(싱긋 웃으며)* 안 그래. 나도 코스튬 의상 입고 왔으면 좋았을 텐데.

여: 그렇지? 여기 사람들 멋있어 보여.

남: 이 사람들이 거기에 쏟은 시간과 돈을 상상도 할 수 없어. 내가 산 거라곤 티켓 한 장뿐인데.

여: 그래, 몇몇 코스프레인들은 정말 헌신적이야.

다음 중 남자에 관해 사실인 것은 무엇인가?

(A) 남자는 코스튬 의상을 입었다.

(B) 남자는 전문 코스프레인이다.

(C) 남자는 행사에 돈을 쓰지 않았다.

(D) 남자는 이 행사에 처음 와 본다.

풀이 첫 번째 남자의 말에서 'This is my first time at a comic book conference'라고 했으므로 (D)가 정답이다. (A)의 경우, 'I wish I'd worn a costume'에서 남자가 코스튬 의상을 입지 않고 있음을 알 수 있으므로 오답이다. (C)의 경우, 'All I bought was a ticket.'에서 행사 티켓을 구입하는 데 돈을 쓴 것을 알 수 있으므로 오답이다.

어휘 conference 콘퍼런스, 학회[회의] | have a blast 아주 즐거운 한때를 보내다 | nerdy 바보 같은, 멍청이 같은; (세상 물정은 모르고) 한 분야만 계속 파는, (공부·취미 따위만 파고드는) 따분한 [비사교적인] | chuckle 싱긋 웃다 | costume 코스튬, 분장 의상 | cosplayer 코스프레하는 사람 | dedicated (to) (~에) 전념하는, 헌신적인

26.

W: I don't understand why you're friends with Jim.

M: What do you mean? He's so funny!

W: Funny? Hah! I find him extremely rude.

M: Come on... That's just his sense of humor.

W: Even still, I don't have to agree with how he acts.

M: Just don't take things so seriously, and you'll see he's actually a cool guy.

Why does the man like Jim?

(A) Jim acts politely around the man.

(B) The man likes Jim's sense of humor.

(C) The woman is good friends with Jim.

(D) Jim introduced the man to the woman.

해석

여: 네가 왜 Jim이랑 친구인지 모르겠어.

남: 무슨 말이야? 걔 엄청 재밌는데!

여: 재밌다고? 하! 난 걔가 엄청 무례하다고 생각해.

남: 그러지마... 그건 그냥 걔 유머 감각이야.

여: 아무리 그래도, 걔가 어떻게 행동하는지에 내가 동의할 필요는 없어.

남: 그냥 너무 심각하게 받아들이지 마, 그러면 걔가 진짜 멋있는 애라는 거 알게 될 거야.

남자는 왜 Jim을 좋아하는가?

(A) Jim은 남자가 있을 때 예의 바르다.

(B) 남자는 Jim의 유머 감각을 좋아한다.

(C) 여자가 Jim과 좋은 친구다.

(D) Jim이 남자를 여자에게 소개했다.

풀이 남자가 왜 Jim이랑 친구인지 모르겠다며 그가 무례하다고 생각한다는 여자의 말에, 남자는 Jim이 재미있다('He's so funny!')며 Jim의 그런 면을 유머감각('his sense of humor') 이라고 두둔하고 있다. 따라서 남자는 Jim의 유머 감각을 좋아한다는 것을 알 수 있으므로 (B)가 정답이다.

어휘 extremely 엄청, 극도로 | rude 무례한 | sense of humor 유머 감각

Part 4 | Talks

p.56

Track 3-4

[27-28]

M: Until 1856, all cloth had to be dyed using natural substances, but that all changed when William Henry Perkin accidentally created the first man-made dye in a home laboratory. He was trying to discover an easier way to make malaria medicine, but noticed that the liquid he produced left an intense purple color when it touched cloth. His new method of creating purple dye replaced older techniques, which required lots of time, labor, and expensive natural resources.

27. What was William Henry Perkin doing when he invented a new dye?

(A) He was sick at home.
(B) He was painting a wall.
(C) He was making fabrics.
(D) He was researching medicine.

28. According to the lecture, which does NOT describe Perkin's new dye?

(A) purple
(B) artificial
(C) priceless
(D) accidental

해석

남: 1856년까지는, 모든 옷감은 천연 물질을 사용하여 염색해야 했지만, William Henry Perkin이 집 연구실에서 우연히 최초의 인공 염료를 만들었을 때 모든 게 바뀌었습니다. 그는 말라리아 약을 더 쉽게 만드는 방법을 발견하려고 했지만, 그가 만들어낸 액체가 옷감에 닿았을 때 강렬한 보라색을 남긴다는 걸 알아차렸습니다. 자색 염료를 만드는 그의 새 방법은 오랜 시간, 노동, 그리고 값비싼 천연자원을 필요로 하는 옛 기술을 대체했습니다.

27. William Henry Perkin이 새 염료를 발명했을 때 그는 무엇을 하고 있었는가?

(A) 아파서 집에 있었다.
(B) 벽에 페인트칠하고 있었다.
(C) 직물을 만들고 있었다.
(D) 의약을 연구하고 있었다.

풀이 'William Henry Perkin accidentally created the first man-made dye ~ discover an easier way to make malaria medicine'에서 Perkin이 말라리아약을 연구하던 도중 우연히 최초 인공 염료를 만들었다고 했으므로 (D)가 정답이다.

28. 강의에 의하면, 다음 중 Perkin의 새 염료를 묘사하지 않는 것은 무엇인가?

(A) 보라색의
(B) 인공의
(C) 귀중한
(D) 우연한

풀이 (A)는 '~ noticed that the liquid he produced left an intense purple color ~'에서, (B)와 (D)는 'William Henry Perkin accidentally created the first man-made dye ~ '에서 찾을 수 있는 내용이다. 그러나 (C)에 관련한 내용은 언급된 적이 없으므로 정답이다.

어휘 cloth 옷감, 직물 | dye 염색하다; 염료, 염색제 | accidentally 우연히 | man-made 사람이 만든, 인공의 | laboratory 연구실 | discover 발견하다 | malaria 말라리아 | medicine 약, 의학, 의약 | intense 극심한, 강렬한 | resource 자원 | fabric 직물, 천 | artificial 인공의 | priceless 귀중한, 소중한

[29-30]

W: All passengers on the S train, an undetermined emergency has occurred with one of the trains up the tracks, so we have been asked to stop service immediately. The entire S line will be closed until the situation can be assessed. Shuttle buses will be made available to run the entire length of the S line free of charge. Passengers may also transfer to another line at this station, or receive a refund on their fare at the main gate.

29. Why was this announcement made?

(A) a system error
(B) an auto accident
(C) a mechanical failure
(D) an unknown problem

30. What is NOT mentioned as an alternative for passengers?

(A) a shuttle bus
(B) a refund on fare
(C) transferring train lines
(D) receiving a free ride token

해석

여: S 호선 열차의 모든 승객 여러분들, 저희 선로를 앞서 달리고 있는 한 열차에서 원인을 알 수 없는 비상 상황이 발생해서, 운행을 즉시 중단하라는 요청을 받았습니다. S 노선 전체는 상황이 파악될 때까지 폐쇄될 것입니다. S 노선 전체 경로를 달리는 셔틀버스가 운행되어 무료로 이용하실 수 있겠습니다. 승객분들은 이 역에서 다른 노선으로 환승하시거나 정문에서 요금을 환불받으실 수 있습니다.

29. 이 안내 방송이 나왔던 이유는 무엇인가?

    (A) 시스템 오류
    (B) 자동차 사고
    (C) 기계적 결함
    (D) 알 수 없는 문제

풀이 'an undetermined emergency has occurred ~ stop service immediately.'에서 알 수 없는('undetermined') 비상 상황으로 열차를 멈췄다고 했으므로 (D)가 정답이다. 나머지 선택지의 경우, 사태의 원인이 아직 알려지지 않았고 파악('assessed')되기 이전이므로 오답이다.

30. 탑승객을 위한 대안으로 언급되지 않은 것은 무엇인가?

    (A) 셔틀버스
    (B) 요금 환불
    (C) 노선 환승
    (D) 무료 승차 토큰 수령

풀이 (A)는 'Shuttle buses will be made available ~'에서, (B)와 (C)는 'Passengers may also transfer to another line at this station, or receive a refund on their fare at the main gate'에서 찾을 수 있는 내용이다. 그러나 (D)는 언급된 적이 없으므로 정답이다.

어휘 undetermined 미확인의, 분명치 않은 | emergency 비상(사태) | immediately 즉시, 곧바로 | entire 전체의, 온 | assess 재다[가늠하다]; 평가하다 | free of charge 무료로 | transfer 갈아타다, 환승하다 | line (기차) 선로[노선] | refund 환불 | fare (교통) 요금 | auto 자동차 | token (화폐 대용으로 쓰는) 토큰

Part 5 | Picture Description
p.58

31.

해석 피곤한 것 같으면 일 멈추고 잠깐 쉬어.

    (A) 놀이
    (B) 휴식
    (C) 금
    (D) 풍미

풀이 '휴식을 취하다', '잠시 쉬다'라는 뜻을 나타낼 때 'take a break'이라는 영어 표현을 사용할 수 있으므로 (B)가 정답이다.

어휘 take a break (잠시) 휴식을 취하다 | for a moment 잠깐, [잠시] 동안 | crack (무엇이 갈라져 생긴) 금; (좁은) 틈 | flavor 풍미

32.

해석 미리 좌석을 예약해 놓으시면, 확실하게 가족 분들과 함께 앉으실 수 있습니다.

    (A) 선택
    (B) 요금
    (C) 조언
    (D) 사전

풀이 '미리'라는 뜻을 나타낼 때 'in advance'라는 영어 표현을 사용할 수 있으므로 (D)가 정답이다.

어휘 reserve 예약하다 | ensure 반드시 ~하게[이게] 하다, 보장하다 | charge 요금; 책임, 담당 | advance 진전, 발전; 선금, 선불; 사전의, 앞서의 | in advance (~보다) 미리[앞서]; 사전에

33.

해석 Eugene은 매일 책을 읽어 왔어. 그는 올해 제법 책벌레가 됐어.

    (A) 단추
    (B) 소책자
    (C) 책벌레
    (D) 배낭여행자

풀이 매일 책을 읽을 정도로 책을 많이 읽는 사람에게 'bookworm'(책벌레)이라는 표현을 사용할 수 있으므로 (C)가 정답이다.

어휘 booklet 소책자 | bookworm 책벌레 | backpacker 배낭여행자

34.

해석 Kridner 선생님은 우리가 독후감을 제시간에 제출하지 않는다면 기뻐하시지 않을 거야.

    (A) 제시간에
    (B) 기본적으로
    (C) 당직 중인
    (D) 일정상

풀이 독후감을 제시간에 제출하지 않으면 선생님이 기뻐하시지 않을 것이라는 내용이 자연스럽다. '제시간에'를 뜻하는 영어 표현으로는 'on time'이 있으므로 (A)가 정답이다.

어휘 on time 제시간에 | on watch 당직 중인

35.

해석 Amos는 소파 감자였고, 그냥 빈둥거리기만 하면서 살이 많이 쪘다.

    (A) 소파 국수
    (B) 호박 파이
    (C) 소파 감자
    (D) 달콤한 아보카도

풀이 아무것도 하지 않고 빈둥거리기만 하는 사람을 소파(couch)에 앉아 감자칩(potato chips)을 먹으며 하루 종일 TV만 보는 것에서 유래하여, 'couch potato'라고 표현할 수 있다. 따라서 (C)가 정답이다.

어휘 lie around 빈둥거리다, 되는대로 놓여 있다 | couch potato 소파에 가만히 앉아 텔레비전만 보며 많은 시간을 보내는 빈둥거리는 사람

36.

해석 오늘 아침 학교에 걸어갈 때 비가 억수로 쏟아졌고, 나는 홀딱 젖었다.

(A) 동물 꼬리
(B) 고양이와 쥐들
(C) 성난 파도
(D) 고양이와 개들

풀이 몸이 홀딱 젖었으니 비가 아주 많이 온 상황임을 짐작할 수 있다. '비가 억수같이 쏟아지다'라는 뜻을 가진 영어 표현 'rain cats and dogs'를 사용할 수 있으므로 (D)가 정답이다.

어휘 rain cats and dogs 비가 억수같이 쏟아지다, 아주 세차게 비가 오다

Part 6 | Sentence Completion   p.60

37.

해석 아버지께서 생일 선물로 나에게 새 팔찌를 사 주셨다.

(A) 나는
(B) 나의
(C) 나를
(D) 나의 것

풀이 '~에게 ~를 (사다) 주다'라는 뜻을 가진 'get + 간접 목적어 + 직접 목적어' 형태의 절이므로 빈칸에는 목적격 인칭대명사가 들어가야 한다. 따라서 (C)가 정답이다.

어휘 bracelet 팔찌

38.

해석 기린은 키가 큰 나무에 닿을 수 있게 긴 목을 가지도록 진화했다.

(A) 어색한 표현
(B) 어색한 표현
(C) 긴 목
(D) 어색한 표현

풀이 빈칸에는 have의 목적어로 쓰일 수 있는 명사나 명사구가 필요하므로 '형용사 + 명사' 형태의 명사구인 (C)가 정답이다. (D)의 경우, 형용사는 명사 앞에서 수식하는 기능을 할 뿐 복수형으로 나타낼 수 없으므로 오답이다.

어휘 evolve (동식물 등이) 진화하다[시키다]; (점진적으로) 발달[진전]하다[시키다] | reach 도달하다

39.

해석 펀자브 음식은 매우 흥미로운 맛과 질감을 가지고 있다.

(A) 흥미
(B) 흥미 있는
(C) 흥미로운
(D) 흥미롭게

풀이 빈칸에는 명사 'flavor and texture'를 꾸며주는 수식어가 들어가야 한다. 명사를 수식하는 자리에는 형용사가 들어갈 수 있고, 'flavor and texture'는 흥미를 주는 것이므로 능동형태의 (C)가 정답이다. (B)의 경우, '흥미 있어 하는 맛과 질감'이라는 뜻의 어색한 수동형 구문이 되므로 오답이다.

어휘 Punjabi 펀자브의(인도 북서부에서 파키스탄 북부에 걸친 펀자브 지역)의 | flavor 풍미 | texture 질감 | interesting 흥미를 일으키는, 흥미로운 | interested 흥미 있어 하는

40.

해석 나는 밖에 나갈 때 선크림을 바르고 선글라스를 쓴다.

(A) 바르다
(B) 어색한 표현
(C) 바르는
(D) 어색한 표현

풀이 해당 문장은 현재 시제를 통해 일반적인 사실을 이야기하고 있다. 빈칸에는 주절 'I ~ sunglasses'의 동사가 들어가야 하므로 (A)가 정답이다. (B)와 (D)의 경우, 'put'의 과거형과 과거완료형은 원형과 똑같이 'put'이므로 오답이다.

어휘 sunscreen 선크림 | put on ~을 입다[쓰다/끼다/걸치다]; (얼굴·피부 등에) ~을 바르다

41.

해석 우리 가구의 대부분은 중고 물품 세일에서 중고로 구매된다.

(A) be동사 3인칭 단수형
(B) be동사 2인칭 또는 복수형
(C) have 3인칭 단수형
(D) have 원형

풀이 'furniture'는 불가산 명사이므로 빈칸에는 단수형 동사가 들어가야 하고, 가구는 구매되는 대상이므로 'be + p.p.' 형태의 수동형이 쓰여야 한다. 따라서 (A)가 정답이다. 'most of + 명사'는 명사에 맞춰 수일치를 한다는 점에 유의한다. (C)의 경우, 'has'를 넣으면 문장이 능동형이 되는데, 이때 동사 'bought'의 목적어가 없을뿐더러 문장의 뜻이 '가구가 구매했다'가 되어 어색해지므로 오답이다.

어휘 furniture 가구 | second-hand 중고로; 중고의 | garage sale (자기 집 차고에서 하는) 중고 물품 세일

42.

해석 그는 40년 넘게 영국에 있지 않았지만, 여전히 영국을 집이라 부른다.

(A) be동사 과거분사형
(B) not + be동사 과거분사형
(C) (지금까지) ~이다
(D) (지금까지) ~가 아니다

풀이 빈칸은 종속절 'Even though he ~ years'의 동사(구) 자리이다. 문맥상 영국에 오랫동안 살지 않았지만 아직도 영국을 집이라 부른다는 흐름이 자연스럽다. 과거에서 현재까지의 계속된 상태를 나타낼 때 현재 완료 시제를 사용할 수 있으므로 현재 완료 부정형인 (D)가 정답이다. 'for + 기간'(~동안)은 완료 시제와 자주 쓰이는 전치사구임에 주의하자.

어휘 even though 비록 ~일지라도

43.

해석 우리가 외식할 때, 내 막내 남동생은 항상 메뉴에서 가장 비싼 식사를 주문한다.

(A) 비싼
(B) 어색한 표현
(C) 어색한 표현
(D) 가장 비싼

풀이 'expensive'는 3음절 이상의 형용사로, 최상급을 나타낼 때 'the most + 형용사 원급'의 형태를 사용하므로 (D)가 정답이다. (A)와 (C)의 경우, plate는 가산 명사이기 때문에 앞에 관사가 필요하므로 오답이다.

어휘 eat out 외식하다 | order 주문하다; 주문; 순서

44.

해석 Paola는 차에서 친구들과 옛 노래를 부르며 즐거운 시간을 보냈다고 말했다.

(A) 노래하다
(B) 노래하려고
(C) 노래하며
(D) 어색한 표현

풀이 '~을 하면서 즐거운 시간을 보내다'를 표현할 때 현재분사를 사용하여 'have a great time ~ing'의 형태로 나타낼 수 있다. 따라서 (C)가 정답이다.

45.

해석 그 교수는 폭설로 인해 거의 한 시간이나 늦었다.

(A) 결과적으로
(B) 대조적으로
(C) 게다가
(D) 다시 말해서

풀이 폭설('heavy snow')은 지각의 원인이 될 수 있으므로, 인과 관계를 나타내는 구문 'as a result'를 쓸 수 있다. 따라서 (A)가 정답이다.

어휘 heavy snow 폭설 | as a result (of) ~의 결과로서 | in contrast (to) ~와 대조되어, ~와는 다르게 | in addition (to) ~에 더하여, ~일 뿐 아니라 | in other words 다시 말해

46.

해석 나는 어렸을 때 나에게 체스 두는 법을 가르쳐주었던 남자를 아직도 기억한다.

(A) 관계대명사 who
(B) teach 과거형 + 접속사 that
(C) 관계대명사 who + teach 과거형
(D) 관계대명사 who + he + teach 과거형

풀이 빈 칸 뒤의 'me to play chess when I was a boy'는 불완전한 절이므로 '주어 + teach + 목적어 + to부정사'(주어가 목적어에게 ~하는 것을 가르치다)'라는 표현을 완성하려면 선행사 'the man'을 받을 수 있는 주격 관계대명사가 필요하다. 따라서 (C)가 정답이다. (D)의 경우, 선행사 'the man'과 주격 관계대명사 'who'가 이미 있어 'he'라는 주격 형태의 대명사를 또 쓸 수 없으므로 오답이다.

Part 7 | Practical Reading Comprehension

p.61

[47-48]

해석

Tina의 트럼펫 그리고 그 이상!

Tina의 트럼펫은 가장 큰 규모의 고급 중고 악기 인터넷 매매 업체입니다.

Tina의 트럼펫에서는 다양한 종류의 신품 혹은 중고 금관 악기를 취급합니다! 저희는 모든 종류의 금관 악기를 취급합니다: 피콜로 트럼펫부터 콘트라베이스 튜바까지요!

Tina의 트럼펫에서는 상태에 상관없이, 모든 금관 악기를 사고, 팔고, 교환합니다! 악기를 팔거나 교환하려면, 전국 13개 지점 중 아무 곳이나 방문하시기 바랍니다. 구매는 저희 웹사이트에 접속하는 것만큼이나 간편합니다!

온라인 방문은 *www.tinastrumpets.com/main*에서 하시기 바랍니다.

47. Tina의 트럼펫이 제공하는 서비스로 언급되지 않은 것은 무엇인가?

(A) 튜바 교환
(B) 트롬본 구매
(C) 트럼펫 수리
(D) 프렌치 호른 판매

풀이 지문에서 악기 수리에 관한 내용은 언급되지 않았으므로 (C)가 정답이다. 나머지 선택지의 경우, 'At Tina's Trumpets we buy, sell, and trade all brass instruments'에서 모두 언급돼 있으므로 오답이다.

48. Tina의 트럼펫에 악기를 팔 조건으로 나열된 것은 무엇인가?

(A) 지점에 방문해야 한다.
(B) 여러 장의 사진을 보내야 한다.
(C) 악기의 모든 부품이 있어야 한다.
(D) 악기가 양호한 상태여야 한다.

풀이 'To sell or trade your instruments, visit any of our thirteen locations nationwide'에서 악기를 사거나 팔려면 지점에 직접 방문하라고 했으므로 (A)가 정답이다. (D)의 경우, 'we buy, sell, and trade all brass instruments, no matter the condition they are in'에서 악기의 상태가 어떻든지 상관이 없다고 했으므로 오답이다.

어휘 carry (가게에서 품목을) 취급하다; (이동 중에) 들고[데리고] 있다; 나르다 | a selection of 선택 가능한 것들을 모아 놓은 ~; 엄선된 ~ | brass 금관악기; 놋쇠, 황동 (제품) | instrument 악기; 도구 | a full-range of 모든 종류의, 전체 범위의, 폭넓은 | condition 상태 | trade 교환하다, 맞바꾸다; 거래[교역/무역]하다 | quality 고급[양질]의; 우수함, 고급, 양질 | repair 수리하다, 고치다 | multiple 많은, 다수[복수]의

[49-51]

해석

아빠,	필기 도구
물어보셨던 쇼핑 목록이에요. 이게 다인 것 같은데, 제가 학교 다시 시작할 때 다른 필요한 게 있는 것 같으면 알려주세요!	연필, 펜, 공책 (5), 종이
	정리 용품
사랑을 담아, Clara가	폴더 파일(10), 일일 계획표, 투명 파일 (속지) (25), 바인더 파일 (3)
	의류
	체육시간용 신발 (하얀색?), 새 청바지, 티셔츠 두어 장, 형광펜
	기타
	더 큰 배낭, 새 도시락통

49. 다음 중 어떤 목록 물품이 잘못된 곳에 적혀있는가?

(A) 공책
(B) 일일 계획표
(C) 형광펜
(D) 투명 파일 (속지)

풀이 'Clothing'(의류) 항목에 'highlighters'(형광펜)가 있으므로 (C)가 정답이다. 형광펜은 'Writing Supplies'(필기 도구) 항목에 들어가야 적합하다.

50. Clara가 아버지에게 쓴 목록의 목적은 무엇인가?

(A) 그녀를 위해 그가 무엇을 샀는지 물어보려고
(B) 그녀가 학교에서 무엇이 필요한지 말하려고
(C) 그녀가 새 학용품이 필요한지 물어보려고
(D) 그녀가 산 학용품에 관해 말하려고

풀이 'This is the shopping list you asked for. I think this is everything, but if there's anything else you think I might need to start back to school, let me know!'에서 해당 목록은 아버지의 부탁대로 Clara가 학교에서 필요한 물품을 정리한 목록임을 알 수 있으므로 (B)가 정답이다.

51. Clara가 필요하다고 생각하는 의류의 종류가 아닌 것은 무엇인가?

(A) 바지
(B) 신발
(C) 셔츠
(D) 재킷

풀이 'Clothing' 항목에서 언급되지 않은 (D)가 정답이다. 나머지 선택지의 경우, 차례대로 'new pair of jeans', 'shoes', 'T-shirts'에서 찾을 수 있으므로 오답이다.

어휘 sleeve 보호 용지; 소매 | binder (종이 등을 함께 묶는) 바인더 | P.E. (physical education) 체육 | highlighter 형광펜, 하이라이터 | miscellaneous 기타의, 여러 가지 다양한 | backpack 배낭 | lunchbox 도시락통

[52-55]

해석

Piney Stream 거주자분들께,

주택 소유자 협회는 일부 주민이 올바르게 쓰레기를 분리수거하지 않는다는 사실을 지역 쓰레기 관리소로부터 통지받았습니다. 저희는 이 서신 뒤에 동봉된 쓰레기 분리수거 지침을 검토해 주시기를 모두에게 요청드립니다. 문제가 계속된다면, 그것들을 더 직접적으로 해결할 것입니다.

더불어 화요일 아침 쓰레기 수거 이전 저녁에만 쓰레기를 내다 놓아야 한다는 것을 주민들께 다시 말씀드립니다. 이는 동네 청결을 보장하고 쓰레기통을 뒤지는 동물의 숫자를 줄여줍니다.

쓰레기 처리 서비스에 관해 문의 사항이 있으시다면, 쓰레기 수거 회사나 1(479)632-3737을 통해 주택 소유자 협회로 연락해주시기 바랍니다.

감사합니다,

Linda Blare

Piney Stream 주택 소유자 협회장

52. 이 서신의 의도는 무엇인가?

(A) 주민들에게 주의를 주려고
(B) 지침 사항을 변경하려고
(C) 선거를 발표하려고
(D) 주택 소유자들과 면담하려고

풀이 서신의 첫 문장에서는 일부 주민이 분리수거를 제대로 하지 않은 문제 상황을 언급하고 있다. 이후 주민들에게 동봉한 쓰레기 수거 지침을 검토해 달라 부탁하고 있고('to review the trash separation guidelines ~'), 쓰레기 내놓는 시간을 명시하고 ('~ to take trash out only in the evenings before trash pick-up on Tuesday mornings') 있으므로 해당 서신은 주민들에게 쓰레기 수거에 관해 주의를 주기 위해 보내졌음을 알 수 있다. 따라서 (A)가 정답이다.

53. 이 서신이 보내질 곳으로 가장 적절한 곳은 어디인가?

   (A) 지역 사업체
   (B) 개별 가정
   (C) 아파트 경비
   (D) 지역 학교

풀이 'The homeowners association'에서 'Piney Stream Residents'에 서신을 보낸 점, 가정 차원에서 할 수 있는 쓰레기 분리수거에 관한 내용을 언급한 점 등을 미루어보아 해당 서신은 개별 가정으로 보내진 것임을 추측할 수 있다. 따라서 (B)가 정답이다.

54. 쓰레기는 언제 밖에 내놓아야 하는가?

   (A) 월요일 오후
   (B) 월요일 저녁
   (C) 화요일 아침
   (D) 화요일 저녁

풀이 '~ to take trash out only in the evenings before trash pick-up on Tuesday mornings'에서 쓰레기 수거일인 화요일 전날의 저녁에만 쓰레기를 내놓으라고 했으므로 화요일 전날 저녁인 (B)가 정답이다.

55. 이 서신 뒤에 동봉된 내용으로 가장 적절한 것은 무엇인가?

   (A) 금속 쓰레기통 가격 목록
   (B) 쓰레기가 수거되는 요일
   (C) 쓰레기와 재활용품을 분리하는 방법에 대한 설명
   (D) 쓰레기 수거인에게 동물 신고하는 방법에 대한 지침

풀이 'We ask everyone to review the trash separation guidelines included on the back of this letter.'라고 했으므로 서신에 동봉된 지침 사항은 쓰레기 수거에 관련한 것임을 알 수 있다. 따라서 재활용 쓰레기를 구분하는 방법 등의 내용이 들어갈 수 있으므로 (C)가 정답이다.

어휘 resident 거주자, 주민 | homeowner 주택 소유자 | association 협회 | inform 알리다[통지하다] | local 지역의, 현지의 | deal with ~를 처리하다 | further 더 나아가 | take out the trash 쓰레기를 내놓다 | pick-up 수거 | insure 보장하다 | cleanliness 청결 | regarding ~와 관련하여 | announce 발표하다, 알리다

[56-59]
해석

> "Jenna Park는 그저 14살일 수 있지만, 그것이 이 어린 여성 사업가가 가장 인기 있는 10대 청소년용 새 전화 애플리케이션을 만드는 것을 막지는 못했다."
>
> 이 Carson 중학교 학생은 많은 학급 친구들이 아르바이트를 원하지만, 매주 그것을 할 시간이 없다는 걸 발견했다. "저는 공부를 많이 해요, 심지어 주말에도요. 그런데 이따금, 여유 시간이 생기고 여윳돈을 벌고 싶었죠." 그때 바로 그녀가 학생들이 일회성 아르바이트를 찾을 수 있는 휴대 전화 애플리케이션 아이디어를 떠올린 것이다. 이제 이 서비스는 20개 학교로 확대되었다. "각 학교 행정부에서 애플리케이션에 게시할 수 있는 아르바이트를 직접 관리합니다, 그래서 학생들은 안전한 아르바이트만 보고 지원할 수 있습니다."

56. 다음 중 Jenna Park를 가장 잘 설명하는 것은 무엇인가?

   (A) 대학교 졸업생
   (B) 교육 전문가
   (C) 중학생
   (D) 학교 행정관

풀이 지문에서 Jenna Park는 'the young businesswoman', 'The Carson Junior High student'라고 묘사된다. 따라서 (C)가 정답이다. 앞서 언급된 Jenna Park를 지칭하기 위해 정관사 'the'를 사용했다는 점에 유의한다.

57. 누가 아르바이트 게시 업무를 담당하는가?

   (A) Jenna Park
   (B) 애플리케이션 코딩 개발자
   (C) Jenna의 공동 사업자
   (D) 각 학교 행정부

풀이 'Each school's administration directly manages the jobs that can be posted on the application'에서 각 학교 행정부에서 게시 업무를 담당하고 있다고 했으므로 (D)가 정답이다.

58. 이 기사의 중심 소재는 무엇인가?

   (A) 어린 사업가
   (B) 학교의 비즈니스 교육
   (C) 학생들이 일하도록 돈을 주는 학교
   (D) 아르바이트를 하는 학생들

풀이 해당 지문은 10대 학생들이 아르바이트 자리를 알아볼 수 있는 애플리케이션을 개발한 14살의 중학생 Jenna Park를 소개하고 있는 글이다. 따라서 (A)가 정답이다. (D)의 경우, 아르바이트하는 학생들이 중심 소재가 아니라 그들을 타깃으로 개발한 애플리케이션의 개발자가 글의 주된 소재이므로 오답이다.

59. Park의 애플리케이션의 대상 고객은 누구인가?

   (A) 임시 일자리를 찾는 고등학생들
   (B) 평생 직장을 찾는 교사들
   (C) 저렴한 전화 요금제를 찾는 학생들
   (D) 안전한 은행 시스템을 찾는 학교 행정관들

풀이 'That's when she got the idea for a phone application where students could find one-time jobs'에서 알 수 있듯이 Jenna Park가 개발한 애플리케이션의 기능은 학생들이 임시 일자리를 찾도록 도와주는 것이다. 따라서 (A)가 정답이다.

어휘 junior high (미국에서 12~14세 된 학생들이 다니는) 중학교 | one-time 한 번만의 | administration 행정기관; 행정 (업무) | extra 추가의, 가외의 | post 게시하다 | apply 지원하다 | graduate 대학 졸업자 | coder 컴퓨터 코딩을 하는 사람 | temporary 임시의, 일시적인 | permanent 영구적인 | inexpensive 저렴한, (별로) 비싸지 않은

Part 8 | General Reading Comprehension

p.65

[60-61]

해석

정부 간의 강경 외교는 종종 지도자 간의 정상회담이나 대사간의 협상을 포함한다. 그러한 중요한 행사는 국가 간의 중요한 목표를 달성하는 데 도움이 될 수 있다. 그러나, 소위 말하는 온건 외교 또한 국제 관계에 중요하다. 온건 외교에서는, 국가들이 특정한 결과를 반드시 기대하는 것은 아니다. 대신에, 국가들은 예술가의 공연, 왕족의 방문, 자선 행사, 스포츠팀 간의 친선 경기를 이용하여 좋은 관계를 형성한다. 이러한 교류에서, 예술가, 운동선수, 그리고 외국인 관계자들은 주최국 사람들에게 즐거운 행동을 함으로써 나라 전체를 대표하게 된다. 목표는 즉각적인 것이라기보다, 대중의 마음에 그 나라를 간직하게 하는 장기적인 방안이 되는 것이다. 온건 외교에서, 오늘날 국가가 내리는 결정들은 수십 년 후 미래에 영향을 미칠 수 있다.

요약:

온건 외교는 강경 외교와는 다르다. 지도자나 대사 간의 회담 대신에, 그것은 스포츠 경기, 자선 행사, 혹은 왕이나 여왕으로부터의 <u>왕족</u> 방문을 포함할 수도 있다. 기대되는 목표는 즉각적이지 않지만 대신에 한 나라를 다른 나라에 <u>대중적이게</u> 하는 장기적인 방안이 되는 것이다.

60. 지문에 알맞은 요약문이 되도록 빈칸에 가장 적절한 단어를 고르시오.

(A) 단단한
(B) 왕족의
(C) 가상의
(D) (운동) 경기의

풀이 온건 외교는 강경 외교와는 달리 'performances by artists, visits by royalty, charity events, and friendly matches between sports teams'를 사용한다고 언급하고 있다. 빈칸 부분은 'visits by royalty'를 paraphrasing한 부분이므로 (B)가 정답이다.

61. 지문에 알맞은 요약문이 되도록 빈칸에 가장 적절한 단어를 고르시오.

(A) 대중적인
(B) 현대적인
(C) 다른
(D) 품위 없는

풀이 'The goal is not an immediate one, but rather a long-term way to keep the country in the public's mind.'에서 온건 외교의 목적은 대중의 마음에 그 나라를 각인시키는 데에 있다고 밝히고 있다. 이는 곧 그 나라를 대중화한다는 말이므로 (A)가 정답이다.

어휘 diplomacy 외교 | summit 정상 회담; 정상, 산꼭대기 | negotiation 협상 | ambassador 대사 | outcome 결과 | performance 공연, 연주; 실적, 성과 | royalty 왕족(들) | charity 자선 | immediate 즉각적인; 당면한; 직접적인 (영향을 미치는) | long-term 장기적인 | affect 영향을 미치다 | royal 왕족의 | virtual 가상의 | athletic (운동) 경기의; 운동 선수(용)의; 운동 선수다운, 근골이 단단한 | popular 대중적인; 인기 있는 | tasteless 품위 없는, 천박한; 아무런 맛이 없는, 무맛인

[62-65]

해석

[1] 극도로 영향력 있는 20세기 디자인 양식 중 하나는 바우하우스이다. 이 양식은 아주 깔끔한 선을 포함한다. 이는 오늘날 가구, 주방용품, 심지어 스마트폰의 디자인에서도 볼 수 있다. 그러나 바우하우스는 단순히 양식이나 동향 그 이상이다. 바우하우스는 사실 20세기 초반 독일의 실제 한 학교였다.

[2] 바우하우스로도 알려진, Staatliches Bauhaus 학교는, 건축가 Walter Gropius에 의해 세워졌다. 그에게 있어서, 바우하우스는 예술, 공예, 그리고 산업 세계를 함께 하나의 전체라고 보는 방식이었다. 그는 엘리트 예술가와 <u>실리적인</u> 공예가를 구별하는 것을 좋아하지 않았다. 대신에, 그는 디자인에서 균형이라는 현명한 생각을 장려했다. 그는 기계와 빠른 자동차가 있는 현대 세계에선 동시에, 사람들이 사용하는 것들이 아름답고, 저렴하며, 기능적일 수 있다고 생각했다.

[3] 오늘날 디자인 교육은 여전히 Gropius의 바우하우스 학교의 영향을 받는다. 예를 들어, 이 학교의 생각은 디자인은 예술, 기능성, 그리고 기술을 고려해야 한다는 것이었다. 오늘날 디자인 학교는 자신들이 가르치는 내용과 방법에 현대 기술을 결합해왔다. 또한, 바우하우스 학교에서 학생들은 어떤 것이든 디자인하기 전에, 첫 수업들을 통해 색과 재료 이론을 배웠다. 이런 접근 방식은 오늘날 디자인 교육에서 여전히 인기 있다.

62. 이 지문의 요지는 무엇인가?

(A) 최고의 디자인 교수법
(B) 독일 디자이너의 생애
(C) 건축의 실용성
(D) 유명한 학교의 철학

풀이 [1]문단 도입부에서는 바우하우스라는 유명한 디자인 양식을 언급하며 이 양식의 기원이 되는 실제 독일의 바우하우스 학교를 소개하고 있다. 그다음 [2]문단에서 이 바우하우스 학교의 철학을 언급하고, [3]문단에서 그 철학이 오늘날 디자인 교육에도 영향을 미치고 있다고 밝히고 있다. 따라서 지문의 중심 소재는 바우하우스 학교의 교육 철학이라 할 수 있으므로 (D)가 정답이다.

63. 다음 중 지문에서 언급되지 않은 것은 무엇인가?

(A) Walter Gropius는 디자인 학교를 창설했다.
(B) 바우하우스는 건축 디자인으로 가장 알려져 있다.
(C) 오늘날에도 여전히 바우하우스의 영향을 볼 수 있다.
(D) 바우하우스 철학에서 예술과 기능은 결합됐다.

풀이 (A)는 [2]문단의 'The Staatliches Bauhaus school ~ was created by architect Walter Gropius.'에서, (C)는 [3]문단의 'Design education today is still influenced by Gropius' Bauhaus school.'에서, (D)는 [3]문단의 'the school's idea was that design should consider art, functionality, and technology'에서 찾을 수 있어 오답이다. 따라서 지문에서 언급되지 않은 (B)가 정답이다. 바우하우스는 디자인 학교이지만 건축 디자인으로 가장 유명하다고 구체적으로 나와 있지 않다는 점에 유의한다.

64. [2]문단, 세 번째 줄에서, "practical"과 의미가 가장 가까운 것은 무엇인가?

(A) 단순한
(B) 현실적인
(C) 반복적인
(D) 근면한

풀이 해당 지문을 보면 'elite artists'와 'practical craftspeople'이 대조되는 개념임을 알 수 있다. 'elite artists'가 실용성을 목적으로 하지 않는 순수 예술 쪽에 종사하는 예술가를 대개 일컫는다면, 이에 대비되는 'practical craftspeople'은 일상생활에서 쓸 수 있는, 실용성을 가진 예술품을 만드는 공예가를 지칭한다는 걸 짐작할 수 있다. 따라서 '실용적인'과 유사한 뜻을 가진 (B)가 정답이다.

65. 다음 중 저자가 동의할 가능성이 가장 높은 문장은 무엇인가?

(A) 현대 디자인은 예술적 가치에 너무 많은 초점을 둔다.
(B) 다양한 교육이 더 나은 디자인 아이디어로 이어질 수 있다.
(C) 디자인의 가장 중요한 측면은 경제성이다.
(D) 학생들이 가능한 한 빨리 전문 교육을 받아야 한다.

풀이 지문의 내용을 종합해보면 Walter Gropius가 세운 바우하우스 학교는 예술, 공예, 산업을 하나로 연결 지으며, 디자인에서 예술, 기능, 기술을 함께 생각하는 균형('well-roundedness')을 중시함을 알 수 있다. 저자는 이를 현명한 생각('wise idea')이라고 했고, 이러한 바우하우스 학교의 철학은 한쪽에 치우치지 않고 다양한('varied') 분야를 다루는 교육이 더 좋은 디자인을 하게 만든다는 생각과 일맥상통하므로 (B)가 정답이다.

어휘 extremely 극도로, 극히 | influential 영향력 있는 | movement 동향, 움직임; 진전; 이동 | craft (수)공예; 기술 | elite 엘리트 (계층) | practical 현실적인; 실리적인; 실용적인 | craftsperson 공예가; (숙련된) 장인 | promote 장려하다; 증진[촉진]하다 | well-roundedness 균형, 다재다능함, 전인격을 갖춤 | affordable (가격이) 알맞은, 감당할 수 있는 | incorporate 포함하다 | approach 접근법; 접근하다 | practicality 실용성 [주의]; 실지[실제]적임 | philosophy 철학, 이념 | found 설립하다, 세우다 | combine 결합하다 | realistic 현실적인 | repetitive 반복적인 | hardworking 근면한 | varied 다양한; 다채로운 | specialized 전문화된, 전문적인

Actual Test 4회

Section I. Listening & Speaking

Part 1 — p.70

1 (A)	2 (C)	3 (A)	4 (B)	5 (C)
6 (A)				

Part 2 — p.72

7 (B)	8 (A)	9 (A)	10 (C)	11 (B)
12 (A)	13 (B)	14 (A)	15 (D)	16 (D)

Part 3 — p.73

17 (D)	18 (C)	19 (A)	20 (C)	21 (A)
22 (B)	23 (C)	24 (A)	25 (B)	26 (A)

Part 4 — p.74

27 (A)	28 (A)	29 (A)	30 (B)

Section II. Reading & Writing

Part 5 — p.76

31 (B)	32 (A)	33 (B)	34 (D)	35 (D)
36 (A)				

Part 6 — p.78

37 (B)	38 (C)	39 (A)	40 (C)	41 (D)
42 (B)	43 (C)	44 (B)	45 (D)	46 (A)

Part 7 — p.79

47 (A)	48 (D)	49 (C)	50 (B)	51 (D)
52 (D)	53 (D)	54 (B)	55 (C)	
56 (C)	57 (B)	58 (C)	59 (C)	

Part 8 — p.83

60 (A)	61 (A)
62 (B)	63 (B)	64 (C)	65 (D)

Part 1 | Listen and Recognize — p.70

Track 4-1

1.

W: Is your daughter getting over her cold?
M: No, it's getting worse and worse.

여: 딸의 감기가 낫고 있니?
남: 아니, 점점 더 심해지고 있어.

풀이 여자가 남자에게 딸의 감기('cold')에 관해 물었고, 남자는 감기가 더 심해지고 있다('it's getting worse and worse')고 했으므로 아이가 아파하고 있는 사진인 (A)가 정답이다.

어휘 get over 회복[극복]하다 | cold 감기 | get worse and worse 점점 나빠지다

2.

M: Oh, I forgot to check the stove. Maybe I left the burner on.
W: No, you didn't. I checked the stove before we left.

남: 아, 가스레인지 확인하는 것을 잊어버렸다. 불을 켜 두었을지도 몰라.
여: 아니, 안 그랬어. 우리가 떠나기 전에 내가 가스레인지 확인했어.

풀이 남자가 가스레인지를 끄지 않은 것('I forgot to check the stove')을 걱정하고 있으므로 (C)가 정답이댜.

어휘 forget 잊어버리다 | stove 가스레인지, 스토브; 난로 | leave (과거형 left) (어떤 상태, 장소 등에 계속) 있게 만들다[그대로 두다] | burner (취사용) 버너, 가열 기구

3.

W: Sorry about my yawn. I want to take a nap.
M: Go ahead. You can leave your stuff on the table.

여: 하품해서 미안해. 낮잠 자고 싶어.
남: 그렇게 해. 탁자 위에 네 물건(들) 놓아도 돼.

풀이 여자가 하품한('yawn') 것에 대해 사과하고 있으므로 하품하는 여자 사진 (A)가 정답이다.

어휘 yawn 하품; 하품하다 | take a nap 낮잠 자다 | Go ahead. 그렇게 해. | stuff 것[것들], 물건, 물질

4. _____

M: Darn! I lost a button! I hadn't noticed because of my belt covering it.

W: Did you check your pocket?

남: 젠장! 단추를 잃어버렸어! 내 벨트가 덮고 있어서 못 봤어.

여: 주머니 확인했니?

풀이 'button'을 잃어버렸고, 그 위에 벨트가 있었다는 것('my belt covering it')으로 보아 남자가 말하고 있는 'button'은 바지의 단추이므로 (B)가 정답이다. (A)와 (C)의 경우, 모두 'button' 이라고 부르지만 남자가 말한 바지의 'button'이 아니므로 오답이다.

어휘 button 단추, 버튼 | notice 알아채다 | pocket 주머니

5. _____

W: Have you washed any clothes yet?

M: No, I've only done these towels so far.

여: 벌써 빨래 다했니?

남: 아니, 지금까진 여기 있는 수건들만 빨았어.

풀이 남자가 옷을 다 빤 것은 아니고 수건만 빨았다고 했으므로 수건을 널고 있는 남자 사진 (C)가 정답이다.

어휘 wash 세탁하다, (보통 비누를 써서) 씻다 | so far 지금까지

6. _____

M: What's up with your hair?

W: The stylist was in a hurry and made a mess of my hair.

남: 너 머리 왜 그래?

여: 스타일리스트가 서두르다가 머리를 망쳐 놓았어.

풀이 스타일리스트가 여자의 머리를 망쳤다고('made a mess of my hair') 했으므로 머리 손질을 받으며 놀라고 있는 사진 (A)가 정답이다.

어휘 stylist 헤어 스타일리스트, 미용사 | in a hurry 서둘러[급히] | make a mess 어지르다, 망치다

---

7. _____

W: I'm so excited for summer camp.

M: _____

(A) It's a shame you can't go.

(B) These three weeks will be great!

(C) You were amazing this summer!

(D) I'm sad that winter's already here.

해석 _____

여: 난 여름 캠프 때문에 정말 신이 나.

남: _____

(A) 네가 갈 수 없다니 유감이다.

(B) 이번 3주는 정말 멋질 거야!

(C) 넌 올여름 멋졌어!

(D) 난 벌써 겨울이 와서 슬퍼.

풀이 여름 캠프 때문에 신이 난 여자의 말에 맞장구 치며 좋아하는 (B) 가 정답이다. (C)의 경우, 이미 지나간 여름을 언급하고 있으므로 오답이다.

어휘 It's a shame (that) ~. ~라서 유감이다. | amazing 멋진, 놀라운

8. _____

M: Did they install the new printer?

W: _____

(A) Yes, it prints so clearly.

(B) Yes, it'll be here tomorrow.

(C) No, it's already gone to print.

(D) No, it was too easy to ask for help.

해석 _____

남: 그들이 새로운 프린터를 설치했니?

여: _____

(A) 응, 아주 선명하게 인쇄해.

(B) 응, 내일 여기로 올 거야.

(C) 아니, 이미 인쇄작업에 들어갔어.

(D) 아니, 도움을 요청하기엔 너무 쉬웠어.

풀이 새 프린터를 설치했는지('install the new printer') 남자가 물었으므로, 그렇다고 대답한 뒤 새 프린터에서 인쇄가 선명하게 잘 된다고 말하는 (A)가 정답이다. (B)는 이미 설치한 프린터가 내일 온다고 하면 어색하므로 오답이다.

어휘 install 설치하다 | clearly 선명하게

9.

W: Which location do you prefer?

M: _____

(A) I prefer the mountain resort.
(B) We couldn't locate anything.
(C) You can never go back there.
(D) This isn't the vacation I wanted.

해석

여: 어떤 장소를 더 선호하니?

남: _____

(A) 나는 그 산악 휴양지가 더 좋아.
(B) 우리는 아무것도 위치를 찾지 못했어.
(C) 너는 거기로 절대 돌아갈 수 없어.
(D) 이것은 내가 원했던 휴가가 아니야.

풀이 어느 위치('Which location')를 선호하는지 여자가 물었으므로, 원하는 장소인 산악 휴양지('mountain resort')를 말하는 (A)가 정답이다.

어휘 location 장소 | mountain resort 산악 휴양지 | locate (~의 정확한 위치를) 찾아내다

10.

M: I'm looking for the rubber hammers.

W: _____

(A) North of the Sahara Desert.
(B) After you get your upgrade.
(C) To the right of the metal ones.
(D) Out in the middle of ocean.

해석

남: 나는 고무망치를 찾고 있는데요.

여: _____

(A) 사하라 사막 북쪽이요.
(B) 업그레이드를 받은 후에요.
(C) 금속망치 오른쪽이요.
(D) 바다 한가운데서요.

풀이 남자가 고무망치가 어디 있는지 물었으므로, 고무망치가 있을 만한 위치를 말해주는 (C)가 정답이다. 'ones'가 대명사로 쓰여 'hammers'를 지칭하고 있다는 점에 유의한다. (A)와 (D)의 경우, 사막과 바다 모두 고무망치가 있을 장소로는 적합하지 않으므로 오답이다.

어휘 rubber 고무 | hammer 망치 | Sahara Desert 사하라 사막

11.

W: There are too many people on the elevator to get on.

M: _____

(A) Want to get on top?
(B) Want to wait for the next one?
(C) Should we make a reservation?
(D) Should we be more considerate?

해석

여: 타기에는 엘리베이터에 사람이 너무 많아.

남: _____

(A) 꼭대기에 탈래?
(B) 다음 거 기다릴래?
(C) 예약을 해야 할까?
(D) 좀 더 신중해야 할까?

풀이 여자가 엘리베이터에 사람이 너무 많다고 했으므로, 다음 것을 타는 건 어떤지 묻는 (B)가 정답이다. (A)의 경우, 엘리베이터 꼭대기에 타자는 것은 어색하므로 오답이다.

어휘 reservation 예약 | considerate 신중한, 사려 깊은

12.

M: Take my bag, will you?

W: _____

(A) Carry your own bag.
(B) Buy your own things.
(C) Have your mom take you.
(D) Get with the latest fashions.

해석

남: 내 가방 들어줄래?

여: _____

(A) 네 가방은 네가 들어.
(B) 네 물건은 네가 사.
(C) 어머니한테 널 데려가시라고 해.
(D) 최신 유행에 맞춰.

풀이 가방을 들어 달라는 말에 본인 가방은 본인이 스스로 들으라고 대답하는 (A)가 정답이다. (C)의 경우, 'Have your mom take yours.'(어머니한테 들어달라고 해.)와 같은 문장이 되어야 알맞은 대답이 될 수 있으므로 오답이다.

어휘 latest 최근의 | fashion 유행

13. _____

W: This is the last time I take the long distance bus.

M: _____

(A) Yes, the car felt stuffy.

(B) It really has been awful.

(C) Yes, it was such a short ride.

(D) The first time is always exciting.

해석 _____

여: 내가 장거리 버스를 타는 건 이번이 마지막이야.

남: _____

(A) 응, 차가 답답했어.

(B) 정말 끔찍했어.

(C) 응, 짧은 거리였어.

(D) 처음은 늘 신이 나지.

풀이 'This is the last time ~'이라 말한 것은 앞으로 다시는 장거리 버스를 타지 않겠다는 의미로, 여자가 장거리 버스를 타면서 좋지 않은 경험을 했음을 알 수 있다. 이에 대해 (장거리 버스 탑승이) 정말 끔찍했다고 동의하는 (B)가 정답이다. (A)의 경우, 'bus'를 'car'라고 지칭하는 것은 어색하므로 오답이다.

어휘 distance 거리 | stuffy 통풍이 잘 안 되는, 숨막히는, 답답한 | awful 끔찍한 | ride (승용차 등을 타고 가는) 길[여정]

14. _____

M: Why do you look so frightened?

W: _____

(A) I think I saw a ghost.

(B) This is bright enough.

(C) Today is going so well.

(D) These shoes are too tight.

해석 _____

남: 왜 그렇게 겁먹었어?

여: _____

(A) 유령을 본 것 같아.

(B) 이건 충분히 밝아.

(C) 오늘은 아주 잘 되어가고 있어.

(D) 이 신발은 너무 꽉 조여.

풀이 남자가 여자에게 겁을 먹은 이유를 물었으므로 두려움의 원인인 유령을 언급하는 (A)가 정답이다.

어휘 frightened 겁먹은, 무서워하는 | bright 밝은 | tight 꽉 조여 있는, 단단한

15. _____

W: I found your favorite cream puffs!

M: _____

(A) I'm not prepared to see you.

(B) You're going to pay for this!

(C) You shouldn't have asked me.

(D) I thought they stopped selling them!

해석 _____

여: 네가 제일 좋아하는 크림 퍼프를 찾았어!

남: _____

(A) 나는 너를 만날 준비가 안 됐어.

(B) 넌 이에 대한 대가를 치르게 될 거야!

(C) 나한테 부탁하지 말았어야 했어.

(D) 나는 그것들의 판매를 멈춘 줄 알았어!

풀이 남자가 가장 좋아하는 간식('favorite cream puffs')을 찾았다는 말에 판매가 중단된 줄 알았다고 대답하는 (D)가 정답이다.

어휘 be prepared 준비가 되다, 대비하다 | cream puff 크림 퍼프 (작고 혹 같은 슈 페이스트리에 휘핑크림이나 커스터드를 채운 빵)

16. _____

M: You should buy this shirt.

W: _____

(A) Isn't it on call?

(B) Isn't it healthy?

(C) It's not on sale?

(D) It's not too small?

해석 _____

남: 너는 이 셔츠를 사야 해.

여: _____

(A) 대기 중 아니야?

(B) 건강에 좋은 거 아니야?

(C) 세일을 하고 있는 거 아니야?

(D) 너무 작은 거 아니야?

풀이 남자가 여자에게 셔츠를 사라고 권유하고 있다. 이에 대해 (남자가 권유한) 셔츠의 크기가 너무 작지는 않은지 되묻는 (D)가 정답이다.

어휘 on call 대기 중인 | on sale 판매되는; 할인[세일] 중인

17.

W: Have you thought about what you'll write?

M: Not yet. I'm still thinking of my goals for this school year.

W: Me, too. But this letter is a good idea for an assignment.

M: Yeah, it'll be fun to read what our goals were 10 months from now.

W: I wonder how much we'll accomplish!

M: I hope I can stay focused on my goals!

What is the main topic of this conversation?

(A) a penpal
(B) a love letter
(C) a graduation speech
(D) a writing assignment

해석

여: 너 뭐 쓸지 생각했어?

남: 아직. 아직도 이번 학년 목표를 생각하고 있어.

여: 나도. 하지만 이 편지는 좋은 과제 아이디어야.

남: 맞아, 앞으로 10개월 후에 우리의 목표가 무엇이었는지 읽는 건 재미있을 거야.

여: 우리가 얼마나 해낼지 궁금해!

남: 목표에 집중할 수만 있었으면 좋겠어!

대화의 주제는 무엇인가?

(A) 펜팔
(B) 러브레터
(C) 졸업식 연설
(D) 쓰기 과제

풀이 첫 번째 턴에서 'Have you thought about what you'll write?', 세 번째 턴에서 'this letter is a good idea for an assignment'라고 했으므로 두 사람이 글쓰기 과제에 관해 대화를 나누고 있다는 사실을 알 수 있다. 따라서 (D)가 정답이다.

어휘 assignment 과제 | accomplish 완수하다, 해내다

18.

M: Why do you have a 15-liter jar on our shopping list?

W: Oh, it's for my science project.

M: Which is... watching tree roots grow through the glass?

W: (Chuckles) No, a bug collection.

M: Why does it need to be so big?

W: Ms. Braxton doesn't want us to kill them, so I thought they'd need some extra space.

What is the jar for?

(A) growing grass
(B) observing roots
(C) collecting insects
(D) making lemonade

해석

남: 왜 우리 쇼핑 목록에 15리터짜리 병이 있어?

여: 아, 제 과학 프로젝트를 위한 거예요.

남: 그러니까... 유리를 통해 나무뿌리가 자라는 것을 보는 거?

여: (웃으며) 아니요, 벌레 수집이에요.

남: 왜 그렇게 커야 하는 거야?

여: Braxton 선생님은 우리가 벌레를 죽이는 걸 원치 않으셔서, 그것들이 여분 공간이 필요할 거라고 생각했어요.

병은 무엇을 위한 것인가?

(A) 잔디 기르기
(B) 뿌리 관찰하기
(C) 곤충 수집하기
(D) 레모네이드 만들기

풀이 두 번째 턴의 'it's for my science project', 네 번째 턴의 'a bug collection'을 통해 여자가 곤충 수집 때문에 병이 필요하다는 사실을 알 수 있으므로 (C)가 정답이다. (B)는 남자의 추측이었으므로 오답이다.

19.

W: Ok, I'm going to go check these out and then we can go.

M: Shhhhh *(half whisper)* we're not supposed to talk in here.

W: Relax, we're in the lobby, not the study area.

M: *(still whispering)* Still, you should be more considerate.

W: Whatever. I'll take care of these books and I'll be back in a second.

M: *(whispering)* OK, just hurry please.

Where most likely are the man and woman?

(A) **a library**
(B) a hospital
(C) a museum
(D) a bookstore

해석

여: 좋아, 내가 이것들을 대출할 테니 그런 다음에 가자.

남: 쉿 *(반쯤 속삭이며)* 우리 여기서 이야기하면 안 돼.

여: 긴장 풀어, 우리는 로비에 있지 공부하는 공간에 있지 않아.

남: *(여전히 속삭이며)* 그래도, 더 주의해야 해.

여: 그게 뭐든. 이 책들 처리하고 금방 돌아올게.

남: *(속삭이며)* 알았어, 서두르기나 해줘.

여자와 남자가 있을 장소로 가장 적절한 곳은 어디인가?

(A) 도서관
(B) 병원
(C) 박물관
(D) 서점

풀이 책('these books')을 대출할 수 있고('check these out') 조용히 해야 하는 장소이므로 (A)가 정답이다.

어휘 check out (도서관 등에서) 대출하다 | considerate 신중한

20.

M: Cordelia, I need to talk to you.

W: What is it Mr. Monier?

M: We're only a week away from opening night, and you still don't know your lines.

W: I know, I know. I'm sorry.

M: Don't be sorry. Just memorize them! I selected you as the lead in this play, so don't disappoint me.

W: I promise: they'll be memorized by next rehearsal.

What is the man's likely occupation?

(A) stage actor
(B) set designer
(C) **theater director**
(D) lighting manager

해석

남: Cordelia, 할 얘기가 있습니다.

여: 무슨 일인가요, Monier씨?

남: 오프닝 저녁까지 일주일밖에 안 남았는데, 아직도 대사를 모르시네요.

여: 알아요, 알아요. 죄송해요.

남: 미안해하지 마세요. 그냥 외우세요! 제가 이 연극의 주연으로 당신을 선택했으니, 저를 실망하게 하지 말아 주세요.

여: 약속할게요: 다음 리허설까지 대사가 외워져 있을 거예요.

남자의 직업으로 적절한 것은 무엇인가?

(A) 연극배우
(B) 무대 디자이너
(C) 연극 연출가
(D) 조명 감독

풀이 남자가 여자에게 대사를 외우라고 다그치고 있고, 다섯 번째 턴에서 남자가 'I selected you as the lead in this play, so don't disappoint me.'이라고 했으므로 남자는 연극 연출가, 여자는 주연을 맡은 연기자임을 알 수 있다. 따라서 (C)가 정답이다. (A)는 남자의 직업이 아니라 여자의 직업이므로 오답이다.

어휘 line (연극·영화의) 대사; (글의) 행 | lead 주연, 주인공 | disappoint 실망하게 하다

21.

W: How can I help you?

M: I need to return these ice skates.

W: Ok, what seems to be the problem with them?

M: They're just too big in the toe.

W: Have you thought about thicker socks?

M: I tried, but it didn't help. Plus I prefer lightweight socks when I skate.

What is wrong with the man's ice skates?

(A) **They are too big.**
(B) They are too tight.
(C) They are too loose.
(D) They are too heavy.

해석

여: 어떻게 도와드릴까요?

남: 이 스케이트를 반납하려고요.

여: 네, 무엇이 문제인가요?

남: 발가락 쪽이 정말 너무 커요.

여: 두꺼운 양말 신는 것을 생각해 보셨나요?

남: 신어 봤지만, 도움이 되지 않았어요. 또 저는 스케이트 탈 때 가벼운 양말을 선호해요.

남자의 스케이트에는 무슨 문제가 있는가?

(A) 너무 크다.
(B) 너무 꽉 조인다.
(C) 너무 느슨하다.
(D) 너무 무겁다.

풀이 네 번째 턴에서 남자가 'They're just too big in the toe.'라고 했으므로 스케이트가 너무 커서 남자가 반납하려는 것임을 알 수 있다. 따라서 (A)가 정답이다.

어휘 lightweight 가벼운

22.

M: So what have you been listening to lately?

W: You mean like music?

M: Yeah, I'm looking for new bands to follow.

W: Just a bunch of different indie stuff mostly.

M: Oh, that sounds right up my alley.

W: Really? I could send you some files if you'd like.

What does the woman offer to do?

(A) look up new bands
(B) **send music to the man**
(C) make more indie music
(D) listen to the man's favorite band

해석

남: 그래서 요즘 뭐 듣고 있어?

여: 음악 같은 거 말이야?

남: 그래, 관심 가질 새 밴드를 찾고 있거든.

여: 대부분 그냥 여러 다른 인디 밴드들이야.

남: 오, 그거 딱 내 취향 같아.

여: 정말? 원한다면 파일 몇 개 보내줄 수 있어.

여자가 하기로 제안한 것은 무엇인가?

(A) 새로운 밴드를 찾아보기
(B) 남자에게 음악을 보내기
(C) 더 많은 인디 음악을 만들기
(D) 남자가 가장 좋아하는 밴드 음악 듣기

풀이 마지막 턴에서 여자가 'Really? I could send you some files if you'd like.'라며 남자에게 음악 파일 보내는 것을 제안하고 있다. 따라서 (B)가 정답이다.

어휘 indie 인디의, 독립된 | right up my alley 내 취향(관심사)에 딱 맞는

23. _____

W: *(angry)* Why did you tell her that I was running for class president?

M: Because she asked!

W: You could have lied! Now she's running, too!

M: What? Veronica told me she wasn't interested.

W: Well, now she is. You know she's only interested in beating me.

M: I can't believe her! Now, I'm angry at her.

What does the man mean by "I can't believe her!"?

(A) The woman told a lie to him.
(B) The woman is confusing him.
(C) The man is surprised by Veronica's actions.
(D) The man thinks that Veronica is not a good president.

해석

여: *(화가 난 상태로)* 왜 내가 반장 선거에 출마한다고 걔한테 말했어?

남: 걔가 물어봤기 때문이야!

여: 거짓말할 수도 있었잖아! 이제 걔도 출마한다고!

남: 뭐라고? Veronica가 나한테 자기는 관심 없다고 했어.

여: 글쎄, 이젠 관심 있네. 걔 나를 이기는 데만 관심 있는 거 알잖아.

남: 걔를 믿을 수 없어! 지금, 걔한테 화가 나.

남자가 "걔를 믿을 수가 없어!"라고 한 의도는 무엇인가?

(A) 여자는 남자에게 거짓말을 했다.
(B) 여자는 남자를 혼란스럽게 하고 있다.
(C) 남자는 Veronica의 행동에 놀랐다.
(D) 남자는 Veronica가 좋은 반장이 아니라고 생각한다.

풀이 'I can't believe her!'에서 'her'는 Veronica를 의미하고, 그 뒤에 'Now, I'm angry at her.'라고 화난 감정을 표현하고 있다. 대화의 전반적인 내용을 고려했을 때, (반장 선거에) 관심이 없었다고 해놓고 출마한 Veronica의 행동에 남자가 화가 나고 놀랐다는 것이 적절하므로 (C)가 정답이다. (A)의 경우, 거짓말을 한 것은 현재 대화를 하고 있는 여자가 아니라 Veronica이므로 오답이다.

어휘 class president 반장 | confuse 혼란스럽게 하다

24. _____

M: Are we out of milk AGAIN?

W: Yeah, it was bad, so I poured it out.

M: I guess I'll have to pick some up after work.

W: Don't bother. It's already coming in our grocery delivery tonight.

M: Oh, okay. Thanks. I'm headed to the office, then.

W: Yep, have a good day!

What will the man do next?

(A) go to work
(B) go to buy milk
(C) wait for a delivery
(D) wait for her to get home

해석

남: 우리 또 우유가 다 떨어진 거야?

여: 어, 상해서, 내가 쏟아부었어.

남: 퇴근 후에 내가 좀 사다 놔야 할 것 같네.

여: 신경 쓰지 마. 이미 오늘 밤 식료품 배송으로 올 거야.

남: 오, 알았어. 고마워. 그럼, 사무실로 갈게.

여: 그래, 좋은 하루 보내!

남자는 다음에 무엇을 할 것인가?

(A) 일하러 간다
(B) 우유를 사러 간다
(C) 배송을 기다린다
(D) 그녀가 집에 오기를 기다린다

풀이 다섯 번째 턴에서 'I'm headed to the office, then.'이라고 했으므로 우유를 사러 가지 않고 회사로 간다는 것을 알 수 있다. 따라서 (A)가 정답이다. (B)의 경우, 여자가 이미 배송 주문을 시켜놔서 살 필요가 없다고 했으므로 오답이다.

어휘 pour (특히 그릇을 비스듬히 기울이고) 붓다[따르다], 쏟다 | grocery delivery 식료품 배송

25.

W: We've got to make some final decisions on our vacation plans.

M: You know me-anything as long as there's an amusement park at some point.

W: So everything else is up to me?

M: And not a bunch of museums. You know I prefer more exciting stuff.

W: *(sigh, slightly annoyed)* Okay, I'll get everything planned.

M: I'm sure whatever you choose will be fine.

Which of the following is NOT true?

(A) The man enjoys amusement parks.

(B) The woman wants to delay any final plans.

(C) The man does not want to go to museums.

(D) The woman will do the majority of travel planning.

해석

여: 휴가 계획에 대해 최종 결정을 내려야 해.

남: 나 알잖아-어느 시점에든 놀이공원이 있다면 뭐든지.

여: 그럼 나머지 모든 것은 다 나한테 달린 거네?

남: 그리고 박물관 너무 많은 것도 말고. 내가 신나는 걸 더 좋아하는 거 알잖아.

여: *(한숨, 다소 짜증 난 투로)* 그래, 내가 모든 것을 계획할게.

남: 네가 뭘 선택하든 좋으리라는 것을 확신해.

다음 중 사실이 아닌 것은 무엇인가?

(A) 남자는 놀이공원을 즐긴다.

(B) 여자는 최종 결정을 미루고 싶어 한다.

(C) 남자는 박물관에 가기를 원하지 않는다.

(D) 여자는 대부분의 여행 계획을 짤 것이다.

풀이 첫 번째 턴에서 여자가 'We've got to make some final decisions on our vacation plans.'라고 했으므로 휴가에 관해 최종 결정을 하고 싶어 함을 알 수 있다. 따라서 최종 결정을 미루고 싶어한다는 말은 거짓이므로 (B)가 정답이다. (A)는 두 번째 턴에서, (C)는 네 번째 턴에서, (D)는 다섯 번째 턴에서 알 수 있으므로 오답이다.

어휘 amusement park 놀이공원 | delay 미루다 | majority 대부분, 대다수

26.

M: Hey, you know our new toaster? We're gonna have to be careful.

W: What do you mean?

M: There's been a lot of fires with the model we bought. They think it's bad wiring.

W: Oh my, do we need to return it?

M: Let's wait to see if they do a recall. Till then, unplug it when you're done using it.

W: Gotcha.

How does the man tell the woman to be careful?

(A) by unplugging the toaster after use

(B) by keeping toasters away from sinks

(C) by watching the toaster while toasting

(D) by researching toasters before purchasing

해석

남: 저기, 우리 새 토스트기 알지? 조심해야 할 거야.

여: 무슨 뜻이야?

남: 우리가 산 모델이 화재 사건이 많아. 그들은 배선 불량이라고 생각해.

여: 이런, 환불받아야 할까?

남: 그들이 리콜하는지 기다려 보자. 그때까지는, 다 쓰면 플러그를 뽑아놔.

여: 알겠음.

남자가 여자에게 어떻게 조심하라고 말하는가?

(A) 토스트기를 쓴 뒤 플러그를 뽑아 놓음으로써

(B) 토스트기를 싱크대 근처에 두지 않음으로써

(C) 토스트를 할 때 토스트기를 지켜봄으로써

(D) 사기 전에 토스트기를 알아봄으로써

풀이 다섯 번째 턴에서 남자가 'Till then, unplug it when you're done using it.'이라고 했으므로 (A)가 정답이다.

어휘 recall (하자가 있는 제품을) 회수하다, 리콜하다 | unplug 플러그를 뽑다 | purchase 사다

[27-28]

W: Looking for a new hair dryer that actually does its job? The Ionic Beam hair dryer will leave your hair with the smoothness and shine of fine silk! Our patented ion technology dries without damaging your hair. Simply use with a round brush and create beautiful curls that will stay all day! Salon-grade dryers can go for over 300 dollars, but call today and you can get yours for only 59 dollars! Don't delay-dial now!

27. How can someone purchase the Ionic Beam hair dryer?

(A) by phone
(B) by computer
(C) at a hair salon
(D) at a beauty supply store

28. What is NOT an advertised feature of the hair dryer?

(A) less time to dry
(B) no added damage
(C) long lasting curling
(D) smooth and shiny hair

해석

여: 실제로 제 기능을 하는 새로운 헤어드라이어를 찾고 있나요? Ionic Beam 헤어드라이어는 여러분의 머리에 매끄러움과 고운 비단 윤기를 남길 것입니다! 우리의 특허 받은 이온 기술은 당신의 머리카락을 손상하지 않고 말립니다. 간단하게 둥근 솔과 함께 사용해서 온종일 유지되는 아름다운 곱슬머리를 만들어보세요! 미용실 급 드라이어는 300달러가 넘지만, 오늘 전화하시면 단돈 59 달러에 가져가실 수 있습니다! 지체하지 마세요—지금 전화하세요!

27. Ionic Beam 헤어드라이어를 어떻게 살 수 있는가?

(A) 전화로
(B) 컴퓨터로
(C) 미용실에서
(D) 미용용품 가게에서

풀이 마지막 부분의 'call today and you can get yours ~ ', 'dial now!'에서 드라이어를 사려면 전화를 하라고 했으므로 (A)가 정답이다.

28. 헤어드라이어의 특징으로 광고된 것이 아닌 것은 무엇인가?

(A) 말리는 시간이 덜 걸림
(B) 손상을 추가하지 않음
(C) 곱슬함이 오래 지속됨
(D) 매끄럽고 반짝이는 머리

풀이 (B)는 'dries without damaging your hair'에서, (C)는 'create beautiful curls that will stay all day'에서, (D)는 'leave your hair with the smoothness and shine of fine silk'에서 찾을 수 있는 내용이므로, 언급된 적 없는 (A)가 정답이다.

어휘 leave (어떤 결과를) 남기다[(남겨) 주다] | smoothness 매끄러움 | shine 윤(기); 빛(남), 광채 | patented 특허받은 | ion 이온 | damage 손상을 주다; 손상, 피해 | curl (헤어) 컬 | salon-grade 미용실 급의 | delay 미루다, 연기하다 | purchase 사다, 구매하다 | hair salon 미용실 | feature 특징 | long lasting 오래 지속되는 | smooth 매끄러운, 윤기 있는

[29-30]

M: Looks like we're having another wonderful day here in Wynne Springs, with last week's rain behind us. It's the fifth straight day of sunshine, and that will keep up until the weekend. Today's low is a refreshing 56, and a high of a perfect 75 degrees. Saturday we'll see a light shower in the morning, but it should be just enough to freshen up the air so that Wynne Springs residents can have a clear afternoon to enjoy outside.

29. What will the weather be like today?

(A) sunny
(B) rainy
(C) windy
(D) cloudy

30. Which of the following best describes Saturday's forecast?

(A) light rain from late morning to early evening
(B) morning rain followed by a clear afternoon
(C) chilly morning followed by a cloudy afternoon
(D) humid morning with high afternoon temperatures

해석

남: 지난주에 내린 비를 뒤로 한 채 Wynne Springs에서는 또 멋진 하루를 보낼 것 같습니다. 햇살이 내리쬐는 지 5일째 되는 날이고, 이는 주말까지 계속되겠습니다. 오늘의 최저 기온은 상쾌한 56도이고, 최고 기온은 완벽한 75도입니다. 토요일은 아침에 가벼운 소나기가 있겠으나, 공기가 딱 적당하게 상쾌해져서 Wynne Springs 주민들이 야외에서 맑은 오후를 즐길 수 있겠습니다.

29. 오늘 날씨는 어떨 것인가?

(A) 맑은
(B) 비가 오는
(C) 바람이 부는
(D) 구름이 많은

풀이 'It's the fifth straight day of sunshine ~'에서 오늘도 5일 연속으로 날이 맑음을 알 수 있으므로 (A)가 정답이다.

30. 다음 중 토요일 날씨를 가장 잘 설명하는 것은 무엇인가?

(A) 늦은 아침부터 이른 저녁까지 가벼운 비가 옴
(B) 아침에 비가 오고 오후에 맑음
(C) 아침에 춥고 오후에 구름이 많음
(D) 아침에 습하고 오후에 온도가 높음

풀이 'Saturday we'll see a light shower in the morning, but it should be just enough to freshen up the air ~.'라고 했으므로 토요일 날씨는 아침에 가벼운 비가 내리고 오후에 상쾌해질 것임을 알 수 있다. 따라서 (B)가 정답이다.

어휘 keep up (특정한 날씨가) 계속되다; (~의 진도·증가 속도 등을)
따라가다 | straight day 연속되는 날 | refreshing 상쾌한 |
degree (온도에서의) 도 | shower 소나기 | freshen (up) 더
상쾌하게[산뜻하게/새롭게] 하다 | resident 주민, 거주자 |
describe 설명하다, 묘사하다 | forecast 예보 | humid 습한 |
temperature 온도

Part 5 | Picture Description

p.76

31.
해석 유치원 아이들은 새로운 단어로 게임을 할 때 수업 시간에 주의를
기울인다.

(A) 보다
(B) 내다
(C) (비용이) 들다
(D) 공부하다

풀이 '주의를 기울이다', '집중하다'라는 뜻을 나타낼 때 'pay
attention'이라는 영어 표현을 사용할 수 있으므로 (B)가
정답이다.

어휘 preschool 유치원 | pay attention 주의를 기울이다

32.
해석 시간을 절약해주기 때문에 나는 대부분의 크리스마스 쇼핑을
온라인으로 하려고 했다.

(A) 절약하다
(B) 저장하다
(C) 모으다
(D) 모으다

풀이 '시간을 절약하다'라는 뜻을 나타낼 때 'save time'이라는 영어
표현을 사용할 수 있으므로 (A)가 정답이다.

어휘 save time 시간을 절약하다

33.
해석 왜 모두 집을 매번 어지르기만 하고 치우지 않는 걸까?

(A) 정리하다
(B) 어지럽히다
(C) 시간을 보내다
(D) 버리다

풀이 집을 어지르기만 하고 치우지 않는다고 불평하는 상황이다. 이때
'어지럽히다'라는 영어 표현인 'mess up'을 사용할 수 있으므로
(B)가 정답이다.

어휘 all the time 언제나 (=always) | tidy up 정리하다 | mess up
어지럽히다 | hang out 시간을 보내다 | throw out 버리다

34.
해석 소방관들은 안에 있는 아기를 구하기 위해 문을 부수어야 했다.

(A) 빌려주다
(B) 돌리다
(C) 걷다
(D) 부수다

풀이 '(열기 위해서) 부수다'라는 뜻의 영어 표현인 'break down'을
사용할 수 있으므로 (D)가 정답이다.

어휘 rescue 구[구조]하다 | break down (열기 위해서) 부수다

35.
해석 나는 몸이 좀 안 좋아서 오늘 학교에 가지 않았다.

(A) 빗속에서
(B) 파란 옷을 입은
(C) 통제되는
(D) 몸이 안 좋은

풀이 '몸이 좋지 않다'라는 뜻을 나타낼 때 'under the weather'라는
영어 표현을 사용할 수 있으므로 (D)가 정답이다. 한편 (B)에서
나온 'blue'의 경우 'feel blue'라는 표현을 사용해 '울적하다'라는
뜻을 나타낼 수 있다.

어휘 feel under the weather 몸이 좋지 않다

36.
해석 Elias는 높은 보드에서 다이빙하려고 했으나 겁을 먹고 안 하기로
결심했다.

(A) 겁, 공포
(B) 시선을 끄는
(C) 단 것을 좋아함
(D) 따뜻한 마음

풀이 Elias가 겁이 나서 다이빙을 안 하기로 했다고 말할 수 있다. 이때
'겁, 공포'라는 뜻을 나타내는 영어 표현 'cold feet'를 사용할 수
있으므로 (A)가 정답이다.

어휘 cold feet 겁, 공포; 달아나려는 자세 | get/have cold feet
(계획했던 일에 대해) 갑자기 초조해지다[겁이 나다] |
eye-catching 시선을 끄는 | sweet tooth 단 것을 좋아함 |
warm heart 따뜻한 마음

37.

해석 기상 기구는 허리케인을 알파벳 순서로 명명한다.

(A) 명명하다
(B) 명명하다
(C) 이름
(D) 이름이다

풀이 '~을 명명하다', '~을 이름 짓다'라는 뜻은 동사 'name'을 사용하고, 'a meteorological organization'은 단수 주어이므로 3인칭 단수 형태의 동사인 'names'가 적절하다. 따라서 (B)가 정답이다.

어휘 meteorological organization 기상 기구 | alphabetical order 알파벳 순서

38.

해석 그 방은 전 세계의 아이들로 가득 차 있었다.

(A) 아이
(B) 어색한 표현
(C) 아이들
(D) 어색한 표현

풀이 '전 세계의'라는 수식어구가 붙은 것을 보아 빈칸에 적절한 단어는 복수형이다. 따라서 'child'의 복수형 'children'이 적절하므로 (C)가 정답이다.

어휘 be filled with ~로 가득 차다

39.

해석 Terry는 비디오 게임을 하는 것을 좋아한다. 그는 출근하는 길에 핸드폰으로 게임을 한다.

(A) 그
(B) 그의
(C) 그것
(D) 무엇

풀이 빈칸은 두 번째 문장의 주어가 들어가야 하는 자리이다. 'plays' 하는 것의 주체는 앞 문장의 'Terry'이므로 이를 지칭할 수 있는 주격 대명사인 (A)가 정답이다.

어휘 on one's way to ~에 가는 길에

40.

해석 그 팀은 보고서를 함께 작성했지만, 그것은 팀 대표에 의해 발표될 것이다.

(A) ~에서 발표되는
(B) ~에서 발표하는
(C) ~에 의해 발표되는
(D) ~에 의해 발표하는

풀이 접속사 'but' 뒤에 위치한 문장의 주어는 'it'으로 앞에 나온 'report'를 가리킨다. 따라서 '발표되다'는 뜻의 수동태 문장이 적절하고, 팀 대표에 의해 발표되는 것이므로 'by'를 사용한 (C)가 정답이다.

어휘 work on ~에 노력을 들이다, 착수하다

41.

해석 Rita는 그의 전화를 오늘 아침부터 기다려왔다.

(A) ~이다
(B) 가지다
(C) 어색한 표현
(D) ~했었다

풀이 '~부터[이후]'라는 뜻의 'since'는 한순간이 아닌 연속된 시간을 나타내는 동사 형태가 필요하므로 완료형을 써야 한다. 또한 빈칸 뒤에 진행형 'waiting'이 있으므로 'be'동사가 필요함을 알 수 있다. 따라서 현재완료 'have/has + p.p' 형태와 'be'동사를 모두 사용한 (D)가 정답이다.

어휘 call 전화(통화); 들름, 방문; 요청, 요구

42.

해석 쇼핑몰에서 새 서점을 방문하는 동안, 생활 코너에서 Po씨를 만났다.

(A) 방문하다
(B) 방문하기
(C) 내가 방문하다
(D) 어색한 표현

풀이 'While I visited the new bookstore at the mall ~'이었던 부사절을 분사구문으로 바꾼 문장이다. 부사절과 주절의 주어 및 시제가 일치할 때, 부사절의 주어('I')를 생략하고 동사를 현재분사 형태로 바꾸므로(visited → visiting) (B)가 정답이다. 분사구문을 만들 때 'While'과 같은 접속사는 강조를 위해서 생략하지 않아도 된다는 점에 유의한다.

어휘 life section 생활 코너 면

43.

해석 농부들은 호박을 훔치는 원숭이들을 겁주어 쫓아내기 위해 높은 담장을 설치했다.

(A) 겁주다
(B) 겁먹은
(C) 겁주기 위해
(D) 어색한 표현

풀이 빈칸 앞의 문장은 완전한 문장이므로 나머지 부분은 부사구라는 것을 알 수 있다. 원숭이가 호박을 훔치지 못하도록 하는 것이 높은 담장을 설치하는 목적이므로 '~하기 위해'라는 목적의 뜻을 갖는 to부정사 부사구를 사용해야 한다. 따라서 (C)가 정답이다.

어휘 install 설치하다 | fence 담장 | scare away 쫓아버리다 | steal 훔치다

44.

해석 Yusef는 행사에 온다고 말했다. 내 생각에 그가 도움을 주기를 원했던 것 같다.

(A) 따라서
(B) 접속사 that
(C) 무엇 / 관계대명사 what
(D) 어느 / 관계대명사 which

풀이 빈칸 앞에 목적어가 필요한 동사('suppose')가 있고, 뒤에 완벽한 문장('he wanted to give a hand')이 있으므로 목적어절을 이끄는 접속사 that이 필요하다. 따라서 (B)가 정답이다.

어휘 suppose 생각하다, 추정[추측]하다 | give a hand 도움을 주다

45.

해석 남편과 나는 여가 시간이 있을 때마다 집을 수리했다.

(A) 아무리 ~해도
(B) 어디든지
(C) 무엇이든지
(D) 언제든지

풀이 두 개의 독립절을 연결해줄 수 있고 내용상 의미가 어울리도록 '언제든지, ~할 때마다'라는 뜻을 가진 복합관계부사 (D)가 정답이다.

어휘 repair 고치다 | spare time 여가 시간

46.

해석 이 마카롱은 몹시 나쁘진 않아. 내가 생각한 것보다 덜 달아.

(A) 단
(B) 더 단
(C) 가장 단
(D) 더 단

풀이 '~보다 덜 ~한'이라는 뜻의 열등 비교는 'less + 원급 + than'의 형태를 갖는다. 따라서 형용사 원급인 (A)가 정답이다.

어휘 macaron 마카롱 (아몬드나 코코넛, 밀가루, 달걀 흰자위, 설탕 따위를 넣어 만든 프랑스 고급 과자)

Part 7 | Practical Reading Comprehension
p.79

[47-48]

해석

CHARGE 스포츠음료

영양정보

1회 제공량: 1병 (500ml)

용기 당 제공량: 1

1회 분량당 함량

열량 0

	% 1일 기준치*
총 지방 0g	0%
칼륨 60mg	2%
나트륨 230mg	10%
총 탄수화물 0mg	0%
당 0g	
단백질 0g	

비타민 C 40%	비타민 E 20%	
니아신 50%	비타민 B6 50%	
구연산 50%		

지방, 포화지방, 트랜스지방, 콜레스테롤, 식이섬유, 비타민 A, 칼슘, 철이 함유되어 있지 않습니다.

*1일 기준치에 대한 비율은 2000칼로리 기준입니다.

47. 다음 중 CHARGE 스포츠음료에 가장 적게 들어있는 것은 무엇인가?

(A) 철
(B) 니아신
(C) 비타민 E
(D) 구연산

풀이 위 영양정보표의 하단 부분에서 'Not a good source of calories from fat ~ and iron.'이라고 했으므로 철은 함유되어 있지 않음을 알 수 있다. 따라서 (A)가 정답이다.

48. 이 스포츠음료가 가장 유익할 사람은 누구인가?

(A) 나트륨을 일절 피하고 있는 사람
(B) 니아신 알레르기가 있는 사람
(C) 비타민 A가 더 필요한 사람
(D) 더 적은 열량을 섭취하려는 사람

풀이 위 영양 정보에서 해당 스포츠음료의 열량은 0이므로 (D) 가 정답이다. (A)와 (B)의 경우, 나트륨과 니아신이 함유되어 있으므로 오답이다. (C)의 경우, 비타민 A는 함유되어 있지 않다고 했으므로 오답이다.

어휘 serving 1인분, 1회 분량 | servings per container 총 제공량 (= 용기당 1회 제공량 수) | sodium 나트륨 | potassium 칼륨 | carbohydrate 탄수화물 | niacin 니아신 | citric acid 구연산 | saturated 포화된 | dietary fiber 식이 섬유 | iron 철분

[49-51]

해석

로그인 | 회원 가입

Beet Street

당신의 최신 길거리 패션 종합 온라인 사이트

메뉴 | 우리에 대해서 | 온라인 상점 | 자주 물어보는 질문 | 블로그

Beet Street 패션 디자인 블로그 　　　9월 24일 목요일

선글라스: Hermione, 120달러
상의: Katy Leap, 55달러
벨트: Dullard and Co., 120달러
바지: Ethanol, 90달러
가방: Samuel Thomas, 150달러
신발: Vero Wong, 105달러

모델: Kerrie Pritchard
스타일리스트: Linda Greene
화장: Georgie Smalls
사진작가: Jerry Valentine

여기 올블랙인 길거리 스타일이 얼마나 멋질 수 있는지 볼 수 있습니다. Kerrie는 이 Ethanol 청바지와 사랑에 빠졌다고 말합니다. 신축성이 어느 정도 있어서, 모든 체형에 어울립니다! Linda는 검은색 Katy Leap 상의와 귀여운 Dullard and Co. 벨트를 훌륭하게 조화시켰습니다. 이 스타일은 반드시 가져야 합니다!

저희 온라인 상점에서 이 (스타일을 위한) 모든 제품과 다른 멋진 스타일을 찾아보세요!

49. 다음 제품 중 Beet Street 온라인 상점에서 팔 가능성이 가장 적은 것은 무엇인가?

(A) 바지
(B) 신발
(C) 재킷
(D) 선글라스

풀이 본문 마지막에 'Find all the items for this and other fabulous looks in our online store!'라고 했으므로 모델이 입고 있는 모든 제품은 온라인 상점에서 팔고 있음을 알 수 있다. 재킷은 모델이 입고 있지 않으므로 (C)가 정답이다.

50. 이 스타일 완성을 담당했던 사람은 누구인가?

(A) Kerrie Pritchard
(B) Linda Greene
(C) Georgie Smalls
(D) Jerry Valentine

풀이 'Stylist: Linda Greene'에서 모델의 스타일을 담당한 스타일리스트는 Linda Greene임을 알 수 있다. 따라서 (B)가 정답이다.

51. 이 블로그 게시글의 주된 의도는 무엇인가?

(A) 패션에 대해 교육하기 위해
(B) 패션 트렌드를 설명하기 위해
(C) 새 디자이너들을 소개하기 위해
(D) 온라인 상점을 광고하기 위해

풀이 본문 마지막의 'Find all the items for this and other fabulous looks in our online store!'에서 이 블로그 게시글이 온라인 상점으로 고객을 유도하기 위한 목적으로 작성됐음을 알 수 있다. 따라서 (D)가 정답이다. (B)의 경우, 해당 게시글에서 소개된 차림새는 트렌드라기보다는 개별 스타일이며, 이를 통한 제품 광고가 게시글의 주목적이므로 오답이다.

어휘 spot 장소, 곳 | latest 최신의 | top 상의 | chic 멋진, 세련된 | semi-stretchy 일부만 신축성이 있는 | semi- (형용사·명사와 결합하여) 반, 어느정도의, 얼마간 | match with ~와 짝을 맞추다, ~와 조화시키다 | must-have 필수품, 꼭 가져야 할 물건; 꼭 필요한, 반드시 가져야 하는 | fabulous 기막히게 좋은 [멋진] | be responsible for ~을 책임지다, 담당하다 | educate 교육시키다 | describe 설명하다, 묘사하다

[52-55]

해석

제8회 정기 Diamond시 미술 대회 신청서

이름: _____ 주소: _____ 나이: _____

표현 수단: ☐ 물감 ☐ 연필 / 목탄 ☐ 파스텔 ☐ 사진
☐ 조각품* ☐ 기타**

미술 작품에 대한 설명 (가능한 경우 사진 첨부해주세요):

_____

규칙:

* 조각품은 목재, 금속, 석재, 플라스틱 및/또는 종이로 만들 수 있습니다.
** 두 개 이상의 표현 수단을 사용하는 경우 (조각품 제외) 기타 항목으로만 참가해야 합니다.
  • 미술가는 하나의 항목에만 참가할 수 있습니다.
  • 지원자는 세 가지 연령대로 나뉩니다: 11세 미만, 18세 미만, 18세 이상
  • Diamond시 거주자만 참가 가능

날짜: _____ 서명: _____

---

52. 밑줄 친, "Medium"과 의미가 가장 가까운 것은:

(A) 크거나 작지 않은
(B) 전문가의 수준
(C) 보통 정도의 어려움
(D) 사용된 재료나 방법

풀이 고를 수 있는 항목이 'Paint, Pencil/Charcoal, Pastel, Photograph, Sculpture'인 점을 보아 'Medium'은 예술 작품의 재료나 방법임을 추측할 수 있다. 따라서 (D)가 정답이다.

53. 다음 중 사실인 것은 무엇인가?

(A) 어른은 지원할 수 없다.
(B) 금속 조각품만 인정될 것이다.
(C) 미술가들은 하나 이상의 항목에 참가할 수 있다.
(D) Diamond시 거주자만 참가할 수 있다.

풀이 본문에서 'Only residents of Diamond City may enter'라고 했으므로 (D)가 정답이다. (A)는 'Applicants ~ Under 11, Under 18, 18 and Over'에서, (B)는 'Sculptures may be made of wood, metal, stone, plastic, and/or paper.'에서, (C)는 'Artists may enter only one category'에서 거짓임을 알 수 있으므로 오답이다.

54. (표면 위에) 물감이 칠해진 사진은 어떤 항목에 들어가겠는가?

(A) 물감
(B) 기타
(C) 조각품
(D) 사진

풀이 물감이 칠해진 사진은 사진과 물감 두 가지 표현 수단을 사용한 작품이다. 지원서의 규칙 부분에서 'Entries using more than one medium (other than sculptures), must enter the Other category.'라며 두 가지 이상의 재료를 사용한 작품은 조각품을 제외하고 기타 항목으로 지원해야 한다고 했으므로 (B)가 정답이다.

55. 다음 중 어떤 것이 기타 항목에 참가할 수 있겠는가?

(A) 수채화
(B) 플라스틱 손잡이가 달린 돌 조각품
(C) 파스텔로 칠한 데생
(D) 수제 종이 드레스를 입은 종이 인형

풀이 'Entries using more than one medium (other than sculptures), must enter the Other category.'라고 했으므로 조각품을 제외하고 두 가지 이상의 표현 수단을 쓰면 기타 항목으로 참가해야 한다. 따라서 파스텔과 연필을 사용한 작품 (C)가 정답이다. (B)의 경우, 'stone'과 'plastic'이라는 두 가지 재료가 사용됐으나 조각품은 규칙에서 제외 대상이므로 오답이다.

어휘 annual 매년의, 연례의; 연간의, 한 해의 | application 지원[신청]서 | medium 제작 재료; 표현 수단[기법] | charcoal 숯 | sculpture 조각품 | description 묘사, 설명 | artwork 미술 작품 | entry 출품[응모/참가]작 | applicant 지원자 | resident 거주자 | professional 전문가; 전문적인 | intermediate 중급의 | difficulty 어려움 | allow ~를 허락하다[허용하다] | accept 받아들이다 | compete 경쟁하다 | knob 손잡이 | handmade 수제의

[56-59]
해석

7월 13일 금요일	
오전 7:30	간사이 국제공항도착
오전 8:30	공항에서 교토까지 열차 탑승
오전 9:45	교토역 도착
오전 10:15	호텔 체크인 / 휴식
오후 12:00	점심
오후 1:00	황금 별관 절 탐방
오후 3:30	다도 강의
오후 5:00	샤미센 공연
오후 6:30	초밥 저녁
오후 8:00	밤 축제 활동 / 불꽃놀이
오후 11:00	호텔 귀가
7월 14일 토요일	
오전 7:00	호텔 조식
오전 9:00	Fushimi-inari 신사 탐방
오전 11:00	이른 점심
오후 12:00	Gion 관광지구 자유시간
오후 3:00	전통 가부키극 공연
오후 6:00	교토식 채식 저녁
오후 8:00	Kamo강 주변 자유시간
오후 11:00	호텔 귀가
7월 15일 일요일	
오전 9:00	호텔 늦은 조식
오전 10:30	간사이 국제공항까지 열차 탑승
오후 1:30	귀국 비행기 탑승

56. 간사이 국제공항에서 교토역까지 기차로 얼마나 걸리는가?

(A) 45분
(B) 1시간
(C) 1시간 15분
(D) 2시간

풀이 오전 8:30에 공항에서 열차에 탑승한 뒤 오전 9:45에 교토역에 도착한다고 일정에 나와 있다. 따라서 1시간 15분이 걸리므로 (C)가 정답이다.

57. 여행객들은 황금 별관 탐방 직후 무엇을 할 것인가?

(A) 점심 먹기
(B) 차 마시기
(C) 초밥 만들기
(D) 불꽃놀이 보기

풀이 금요일 일정에서 '01:00 PM: Tour Golden Pavilion' 일정 이후 바로 다음에 '03:30 PM: Tea Ceremony Instruction' 일정이 계획돼 있으므로 (B)가 정답이다.

58. 길거리 상점에서 기념품을 사기 가장 좋은 시간은 언제이겠는가?

(A) 금요일 오전 9시
(B) 금요일 오후 5시
(C) 토요일 오후 1시
(D) 일요일 오전 11시

풀이 토요일에 '12:00 PM : Free Time in Gion Tourist District' 일정이 계획돼 있으므로 12시에서 3시까지 Gion 관광지구에서 자유시간을 가진다는 사실을 알 수 있다. 따라서 (C)가 정답이다. (A), (B), (D)의 시간대에서는 열차를 타고 이동하거나 공연을 보고 있으므로 오답이다.

59. 투어 일정에 포함되어 있는 것은 무엇인가?

(A) 강에서 보트 타기
(B) 전망대에서 별 바라보기
(C) 전통공연 보기
(D) 지역 예술과 수공예 갤러리 구경

풀이 토요일 오후 3시에 가부키극 공연이 계획돼있으므로 (C)가 정답이다. (A)의 경우, 강가에 가지만 보트를 탄다는 말은 언급되지 않았으므로 오답이다.

어휘 board 탑승하다 | check-in (호텔에서) 체크인하다; (공항에서) 탑승 수속을 하다 | pavilion 파빌리온(공원 안의 쉼터처럼 쓰이도록 건축미를 강조하여 지은 건물); 부속 건물[별관] | instruction 가르침, 지도; 설명 | firework 불꽃놀이 | shrine 사당; 성지 | district 지구, 지역, 구역 | vegetarian 채식주의의; 채식주의자 | souvenir 기념품 | stargaze 별을 관찰하다 | observatory 관측소, 천문대 | craft (수)공예

[60-61]

해석

인간은 한때 과거에 필요했지만, 현재는 더는 필요 없는 신체 부위를 가지고 있다. 이 부분들은 "흔적 형질"으로 알려져 있다. 그것들은 현대인들에게 도움보다는 짐처럼 보일 수 있다. 이것에 대한 잘 알려진 한 예는 맹장이다. 초기 인간은 아마도 식물을 소화하기 위해 맹장이 필요했을 것이다. 하지만, 지금은, 맹장이 종종 감염되고, 제거된다. 종종 제거되는 또 다른 흔적 신체 부위는 사랑니이다. 이 불필요한 치아는 입을 가득 메울 수 있다. 인간이 가진 더 흥미로운 흔적 형질 중 하나는 꼬리뼈이다. 우리 조상들은 꼬리가 있었지만, 대부분 인간은 지금 꼬리를 가지고 있지 않다(일부는 가지고 있다). 흥미롭게도, 인간 배아는 자궁 안에서 일종의 꼬리가 있다.

요약:

"흔적 형질"은 인간이 한때 필요로 했지만, 지금은 필요 하지 않는 신체 부위이다. 대표적인 예는 아마도 식물을 소화하기 위해 필요했을 맹장이다. 사랑니 또한 일반적으로 입에 <u>맞지</u> 않고, 제거된다. 꼬리뼈는 꼬리가 있었던 부분이다. 인간의 배아는 여전히 자궁 안에서 <u>꼬리와 같은</u> 부분을 가지고 있다.

60. 지문에 알맞은 요약문이 되도록 빈칸에 가장 적절한 단어를 고르시오.

(A) 맞다
(B) 돕다
(C) 맛보다
(D) 고립시키다

풀이　본문에서 'These unnecessary teeth can crowd the mouth.' 라며 사랑니는 불필요하게 입을 가득 채우게 된다고 언급하고 있다. 이 말은 사랑니가 입안에 잘 들어맞지 않는다는 소리이므로 (A)가 정답이다.

61. 지문에 알맞은 요약문이 되도록 빈칸에 가장 적절한 단어를 고르시오.

(A) 꼬리 같은
(B) 그물 같은
(C) 날개 같은
(D) 비늘 같은

풀이　마지막 문장 'Fascinatingly, human embryos have a kind of tail in the womb.'에서 인간 배아는 자궁 내에서 일종의 꼬리를 가지고 있다 했으므로 적절한 형용사는 '꼬리와 같은'이다. 따라서 (A)가 정답이다.

어휘　vestigial trait 흔적 형질 | trait (유전) 형질; 특성, 특징 | burden 짐, 부담 | appendix 맹장 | digest 소화하다 | infected 감염된 | remove 제거하다 | frequently 종종, 자주 | wisdom tooth (teeth) 사랑니 | unnecessary 불필요한 | crowd 가득 메우다 | tailbone 꼬리뼈 | ancestor 조상 | tail 꼬리 | fascinatingly 흥미롭게도 | embryo 배아 | womb 자궁 | fit (모양·크기가 어떤 사람·사물에) 맞다 | isolate 고립시키다 | scale 비늘

[62-65]

해석

[1] 새로운 아이디어가 존재하지 않고, 단지 그것들을 표현하는 새로운 방법만 있다고 주장하는 몇몇 사람들이 있다. 이런 관점은 <u>논쟁의 여지가 있지만</u>, 작가들은 종종 본인의 생각을 설명하기 위해 다른 작품들을 언급한다. "인유" 라고 불리는, 이 관용구들은 독자들에게 개념을 빠르고 효과적으로 설명하는 하나의 방법이다.

[2] 만약 당신이 누군가를 "자동차 문제에 있어서 셜록 홈즈" 라고 부른 적이 있다면, 당신은 이미 인유의 경험이 있는 것이다. 셜록 홈즈라는 인물은 그의 좋은 기억력, 폭넓은 지식, 그리고 미스터리를 푸는 능력으로 알려져 있다. 이와 같은 인유를 사용함으로써, 셜록 홈즈를 잘 아는 사람들은 언급된 사람이 자동차를 능숙하게 다룬다는 것을 빠르게 이해하게 된다.

[3] 인유는 또한 작가들을 도울 수 있다. 인유를 포함하는 것은 때때로 독자들이 작가의 사고방식에 설득당하도록 도울 수 있다. 이는 본인의 글을 독자와 작가가 모두 읽은 작품에 비교하는 작가를 독자들이 믿을 가능성이 더 높기 때문이다.

[4] 인유를 사용하기 위해 셰익스피어가 될 필요는 없다. 대중문화에서 가져온 것만으로도 종종 효과가 좋다. 따라서 다음 작문 과제에서, 독자들이 이미 알고 있을 만한 것을 언급하도록 해보자.

62. 이 지문의 요지는 무엇인가?

(A) 다른 작가들을 베끼는 것
(B) 다른 출처를 언급하는 것
(C) 새로운 캐릭터를 개발하는 것
(D) 과도한 표절을 피하는 것

풀이　[1]문단에서 인유('allusion')의 개념을 간단히 소개하고, [2] 문단에서 인유의 예시와 효과, [3]문단에서 인유가 작가와 독자에게 주는 긍정적 효과를 언급한 뒤, [4]문단에서 인유를 사용해보라고 권하며 글을 마치고 있다. 따라서 글의 요지는 다른 출처를 인용하고 언급하는 'allusions' 이므로 (B)가 정답이다. 해당 지문에서 'allusion'과 'reference'가 유사한 개념으로 쓰였다는 점에 유의한다.

63. 다음 중 지문에서 언급되지 않은 것은 무엇인가?

(A) 작가들은 자주 인유를 사용한다.
(B) 인유는 종종 좋은 글쓰기를 막는 경우가 있다.
(C) 좋은 인유는 독자를 설득할 수 있다.
(D) 다른 작품에 대한 언급은 이해하는 데 도움이 된다.

풀이　[3]문단에서 'Allusions can also help writers.'라며 인유는 작가에게 도움이 된다고 했지, 인유로 인해 좋은 글을 쓰지 못하게 된다는 말은 없으므로 (B)가 정답이다. (A)는 '~ writers do often reference other works to explain their own ideas.'에서, (C) 는 'Including an allusion can sometimes help win a reader over to the writer's way of thinking.'에서, (D)는 '~ these phrases are a quick and effective way to explain concepts to readers.'에서 찾을 수 있는 내용으로 오답이다.

64. [1]문단, 두 번째 줄에서, "debatable"과 의미가 가장 가까운 것은:

(A) 불같은
(B) 신나는
(C) 합의를 못 보는
(D) 전투적인

풀이 앞 문장에서 일부 사람들('some people')이 믿는 얘기라고
했으므로 이러한 관점이 아직 논란의 여지가 있는, 즉 합의가
이루어지지 못한 관점이라는 해석이 적절하다. 따라서 '해결이 안
된, 합의를 못 보는'의 뜻을 가진 (C)가 정답이다.

65. 이 글의 저자가 제안할 것으로 가장 적절한 것은 무엇인가?

(A) 오래된 문헌 갱신하기
(B) 인유를 거의 쓰지 않기
(C) 새로운 아이디어 생각해내기
(D) 일반적인 인유 배우기

풀이 지문을 통틀어 인유의 긍정적 효과를 언급하면서 마지막 [4]
문단에서 'Something from popular culture often works just
fine. ~ try adding a reference to something your audience
may already know.'라며 (대중적이고 흔한) 인유를 사용해
보라고 독려하고 있으므로 (D)가 정답이다.

어휘 argue 주장하다; 언쟁을 하다 | phrase 관용구, 구절; 표현하다 |
viewpoint 관점 | debatable 논란의 여지가 있는 | reference
참조 표시를하다; 언급, 참조 | allusion [수사학] 인유(引喩)
(인물이나 사건 혹은 다른 문학 작품이나 그 구절을 직간접적으로
가리키는 것); 암시, (간접적인) 언급, 넌지시 하는 말 | be known
for ~로 알려지다 | wide-reaching 폭넓은, 광범위한 | be good
with ~에 능숙하다 | win over 설득하다 | popular culture
대중문화 | excessive 과도한 | plagiarism 표절 | convince
설득하다 | literature 문헌; 문학(작품) | seldomly 좀처럼[거의]
~않는 | come up with ~을 생각해내다

Memo

Memo

Memo

TOSEL
실전문제집

HIGH JUNIOR